高等学校小学教育专业系列教材

小学班级管理

主　编　周　勇　胡冬群
副主编　张　勇

南京大学出版社

图书在版编目(CIP)数据

小学班级管理 / 周勇，胡冬群主编. — 南京：南京大学出版社，2020.1(2022.1 重印)

ISBN 978-7-305-22890-2

Ⅰ. ①小… Ⅱ. ①周… ②胡… Ⅲ. ①小学—班级—学校管理—教材 Ⅳ. ①G622.421

中国版本图书馆 CIP 数据核字(2020)第 001137 号

出版发行　南京大学出版社
社　　址　南京市汉口路 22 号　　　邮　编　210093
出 版 人　金鑫荣

书　　名　小学班级管理
主　　编　周　勇　胡冬群
责任编辑　曹　森　　　编辑热线　025-83592123

照　　排　南京南琳图文制作有限公司
印　　刷　南京京新印刷有限公司
开　　本　787×960　1/16　印张 15　字数 300 千
版　　次　2020 年 1 月第 1 版　2022 年 1 月第 3 次印刷
ISBN 978-7-305-22890-2
定　　价　38.00 元

网址：http://www.njupco.com
官方微博：http://weibo.com/njupco
微信服务号：NJUyuexue
销售咨询热线：(025) 83594756

前　言

班主任是中小学学校教育的重要岗位，是学生成长道路上的重要引路人，班主任教育是小学教育专业师范生的重要教育内容。实践经验表明，刚毕业的师范生担任班主任的不在少数，因此，小学教育专业及其他相关专业的教学质量，对于他们将来从事小学教育工作具有重要影响。

本书从小学教育专业师范生班主任教育的实际出发，融合了当前主流小学班级管理教材的优秀成果和编写者十多年的班级管理课程教学经验。经过多年酝酿，本书选定并依次编排了小学班级管理概论，小学班主任的职责、权利与素养，小学班级管理的准备工作，小学班级教育力量的整合，小学班级文化建设与评价，小学班级制度建设，小学班队活动管理，小学各年段学生的管理，小学班级管理评价，小学班主任的专业化成长等十个专题。

除了第一章《小学班级管理概论》之外，其他章节基本上按照“基本理论＋操作实务”的逻辑编排，兼顾了学术性与实用性。比如第五章《小学班级文化建设建设与评价》，第一节深刻阐释了班级文化的概念、结构及作用机制，第二节首次比较全面地对班级文化整体概念设计、班级精神提炼与表达、班歌创作与传播、班徽设计与使用等班级文化建设的实务操作问题进行了阐述，第三节则比较超前地对班级文化质量评价问题进行了系统阐述。又比如第十章《小学班主任的专业化成长》，第一节系统阐释了班主任专业化成长的基本理论，第二节则对教育科研、时间管理、情绪管理等小学班主任专业化成长中比较常见的问题进行了专题阐述。此外，本书借鉴和融合了一些优秀期刊文章的观点及做法，因而其对于班主任工作某些具体问题的阐述本身就是一篇篇融合了各家所长的小文章。与此同时，在本书的二维码资源体系中，将会有更多配套的论文、案例文本和讲课视频。我们期待学生不仅可以从本书掌握小学班级管理的理论和技能，而且可以从本书获得班主任教育科研的诸多模板和范例。我们期待本书不仅是小教师范生班主任教育的教材，而且可以成为他们将来从事班主任工作的“兵法宝典”，遇到难题时，可以拿出翻一翻。

本书第一、二、三、五、六、十章由长沙师范学院周勇老师编写；第四、七、八、九章由长沙师范学院胡冬群老师编写；全书配套立体化资源由河南省驻马店职业技术学院教师教育系张勇老师编写；全书统稿由周勇、张勇两位老师负责。本书融合了编写者多年从事班级管理研究的成果，既包括在《中国教育学刊》《教育理论与实践》《当代教育科学》《教学与管理》《中国德育》《班主任》等杂志上发表的一批论文，也包括数个省级科研项目的成果。比如：第五章《小学班级文化建设与评价》和第六章《小学班级制度建设》为湖南省教育厅科学研究重点项目“核心素养视域下小学班级文化评价指标体系构建研究”（编号：18A524）的阶段性成果；第二章中的“小学班主任的素养”和第十章《小学班主任的专业化成长》为湖南省教科规划课题“湖南省农村小学班主任核心素养发展研究”（编号：XJK18BJCO31）的阶段性成果。

本书既可作为小学教育专业本、专科学生“班主任教育”课程的教材，也可作为小学教育相关专业的本、专科学生“班主任教育”课程的教材。

由于编者水平有限，经验不足，书中的缺点和错误在所难免，恳请读者给予批评指正。

周　勇

2019 年 12 月于长沙

目　录

第一章　小学班级管理概论 …… 1

第一节　班主任制度的产生与发展 …… 2

第二节　班级管理的内涵、特点及发展趋势 …… 7

第三节　小学班级管理的基本特点 …… 16

第二章　小学班主任的职责、权利与基本素养 …… 20

第一节　小学班主任的职责 …… 21

第二节　小学班主任的权利 …… 31

第三节　小学班主任的素养 …… 36

第三章　小学班级管理的准备工作 …… 43

第一节　掌握班情 …… 43

第二节　班主任形象的初步展示 …… 54

第三节　班级管理准备工作的其他实务 …… 60

第四章　小学班级教育力量的整合 …… 76

第一节　学校教育力量的整合 …… 76

第二节　小学班级管理中的家校合作 …… 81

第三节　小学班级管理中的社会教育力量 …… 88

第五章　小学班级文化建设与评价 …… 92

第一节　班级文化建设的基本理论 …… 92

第二节　班级文化建设的重要实务 …… 98

第三节　班级文化建设的质量评价 …… 115

第六章　小学班级制度建设 …… 128
第一节　班规的概念及意义 …… 129
第二节　小学班级管理中的班规制定 …… 131
第三节　小学班级管理中的班规执行 …… 140
第七章　小学班队活动管理 …… 145
第一节　班队活动概述 …… 145
第二节　班队活动的类型与组织 …… 155
第八章　小学各年段学生的管理 …… 168
第一节　小学低年段学生的管理 …… 168
第二节　小学中年段学生的管理 …… 174
第三节　小学高年段学生的青春期教育 …… 179
第九章　小学班级管理评价 …… 188
第一节　班级管理评价概述 …… 188
第二节　小学班级管理评价的重要实务 …… 195
第十章　小学班主任的专业化成长 …… 206
第一节　班主任专业化成长概述 …… 207
第二节　班主任专业成长的重要实务 …… 211
参考文献 …… 231

微信扫一扫

教师服务入口

学生服务入口

第一章 小学班级管理概论

微信扫一扫

获取本章拓展资源

学习目标

1. 了解班级管理产生和发展的简要历程。
2. 理解班级作为基本教育组织的内涵与特点。
3. 理解班级管理的性质、目标与任务。
4. 理解小学班级管理的基本特点。

资料链接

普京在人群中一眼认出了自己的班主任①

2019 年 5 月 12 日，俄罗斯总统普京在出席活动期间，一眼认出自己的老师，并走上前去紧紧拥抱她，这温情的一幕被媒体记录了下来。

为庆祝俄罗斯卫国战争胜利 74 周年，俄罗斯总统普京在克里姆林宫举办胜利日招待会。其间出现了令人感慨的一幕，正在快步疾走的普京，一眼认出了站在人群中的老师薇拉·古列维奇(Vera Gurevich)，随即走上前去紧紧拥抱老师，并亲吻她的额头。

时年 86 岁的薇拉·古列维奇是普京在列宁格勒市(现为圣彼德堡)193 中学读书时五至八年级的班主任，教授德语。古列维奇此前接受俄媒采访时曾透露，年少时的普京十分调皮，有时甚至会逃课，不过他通过自己的努力，最终以优异的成绩毕业，并且考上大学，实现了自己梦想。

虽然普京已经成为俄罗斯的总统，但至今仍与自己学生时期的老师保持着良好的师生关系。

据统计，目前全国中小学约有 435 万个教学班，约有 440 万名教师担任班主任工作。自班主任制度建立以来，多少班主任正如教育改革家魏书生所说的那

---

① 普京一眼认出人群中这个人 走上前拥抱她[DB/OL]. [2019 - 05 - 12]. https://world.huanqiu.com/article/9CaKrnKkqtO.

样，“就像一条河上的摆渡人，他接一批学生上船，把学生送到理想的彼岸，学生各自奔向自己远大的前程；而班主任又把渡船摆过来，再接一批学生上船”。[①]多少班主任因为自己的爱岗敬业，而像薇拉・古列维奇（Vera Gurevich）那样受到学生的尊重。那么，怎样才能成为一名优秀的小学班主任呢？要弄清楚这个问题，还得从班级管理的产生与发展说起。

第一节　班主任制度的产生与发展

班级管理活动是班级教育目标得以实现的条件，同时也是班级目标实现的途径。班级作为一种正式群体，要实现班级的目标，就需要对班级这个社会组织进行有效的管理。但班级与班级管理不是自古就有的，而是教育发展到一定历史阶段才产生的。

一、班主任制度的产生

（一）古代学生教育管理中的训导制度

班级是班级授课制的产物，而班级授课制是特定历史条件下的产物。在原始社会建立初期，由于生产力水平低下，教育还没有能力从社会生产中分离出来，因而没有严格的“学生教育与管理”，更谈不上班级管理。到了原始社会末期，随着生产力的发展，教育逐渐从生产、生活实践中分立出来，成为独立的社会部门，专职的教育工作人员随之产生。

在奴隶社会和封建社会，采用个别教学形式的早期学校在中外各国教育广泛存在。这时一般没有固定的学制，更没有学期与学年的划分。学生入学是随机进行的，而毕业与结业也随时进行，因而此时的教育不存在近代意义的班级，也就不存在近代意义的班级管理。尽管如此，在个别授课制的古代教育中，还是出现了班级管理的雏形，即训导制度，中国的“师儒训导制度”和西方的导师制度分别是其中的典型代表。

春秋晚期，孔子开设私学，冲破了学术官守的局面，使教师成为一种专门职业。作为儒家学派的创始人，孔子以“修身”“成己之仁”等为教育要务，师儒训导制由此奠基。孔子不仅重“管教”，更重“管导”，且以严己宽人、以身作则、内省外

① 王建军.做一个合格的摆渡人[J].宁夏教育，2008(4)：66.

察等作为育人的原则。因此,有学者认为,虽然当时是个别授课制,但从管理功能上可视为班主任制的渊源。[①] 后经孟子、荀子等人的发展和充实,成为此后儒家教育的基本模式。汉代为皇子教育而建立的“师保傅制”,其中的太傅、少傅即是专责训育的。隋唐以后,最高学府国子监中皆设“监丞”一职,而府、州、县学又专设“训导”一职,其职责即专事训育。明清国子监中又专设“绳愆厅”,由监丞主其事,训育职能愈益强化。

14 世纪,牛津大学率先实行导师制。导师是学生所选专业方面的学者,负责指导学生的学业和品行。通过导师制,把学生的学业发展与个性发展、生活价值观教育等结合起来。今天,班主任的有些使命与“导师制”中导师的部分职能基本相同。

(二) 近代班级授课制与班主任制度的产生

资本主义工业生产的发展需要社会提供更多的高水平的劳动力,因而需要学校扩大教学规模,并提高教学效率。于是,班级授课制便应运而生,班级已成为学校教育活动的基本单位。“班级”中的“班”是指一群人,“级”说明学生的成长程度。这为“班主任”的产生提供了制度可能。学生在固定的班级接受内容相对固定的教育,需要有人具体组织实施。这位教室内的工作人员便是后来的“班主任”岗位设置的最初形式之一。[②]

15—16 世纪,西方一些古典中学里出现了一种新的教学组织形式,这被认为是班级教学的尝试。最早记载班级教学的是文艺复兴时期的著名教育家伊拉斯谟,1519 年,他在一份书简中描述了伦敦保罗大教堂的学校情形:在一间圆形的教室里,将学生分成几组,分别安排在阶梯式座位上。[③] 然而,现代意义的班级授课制的出现已经是百年以后的事情。1632 年,捷克著名教育家夸美纽斯(1592—1670)的著作《大教学论》出版,该书在总结前人和自己的教育实践的基础上,对班级教学法进行了系统的阐述。与此同时,夸美纽斯第一次论述了关于班级学生教育与管理工作的基本理论,成为中小学班主任工作理论的肇始。

夸美纽斯提出的“尽早开始正面教育、从行动中养成道德行为习惯、榜样、择友、教诲与规则”等班级教育与管理的方法,对于当今中小学班级管理实践仍然具有一定的指导意义。夸美纽斯高度重视纪律在班级管理中的作用,其主张的维护纪律的三种措施,主要包括不断见识、谴责和惩罚,其中“惩罚”根据学生过失程度而分为合理的训斥、用树条赤身抽打和开除。尽管夸美纽斯主张处罚既

① 张永明. 小学班级管理[M]. 北京:北京大学出版社,2014:3.

② 张永明. 小学班级管理[M]. 北京:北京大学出版社,2014:3.

③ 金含芬. 学校教育管理系统分析[M]. 西安:陕西人民出版社,1993:300 - 301.

要严格，又要温和，以利于错误行为的纠正，但受社会历史条件的限制，夸美纽斯所处时代的班级管理方式还保留有一定的专制色彩。

（三）班级管理的发展

到19世纪中叶，经过许多教育家的研究和努力，班级授课制得到普遍推广，以往专制式的班级管理方式也因此受到了挑战。18世纪法国启蒙思想家卢梭是其中的重要代表。卢梭指责当时的种种“智慧”都是“奴隶的偏见”，人们受到自己习惯的奴役、折磨和遏制。“文明人”在奴隶状态中生，在奴隶状态中活，在奴隶状态中死。教育也成为奴役、折磨和遏制人的过程。通过将教育划分为“人的教育”（教育者有目的的活动）、“事物的教育”（教育资料）都应配合所谓“自然的教育”（受教育者的才能和器官的发展），这叫作“遵循自然”，[①]卢梭把教育对象置于教育过程的中心地位，把教育过程变成自我教育的过程。他认为教育的问题不在于要他拿些什么东西去教导孩子，而是要他指导孩子怎样做人，他的责任不是教给孩子们行为准绳，他的责任是促使孩子们去发现这些准绳。

卢梭认识到教育对象在教育过程中的主体地位，堪称关于教育对象的又一发现。这一发现对后世产生了深刻影响，成为20世纪初“儿童中心主义”的思想支柱，这一时期教师在教学过程中所采取的管理方式倾向于一种放任式的管理。教师的作用从原来的直接传递知识与价值观转变为从“旁”助成受教育者学习知识与形成价值观的自主活动。在这个转变过程中，对学生的管理方式由“纪律”的管理变成了“自律”的管理。从这里也能看出管理职能在不同时期的改变。在受教育者处于半人身依附关系的教育情境中，管理甚至成为教育者的主要职能。所谓“严师出高徒”“教不严，师之惰”。“严”与“不严”都属管理问题。把教育成败的原因归结为“严”或“不严”，可见在那种教育情境中管理职能的重要。到了近代，管理只是作为教育活动顺利进行的条件而成为教育者的派生职能。即使从经验上承认“管理也是教育”，也只是从把它作为教育活动条件的意义上承认这种经验，或者说，在不严格的“教育”意义上承认这种经验。

二、我国班主任制度的历史沿革

（一）清末教育改革中的级任教师制度

19世纪中期以来，随着教育近代进程的推进，班主任制度也在我国逐步建立来，因此我国实行班主任制度已经有100多年的历史。1862年（同治元年）清政府在北京设立京师同文馆，在教学中采取编班授课的方式，首次将近代西方的

① ［法］卢梭. 爱弥儿［M］. 李平沤，译. 北京：商务印书馆，1978：96.

班级授课制引入到中国。与班级授课制度相伴随的是班主任岗位的出现，同文馆设"正提调"2名、"帮提调"2名，对学生进行管理。按照规定"正提调"可以不"逐日到馆"，而"帮提调"则必须"轮班在馆管理一切"，如"文移稿件""学生画到"等。虽然"帮提调"的管理对象是同文馆的全体学生，但履行的职能与今天的"班主任"岗位职责已有一些交叉之处。

20世纪初，随着中国教育近代化进程的发展，学校的学生管理制度得到了细化。1904年，清政府颁布的《奏定学堂章程》规定，小学"各学校置本科正教员一人""通教各科目""任教授学生的功课，且掌所属之职务"。这种被称为级任制的制度规定由一个教师担任一个学级的全部学科或主要学科的教学，并且负责组织管理工作。负责的老师则被称为级任老师，它的出现将学生管理制度由此前"帮提调"负责的一级架构制，升级为"学校—年级"二级架构。同年颁布的《各学堂管理通则》中，又规定各校设"监学"或"舍监"，专责学生管理。其中"舍监"是负责学生生活管理的教职人员。可见，此时各学校的学生管理制度不仅出现了层级的区分，而且形成了职能的分化，为班主任制度的诞生奠定了基础。

（二）民国时期班主任制度的诞生

1919年五四运动后，学监制改为训导主任制，这种改变只是时代背景和语言范式发生变化以后称呼的变化，二者都是以学级管理为基础的。1922年，《壬戌学制》颁行后，中学实行选科制。1927年，国民政府成立后，明令中学废止选科制，从而为采用级任制铺平了道路。1932年，国民政府颁布《中学法》，明确规定中学实行级任制。级任教师负责一个学级的主要课程的教学和组织管理工作。由于当时的学校规模较小，因此一个年级往往只有一个班。多个年级则相应配备多名级任教师，因此级任教师在很多时候就成了事实上的班主任。

1938年3月28日，中华民国政府教育部颁发《中等以上学校导师制纲要》，将级任制改为导师制。随后，在《中等学校导师制实施办法》中规定："各校应于每级设导师一人，由校长聘请专任教员充任之。""各级导师对于学生之思想行为、学力及身心，均应体察个性，依据训育标准表之规定及各校教导计划，施以严密之训导，使得正常发展，以养成健全人格。""训导方式除个别训导外，导师应充分利用课余及例假时间，集合本级学生谈话会、讨论会、远足会、交谊会以及其他有关团体生活之训导。"从相关制度文本不难看出，尽管在导师制的背景下老师仍然基于学级进行学生管理工作，但就其内容来看已经与今天班主任工作的要求比较接近了。

1933年2月16日，徐特立签发的《中华苏维埃共和国小学校制度暂行条例》中规定，"每班设主任教员一人"，"一班学生在四十名以上者，得增设助教员一人”。[①] 这里讲到的“主任教员”，即我们现在通称的“班主任”，只不过名称不同而已。在1942年绥德专署教育科的《小学训导纲要》中，强调教导合一时，提到了“班主任”这一名称。《小学训导纲要》中提道：“实行教导合一制，必须加强班主任的责任，否则教导主任就忙不过来。”[②]

随着解放战争的胜利，根据地的班主任制也在新解放区逐步推广开来。1949年7月21日，《陕甘宁边区政府关于目前新区国民教育改革的指示》中说，“废除训、教分立制度，实行教导合一，这一原则从两方面实施：(1) 教师不只教书而且要参加具体的指导工作；(2) 组织上训育与教务统一，在学校组织上(适用于完小)校长下设教育主任，取消级任导师，班设主任教员”[③]。

(三) 新中国成立以后班主任制度的发展

新中国成立后，也曾一度在中小学设级任主任，后又撤销级任主任，设班主任。[④] 1952年3月18日，中华人民共和国教育部颁发《小学暂行规程(草案)》和《中学暂行规程(草案)》，其中规定：“小学各班采取教师责任制，各设班主任一人。”“中学以班为教学单位，……每班设班主任一人，由校长就各班教员中选聘。”[⑤]从此，班主任制在中小学教育中普遍实行。随着班主任制在全国的推广，不仅一批优秀的班主任涌现出来，而且关于班主任工作的制度规范也逐步建立起来。1960年，我国召开了第一次全国文教群英会，不少班主任受到表彰。1963年，中共中央颁布的《全日制中学暂行工作条例(草案)》，对班主任的职责进行了规定。考虑到班主任工作的特殊性和艰巨性，1978年正式实行班主任津贴制度。

1979年，教育部第一次单独颁发文件《关于班主任工作的要求》对班主任制度进行规范。随后颁布的《关于普通中学和小学班主任津贴试行方法(草案)》对班主任的岗位津贴第一次做出了明确具体的规定。1980年，《中等师范学校规程(试行草案)》中，对中师班主任的选派和班主任的具体职责，做了详细的规定。1984年又专门召开了全国优秀班主任表彰大会，有2 914名优秀班主任受到表彰。

1988年8月20日，原国家教育委员会下发了《中学班主任工作暂行规定》《小学班主任工作暂行规定(试行草案)》，使关于班主任工作的规定由部颁规范

---

① 杜时忠.“班主任制”走向何方？[J]. 教育学术月刊，2016(11)：3－10.

② 陕甘宁边区教育资料(小学教育部分上)[M]. 北京：教育科学出版社，1981：277.

③ 陕甘宁边区教育资料(教育方针政策部分上)(下册)[M]. 北京：教育科学出版社，1981：576－577.

④ 顾明远. 教育大辞典(第1卷)[M]. 上海：上海教育出版社，1990：233.

⑤ 中国教育年鉴1949—1981[M]. 北京：中国大百科全书出版社，1984：727－731.

性文件升级为部门规章。这表明班主任工作制进一步得到巩固和完善。自此，我国班主任工作制的建设稳定下来后走上了健全完善的发展道路。

1994 年，中共中央发出《中共中央关于进一步加强和改进学校德育工作的若干意见》，强调了班主任在整个教育事业的发展和中小学德育工作中的重要地位和作用。1995 年，《中学德育大纲》特别强调班主任在育人中的作用。1997 年，教育部、财政部、国家劳动总局发出的《关于普通中学和小学公办教师中试行班主任津贴的通知》，又对班主任的津贴做出了规定。这对教师担任并做好班主任工作具有很强的影响力。1998 年，原国家教委又制定了《中（小）学班主任工作暂行条例》，提出了中学班主任的 8 条职责，小学班主任的 7 条职责。

2004 年，教育部关于学习贯彻《中共中央国务院关于进一步加强和改进未成年人思想道德建设的若干意见》的实施意见中提出：加强班主任队伍建设，制定《班主任工作条例》，完善班主任制度，充分发挥班主任在学校德育工作中的骨干作用，使班主任成为令人羡慕的岗位，鼓励优秀教师长期从事班主任工作。2009 年，教育部颁布《中小学班主任工作规定》，共 7 章 22 条，从配备与选聘、职责与任务、待遇与权利、培养与培训、考核与奖励等方面对班主任工作进行了规范。相关专家认为其具有四大亮点，“明确了班主任工作量，使班主任教师有更多的时间来做班主任工作”，“提高了班主任经济待遇，使班主任有更多的热情来做班主任工作”，“保证了班主任教育学生的权利，使班主任有更多的空间来做班主任工作”，“强调了班主任在学校中的重要地位，使班主任有更多的信心来做班主任工作”。① 以上文件的颁发标志着班主任专业化进入了一个新的重要的发展阶段。也可以说班主任工作正式而明确地走向了专业化，纵然离实现班主任工作专业化还有一定的发展距离。

第二节　班级管理的内涵、特点及发展趋势

一、班级管理的定义

（一）班级的概念：班级是一种教育组织

根据管理学的解释，组织是人们为某一目标而形成的群体，是确保人们社会

① 柴银超. 专业化我国中小学班主任工作发展趋势[J]. 中国德育，2010(7)：64－87.

活动正常协调进行、顺利达到预期目标的体系。① 班级就是由学生和相关教师构成的群体，其预期的目标就是通过教学和管理工作落实立德树人的教育目标，培养德智体美劳全面发展的社会主义事业的建设者和接班人。因此，从管理学的角度而言，班级毫无疑问是一种组织。基于以上认识，结合已有的相关教材对于班级的定义"班级是学校为顺利开展教育教学活动、确保学生全面发展目标的实现而划分出的学生单元，以及与为其配备的相关教师所共同构成的一种组织"②，本书对班级的定义是：班级是学校为落实国家教育方针、确保学生全面发展目标的实现而划分出来的基本单元，是由学生与为其配备的相关教师所共同构成的一种教育组织。

学校由许多班级组成，班级作为学校的基本教育单位，是学校这一公共组织的"细胞"。认清这一事实不是在做无用功，或者是说没有用的套话。班级作为学校这一公共组织的基本单元存在的事实表明，班主任在班级管理中要注意处理好学校的共性与班级的个性之间的关系。

（二）班级的基本特征

班级作为学生和教师共同构成的学校最基本的教育体系，一般具备组织目标、人员构成、组织架构、组织文化四个基本特征。

1. 班级的目标是培养人

班级作为一种教育组织，其目标必然为实现国家教育方针服务。《中华人民共和国教师法》规定："教育应当坚持立德树人，对受教育者加强社会主义核心价值观教育，增强受教育者的社会责任感、创新精神和实践能力。"具体而言，班级的目标就是培养具备在现代社会生存和发展的核心素养的全面发展的人。

2. 班级由学生和相关教师共同构成

班级是一种教育组织，对班级构成人员的不同看法，代表了不同的教育理念。比较狭隘的观念认为，班级主要是由学生构成的。实际上，正确反映班级内涵的班级成员构成观念，认为班级由学生、班主任和科任老师组成。在观念上深刻认同班主任作为班级成员，有助于班主任构建民主的班级管理模式。科任老师因为同时担任多个班级的课程教学，因而往往不被当作班级成员。实际上，科任教师在班级学生的成长过程中，具有重要的影响。

---

① 芮明杰. 管理学：现代的观点（第 2 版）[M]. 上海：上海人民出版社，2005：85.

② 邓艳红. 小学班级管理[M]. 上海：华东师范大学出版社，2010：1.

3. 班级拥有一定的组织架构

按照组织的形成方式划分，组织可分为正式组织和非正式组织。正式组织是为了有效地实现组织目标而明确规定组织成员之间的职责范围和相互关系的一种结构，其组织制度和规范对成员具有正式的约束力。就正式组织而言，班级内部的组织架构一般分为两种形式，一种是传统的层级式班级组织架构（见图1－1），另一种是扁平化的班级组织架构（见图1－2）。两种班级组织架构各有各的特点，各有各的适用条件和优势。传统的层级式班级组织架的层级相对较多，因而组织比较严密，形式比较正式，适合班级组织发展的各个阶段，尤其在班级组织发展的早期阶段比较适合，缺点是运行程序有时会显得比较烦琐，因而不够灵活。扁平化的班级组织架构层级相对较少，因而具有运转灵活的特点，但是扁平化的班级组织架构适用条件相对较比较严格，一般只有在班级组织发展到比较成熟的阶段才比较适用。

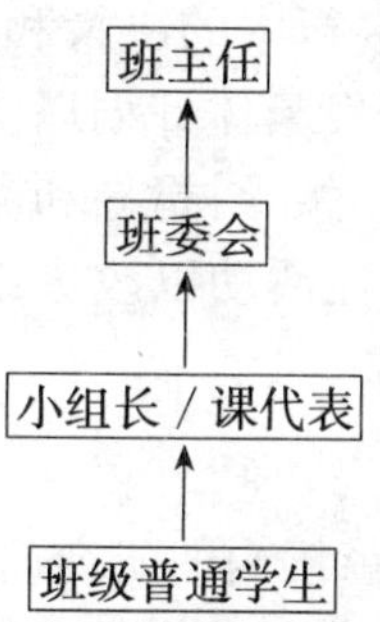

图1－1　层级式班级组织架构

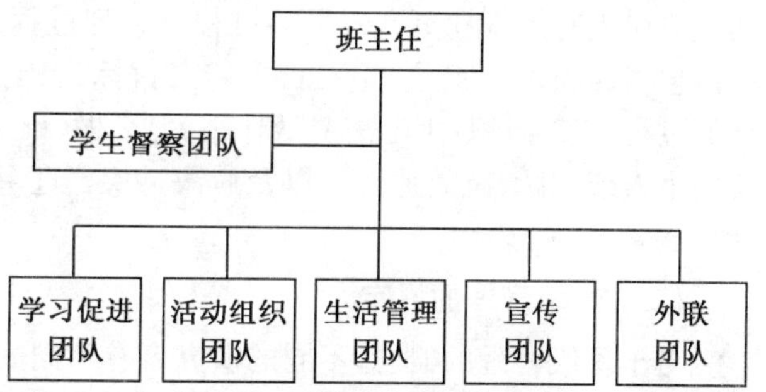

图1－2　扁平化的班级组织架构

非正式组织是人们在共同工作或活动中，由于具有共同的兴趣和爱好，以共同的利益和需要为基础而自发形成的团体。[①] 任何组织内部都有正式组织和非正式组织的存在，班级作为一种公共组织也不能例外，班级内部存在各式各样的非正式组织，是一种常见的现象。非正式组织一般具有三个特点：第一，非正式组织都是自发形成的，因为成员内部相互之间的约束力和团体的稳定性都不高。第二，非正式组织的成员之间具有某种相似性，成员之间往往因为家庭住址接近、家长关系亲近，或者兴趣爱好一致、个性契合等因素，形成3—5人的小群体。第三，非正式群体内部一般都有一个自发产生的核心人物，或者被称作非正式群体领袖。非正式组织能够满足学生在正式群体之外的某种心理需要，是儿童获得认同感的一种载体，但它们与班级发展的要求可能是相匹配的，也可能是疏离

① 芮明杰．管理学：现代的观点（第2版）[M]．上海：上海人民出版社，2005：87.

的，甚至是相冲突的。

4. 班级拥有自己的组织文化

著名管理培训专家余世维曾在一次培训中说："许多许多行为成为习惯，许多许多习惯成为文化。"[①]在任何一个社会组织中，随着成员之间相处时间的增加，就会自然形成某种共同的价值取向、思维方式和行为方式，这就是组织文化。班级作为一种教育组织必然会有自己的独特组织文化——班级文化，通过对班级文化的建设和管理，班主任可以高效地实现班级管理目标。

二、班级管理的基本内涵

（一）管理的内涵

有组织存在，就必然需要管理。那么，什么是管理呢？管理学界比较流行的观点认为，管理是一个协调工作活动的过程，是同别人一起或通过别人使工作活动完成得更有效率和更有效果的过程。管理过程是一组进行中的决策和行动，具体包括四项基本职能。① 计划：定义目标、制定战略、开发具体计划以协调活动的过程。② 组织：决定需要做什么、怎么做、谁去做。③ 领导：指导和激励所有的个人或团队，有效地沟通以及解决冲突。④ 控制：监控活动以改进组织的绩效。[②]

（二）班级管理的界定

对于班级管理的概念，不同的研究者有不同的定义。就国内的研究而言，大陆的学者主要从教育学的视角界定班级管理，台湾有少数学者借鉴企业管理理论提出了"班级经营"(Classroom Management)的概念，并且出版了两本比较有影响的专著。[③④] 面对众多的班级管理的研究定义，本书选用当代中国著名教育理论家鲁洁教授对于班级管理的定义：班级管理是班主任按照学校计划和教育目标的要求，充分利用和调动学生班级内外的力量，进行班级教育任务的组织、指导、协调、控制等各种活动。[⑤] 该定义将教育学理论与管理学理有机论结合起来，分别从目标、主体、内容等三个方面很好地定义了班级管理的内涵。

---

① 周勇. 班级文化建设中的班歌创作与传播[J]. 教学与管理，2013(6)：26－29.

② [美]斯蒂芬·P. 罗宾斯，玛丽·库尔特. 管理学(第 7 版)[M]. 孙健敏，等译. 北京：中国人民大学出版社，2004：7－9.

③ 林进材. 班级经营[M]. 上海：华东师大出版社，2006：8.

④ 吴明隆. 班级经营与教学新趋势[M]. 上海：华东师范大学出版社，2006：4.

⑤ 鲁洁. 教育学[M]. 南京：河海大学出版社，1990：276.

1. 班级管理的目标

上述定义中的“学校计划和教育目标的要求”，实际上就是对班级管理目标的概括。如前所述，班级的教育目标就是要培养具备在现代社会生存和发展的核心素养的全面发展的人。当然，有研究者对班级目标进行了层级区分[①]，即班级管理的最终目标是要实现班级全体学生的全面发展，班级管理的直接目标是要建立完善的班级组织——班集体。从二者的关系来看，建设班集体既是班级管理的直接目标，也是实现班级管理最终目标的手段，因为“教育了集体、团结了集体、加强了集体，以后集体自身就成为很大的教育力量”[②]。班级作为学生学习生活的重要场所，同时也是丰盈核心素养生长的班级文化场域，只要做好班级文化的转型，当一种良好的班级文化出现时，学生的核心素养也必然伴随得到提升。[③]

2. 班级管理的主体

班级管理的主体，即谁是班级管理者的问题。依据班主任的角色规定，班主任理所当然地是班级的主要管理者。然而，无论从教育学理论中的学生主体地位来看，还是从管理学理论中的民主管理来看，班级全体学生毫无疑问也应当成为班级的管理者。此外，从教育三位一体的原则出发，任课教师、家长及家委会等都是班级管理的主体。当然，作为班级管理的主要责任人，从校内管理主体来看，班主任需要扮演好乐队指挥者的角色；从学校与校外的班级管理主体的关系来看，班主任需要扮演沟通协调者的角色，从而形成班级管理各种主体之间的合力。

3. 班级管理的内容

班级管理工作的内容，从一般意义上划分主要是“适当而有效地处理班级中的人、事、时、地、物等各项业务”[④]。从职能区分来看，班级管理的内容又包括组织、指导、协调、控制等，几乎涵盖了管理的全部职能。因此，班级管理的内容可以用“麻雀虽小，五脏俱全”来概括。正因为如此，班主任曾经被称为教育管理岗位中的“兵头将尾”，作为天下最小的“主任”，管着几十名学生，不仅工作内容要面面俱到，而且工作责任重大。从班主任工作内容的小而全的特点出发，班主任不仅要具备一定的整体观念和战略管理意识，而且还有具备“把萝卜刻成花”的工作艺术，善于从小处着手，而又能够以小见大。

---

① 邓艳红. 小学班级管理[M]. 上海：华东师范大学出版社，2010：7.

② [苏联]马卡连柯. 论共产主义教育[M]. 刘长松，杨慕之，译. 北京：人民教育出版社，1981：406.

③ 张泽科. 丰盈核心素养生长的班级文化场域[J]. 教育科学论坛，2017(7)：69－71.

④ 吴明隆. 班级经营与教学新趋势[M]. 上海：华东师范大学出版社，2006：6.

（三）班级管理理论的特点

1. 班级管理理论的双学科属性

班级是学校的基本的教育单元，因而班级管理理论的主要基石是教育学是毫无疑义的。然而，班级管理理论又是建立在管理学的基本原理之上的。管理学研究人类社会组织的一般管理现象，揭示的是管理的一般规律。管理学各个分支学科研究的是社会各个部门的管理现象。任何组织的管理，从本质上讲都是管理活动，因而任何组织的管理，都服从于管理学的一般原理。[①] 因此，班级管理理论既是教育学相关理论在班级管理领域的体现，也是管理学相关原理在班级教育领域的体现。就班主任的社会角色来看，既是班级的教育者，又是班级的管理者。

班级管理理论的双学科属性在关于班级管理的研究中可以得到某种体现。一般而言，以"班主任"为视角进行的研究，是从班主任这一学校中的角色出发，进而探讨这一角色的性质、在学校教育中的地位、所承担的角色任务及如何完成这一角色任务，这种视角常常是从教育学理论出发进行研究的。以"班级管理"为视角进行的研究，则从学校中的一种管理现象出发，探讨这种管理的性质、职能、内容和方法等。这一视角则应当是管理学或教育管理学的视角。

2. 班级管理理论的较强实践性

班级管理理论无论作为教育学的分支，还是作为管理学的分支，都是一个比较具体的研究领域，这就决定了班级管理理论具有较强的实践性。实践性较强这一特点，使班级管理理论的相关研究不仅有一定数量的基础理论方面的研究，而且更多的是关于班级管理具体操作的研究，是为解决班级管理中的某一类或者某一具体问题而开展的研究。这一特点既是我们平时看到的关于班级管理的研究难登大雅之堂的内在原因，也在很大程度上决定了班级管理相关课程作为师范类学生的专业课程，在很多时候不是在讲理论性的问题，而是在讲经验性的问题。

3. 班级管理理论的较强开放性

班级管理理论的双学科属性和较强实践性两个特点，决定班级管理研究具有较强的开放性，也就是说，除了教育学的研究范式之外，只要对指导班级管理有价值的视角或者理论参照，都可以成为班级管理理论研究的内容，都可以成为班主任开展班级管理工作的借鉴。正因为如此，近二十年来，班级管理研究借鉴外部智慧的情况不在少数。接下来，本书将举例进行介绍。

---

① 李学农. 班级管理[M]. 北京：高等教育出版社，2010：26.

第一，管理学相关理论运用于班级管理研究。现代管理学理论是在以美国为中心的成熟市场的经济背景下发展起来的，代表了人类最先进的企业组织管理方式，其中有不少值得班级管理借鉴的理论观点。近二十年来，在我国经济飞速发展的同时，国内一批有代表性的企业在管理理论的基础上进行创新，在理论上也有所突破，同样为中小学班级管理提供不少有益的借鉴。

第二，影视作品对班级管理的启示。影视作品来源现实生活，又高于现实生活，因而其中有不少情节可以为班级管理带来直接和间接的启示。能够为班级管理带来直接的启示的是教育题材的影视作品，比如《十八岁的天空》《热血教师》《卡特教练》《我的老师》等；能够为班级管理带来间接启示的是非教育题材但与教育有一定关联的影视作品，比如《射雕英雄传》《家的 N 次方》《麻辣女兵》等。

第三，历史故事对于班级管理的启示。读史使人明智，是众人皆知的道理。然而，读历史为什么使人明智呢？因为能够写进历史的都是在其所处的时代叱咤风云或者对历史发展有重大贡献的人。学习历史实际上是学习社会大管理，因而对于班级管理有较强的借鉴意义。

第四，革命文化对班级管理的启示。革命文化是中国共产党在领导革命并在走向胜利的过程中形成的价值观体系和优良传统，其中包含了丰富的管理智慧。中国共产党从最初的几十个人，发展成为全世界最大的政党组织，不仅取得了民主革命的伟大胜利，也在领导社会主义经济建设方面取得了举世瞩目的成就，其中的管理之道值得学习和借鉴。

三、新时期班级管理的发展趋势

（一）班级管理越来越民主化

全国著名语文特级教师钱梦龙曾总结自己的“导读教学法”实践经验，提出了“学生是主体，教师是主导”①主张，并且曾经形象地将课堂教学中的师生关系比喻为“学生是主演，教师是导演”。尽管有研究者对其中的“教师主导”提出了不同看法，但有一点可以肯定，那就是学生作为教育的主体地位是没有异议的。班级管理作为学生教育的重要形式，同样需要尊重和保证学生的主体地位。著名教育改革家魏书生主张，班级管理一要民主，二要科学。民主管理就是学生自主管理。在魏书生的班级管理中，通过全班学生共同制定班规，不仅实现了“人人有事做”“事事有人做”②，而且包括惩戒违纪学生在内的班级诸多管理活动，

---

① 钱梦龙．钱梦龙与导读的艺术[M]．北京：北京师范大学出版社，2006：16－17．

② 魏书生．班主任工作漫谈[M]．桂林：漓江出版社，2014：172．

都是由学生遵照班规执行的。随着社会的进步，人们的教育理念也会越来越进步，以学生自主教育为基本内涵的班级民主管理的趋势会越来越明显。

（二）班级管理越来越法治化

随着中国特色社会主义法治的进步，依法治校和依法执教的地位和作用将越来越突出。在这样的背景下，班级管理也将越来越法治化，依“法”治班将成为班级管理的基本要求。依“法”治班首先表现为依靠校级班规来管理班级，“科学管理的表现形式之一就是要研究规律而后制定制度，制定‘班规’‘班法’，从而使班级摆脱‘人治’的不规则轨道而走上‘法治’的轨道”[①]。在以法治班的背景下，班级规章制度将取代班主任成为班级的最高权威，在班规及相关法律面前人人平等，无论老师还是学生都需依法行事。班级管理法治化的另一表现，就是班主任治理班级的行为不能与法律相违背。由于法律素养的不足，过去有些班主任出现体罚学生、对学生实施罚款、在上课时间将学生叫到办公室、侵犯学生隐私、安排学生签订安全协议等与法律不相符的行为。随着教育法治化进程的推进，班主任在班级管理过程中出现诸如此类的违法行为的可能性将会越来越少。

（三）班级管理越来越柔性化

班主任制度形成和发展的数百年历史进程中，从夸美纽斯时代带有专制色彩的班级管理，到百年之后卢梭所主张的“人的教育”，再到 20 世纪 20 年代“儿童中心主义”，教育与硬性的强制约束越行越远。与此同时，管理学在几百年的发展中，也由“只见物，不见人”逐渐发展为“人本主义”的管理理论。因此，从历史发展的大视野看，无论是教育学发展，还是管理学的发展，都表明班主任对班级的影响力越来越由传统的权力性影响过渡到非权力影响。在这种背景下，班级管理中文化的因素、价值的因素，将会逐渐凸显出其影响力。班主任需要塑造良好的自身形象、打造优质的班级文化，更多地通过价值领导和文化浸润来引导学生成长，更多地成为学生的人生引路人，而不是具体事务的管理者。

（四）班级管理越来越协作化

法国的孟德斯鸠曾说，“我们接受三种教育：一种来自父母，一种来自教师，另一种采自社会”[②]。教育是学校、家庭、社会三位一体作用的结果，当今世界各国已普遍认识到，少年儿童的教育仅靠学校单方面的力量是难以完成的，尤其需要家庭的通力合作，二者合作的好坏直接影响着教育目的能否实现，同时还需要社会的鼎力协助。首先，随着全员育人理论的推广，班级学生的教育已经不再是

---

① 魏书生. 教育改革与素质教育[M]. 沈阳：沈阳出版社，2000：310.

② 张永明. 小学班级管理[M]. 北京：北京大学出版社，2014：218.

班主任的独角戏，而是包括学校领导、班主任、科任教师、工勤人员等在内校内力量共同的任务。其次，近年来，随着我国经济水平的不断提高，城乡居民对于教育的投入和关注程度也越来越高。与此同时，信息技术的发展，QQ、微信等即时通信的网络平台的兴起，又为家校协同做好教育工作创造了极好的条件。最后，随着城镇化进程的发展以及乡村振兴战略的推进，社会教育力量的作用逐渐显现出来。

资料链接

山东寿光世纪教育集团的校规制定①

2012 年 10 月的一天，一场由家长、教师共同参与的教育惩戒研讨会在集团的报告厅里热烈进行着。先是教师代表向大家解释学校拟定的教育惩戒制度草稿，具体包括教育惩戒的目的、实施原则和具体措施等。接着，家长代表们仔细审核草稿，并对草稿提出修改意见，让大家讨论，以此确保对孩子的惩戒不违法、不违规，还要合情、合理，利于孩子的健康成长。近年来，家委会参与学校管理在世纪教育集团已不新鲜，如今要制定一项促进学生健康发展的弹性惩戒制度当然也离不开家委会的积极参与，家长委员们要提出好的完善建议，还要把最终讨论结果向班级的其他家长传达、解释。

（五）班级管理越来越专业化

现代教育的现代化使得教育活动越来越复杂，对教育人员专业性的要求越来越高，突出地表现在教师专业化已经成为世界教育改革的共同举措。作为中小学教育的重要岗位，班主任的专业化问题也逐渐走上教育的舞台。

2002 年 10 月，天津市滨海新区举行了“全国第十一届班集体建设理论研讨会”。在这次会上，首都师范大学王海燕教授提炼并确定了“班主任专业化”这一理念。2003 年 3 月 24 日，全国第一所“班主任专业化实验学校”在广西柳州市公园路小学诞生。2004 年《人民教育》第 15—16 期编辑“班主任专业化专辑”，从理论上总结了柳州市推进班主任专业化建设的经验，在全国范围内较为明确地是出了“班主任专业化”的理念。2005 年元旦，南京师范大学教科院班主任研究中心和全国班集体建设研究中心合作开办了“班主任专业化研修班”，并进行了首期培训。

2006 年教育部《关于进一步加强中小学班主任队伍建设的若干意见》确立了“提升班主任工作专业水平，促进班主任队伍专业发展”的思路。2006 年 8 月

① 王春霞. 没有惩戒的教育是不完整的教育——山东省寿光世纪教育集团弹性惩戒制度的探索[J]. 中国德育，2016(18)：40 - 42.

31日，教育部出台了《全国中小学班主任培训计划》。该计划明确提出（1）从2006年12月起，建立中小学班主任岗位培训制度。今后凡担任中小学班主任的教师，在上岗前或上岗后半年时间内均需接受30个学时的培训。（2）同年12月底前担任班主任工作，但未接受班主任专题培训的教师，需在近年内采取多种方式进行补修。2009年8月12日，教育部颁发了《中小学班主任工作规定》（以下简称《规定》），《规定》的颁发不但是班主任工作适应时代发展的需要，更是班主任专业化发展进程中的里程碑。为了更好地贯彻落实《规定》，《人民教育》杂志社联合中国教育学会，由任小艾老师、魏书生老师等牵头，成立了“班主任专业化”课题组，主持研究“十一五”科研规划重点课题。

据统计，近十年来出版的关于班主任工作的专著超过800本，平均每年出版80多本。这些关于班主任工作的专著，90%以上由中小学教师出版。班主任用书的大量出版及畅销，从一个侧面说明了班主任专业化得到普遍关注。随着教育的进步，班主任将不再是一个什么人都可以胜任的角色，班级管理也不再是一个“无师自通”“不学而通”的岗位，而是需要较高的理论素养和丰富的实践经验方能胜任的工作。因此，经验型班主任将越来越不能适应中小学班级管理工作的需要，而专业型班主任将会在未来的教育实践中释放异彩。

第三节　小学班级管理的基本特点

一、小学班级的特点

（一）小学班级是双重性质

在我国，小学班级是班队合一的教育组织，每个小学班级还存在着一个平行的政治组织——中国少年先锋队（简称少先队）的中队组织。根据《中国少年先锋队章程》（2005）的规定，“凡是6—14周岁的少年儿童，愿意参加少先队，愿意遵守队章，向所在学校少先队组织提出申请，经批准，就能成为队员”；“在学校、社区建立大队或中队，中队下设小队”。本着“团结起来再教育”的原则，表现优秀的小学生在一年级第一学期的时候就有机会加入少先队。根据章程规定，每个班级中都会建立起一个中队，班主任通常兼任中队辅导员。虽然，少先队组织与班级组织有着共同的教育性目标，但两者的性质、主要目标及内在规范等有着诸多区别。

（二）小学班级的年龄特点

组成班级的学生的年龄特征决定了班级组织的特征。教育部颁布的《小学管理规程》(2010)第十条规定："小学招收年满6周岁的儿童入学，条件不具备的地区，可以推迟到7周岁。"因此，目前在我国小学生的年龄一般在6岁至12岁左右，年级一般为一至六年级。小学生年龄整体特征，决定了小学班级是一个由成人领导的儿童群体。学生是身心发展的未成熟者，是正在成长中的人。他们有强烈的探索周围世界、表现自我的欲望，在他们身上缺少社会的羁绊和约束。这既为他们张扬个性、驰骋想象提供了空间，同时也容易使他们走向自我中心，偏离甚至抗拒现有的社会规范。正因为小学生身心发展的这一特点，由小学生组成的班级便不能脱离作为成人社会代表的班主任和任课教师。班主任作为成人社会的代表，在拟定班级目标、制订班级计划、引导学生发展的过程中，需要考虑小学生发展的实际，实事求是地实现班级育人目标。

小学班级年龄特点的另一个表现，就是小学生的年段性特征明显。从一年级到六年级，小学生要完成从幼儿到青少年的转变，其间的发展阶段性特征比较明显。小学低年段(1—2年级)、中年段(3—4年级)、高年段(5—6年级)三个阶段，小学生的生理发育、思想认知、人格发展和道德发展等方面会产生较大的变化。[①] 在生理发育上，6岁儿童的大脑重量为成人的90%左右，到12岁才基本达到成人水平；小学生的身体发育开始进入人生中第二次"生长高峰"，高年级学生开始进入青春发育期，且女生的发育要早于男生。在思想认知上，小学生的认知知主要处于皮亚杰(Jean Piaget)所说的"具体运算阶段"，思维已具有可逆性和守恒性，但离不开具体事物的支持；高年级的小学生开始进入"形式运算阶段"，能对抽象的和表征的材料进行逻辑运算。小学班级年段性特征明显，不仅要求在教学上实行专业化地分段管理，也对班级管理提出一定的挑战。无论班级层面的班主任工作，还是学校层面的班主任工作制度，都需要考虑小学班级年段性特征明显的影响。

（三）小学班级的结构特点

小学班级作为正式组织，在班额即班级学生规模上有明确的法律规定。《小学管理规程》(2010)第十一条规定："小学采用班级授课制，班级的组织形式应为单式，不具备条件的也可以采用复式。教学班级学额以不超过45人为宜。"

我国小学班级人数，不同地区、不同学校有差别。就城市小学班额而言，在一些经济比较发达地区，已经开始进行小班化改革，小学的班额控制在25人左

---

① 邓艳红.小学班级管理[M].上海：华东师范大学出版社，2010：3.

右。在一些经济欠发达的地区,由于城镇化进程的加速,小学的实际班额一度达到70人以上。随着教育法治化进程的推进,近年来小学的班额正逐步回归正轨。农村和乡镇的小学班额则是另外一种景象。城镇化进程中的农村小学的规模越来越小、学生数量不断减少,教师编制也随之压缩,在教学上无法再延续传统的分科教学模式。因为学校规模小、班级人数少,只能是采取“小班化”“复式班”“包班制”等教学组织形式。少数农村小学必须面对“一师一校”和“一班一师”,而“一师几科”已成为基本事实。①

班额是影响班级教学和管理质量的重要因素,因此,作为班主任需要考虑班级学生人数对于班级管理工作的影响。

二、小学班级管理的特点

(一) 小学班级管理需要重视少先队工作

班队合一是小学班级的重要特征之一,少先队组织在启发、促进少年儿童自我教育方面具有巨大的、特殊的、不可替代的作用,是学生接受理想信念教育、革命传统教育、爱国主义教育,培养创新精神和提高社会实践能力的第二课堂。然而,由于应试教育残余给一线的小学教育管理工作者带来的压力,部分学校的少先队工作出现了诸如领导重视不够、组织机构不健全、活动开展不顺利等一系列问题。在这种背景下,部分小学班主任对于学校安排的少先队教育工作,也采取消极应付的态度。因此,从小学班级立德树人的目标出发,为了更好地培育小学生的核心素养,班主任应当高度重视少先队工作,既当好班级作为一级教育行政组织的管理者,也扮演好小学班级作为少先队中队的辅导员角色。

(二) 小学班级管理需要尊重儿童思维

由于小学班级是由一群年幼的儿童与代表成人社会的教师共同组织的教育组织,师生之间较大的年龄差决定小学班级呈现出如下特点:从主观上看,小学生相对更容易管理;从客观上看,小学生更需要管理。前者是由小学生相对其他学生更加突出的“向师性”决定的,后者是由小学生的低龄伴随而生的认知水平相对较低决定的。然而,不管是主观上的容易管,还是客观上的需要管,都不能忽视师生之间年龄差较大这一特点。现实生活中无数的案例表明,对于小学生而言,无论是学校教育中的班级管理,还是家庭教育中的亲子沟通,一旦班主任或家长忽视儿童的思维特点,忽视儿童的需求,往往就会出现揠苗助长或者过度

---

① 张松祥.老中师综合培养模式对乡村全科小学教师培养的启示[J].教育发展研究,2016(10):53-60.

教育的现象。因此，小学班主任在班级管理的过程中需要把“尊重儿童思维”六个字牢记在心，充分把握小学学生的认知特点和心智水平，多从儿童的视角考虑问题和解决问题。

（三）小学班级管理需要重视行为教育

作为社会组织生活的初步学习者，小学生主要处于埃里克森(E. H. Erikson)人格发展阶段理论阐释的第四个关键期——“勤奋感对自卑感”时期，即此时的儿童不可避免地面临竞争压力。如果他们在学习过程中体验到的成功多于失败，将养成勤奋进取、敢于面对挑战的个性，从而为以后继续追求成功建立良好的人格基础。反之，则难免养成自卑个性，不敢面对实现中的困难。[①] 因此，他们此时获得的组织生活的印象，他们对组织中的角色，包括自己在组织中角色的理解，将会影响他们一生在社会组织中的生活。良好的小学组织生活经验，是小学生以后过好社会组织生活的基础。

在小学班级管理中，要想做好小学生的行为教育，首先要让他们了解班级组织生活方式，学会正确的行为方式，也就是说对小学生进行正确的班级组织生活的教育。除此之外，小学学习阶段，是一个人学习行为规范的最重要的时期，良好的行为习惯主要就是在小学阶段养成的。因此，重要行为习惯教育，是小学班级教育管理的重要内容和鲜明特色。从教育方法上看，因为小学生处在初步的行为学习阶段，所以对小学生的行为教育更加需要教师的示范。小学班主任要正确进行角色示范，引导小学生的正确行为。

（四）小学班级管理需要做好年段区分

小学生在校的六年，是变化巨大的六年。在从幼儿园到高中的所有学段中，小学生的年段性特征是最突出的，这是小学长达六年的学制及小学生所处的年龄阶段决定的。这种鲜明的年段性特征，决定了在小学的不同年段有不同的班级育人目标，因此，在管理的内涵与要求上就会有阶段性的变化。随着小学生年段的提升，班主任要做到善于随需而变，及时调整管理策略和管理方式，力争在不同的年段形成与之相适应的管理模式。

课后练习

1. 班级管理理论有何特点？
2. 请根据本章所学的知识，概括出班主任工作的3—5条基本原则。

---

① 邓艳红. 小学班级管理[M]. 上海：华东师范大学出版社，2010：3.

第二章 小学班主任的职责、权利与基本素养

微信扫一扫

获取本章拓展资源

学习目标

1. 熟悉班主任的职责，明确班主任与其他班级管理主体的关系；理解班主任的工作边界。

2. 从班主任职责落实出发，理解班主任与其管理对象——小学班级及小学生的关系，树立多重角色意识。

3. 了解班主任应享有的权利，培养防止班主任权力失范的意识，为将来尽职尽责从事班主任工作打下坚实基础。

4. 明确班主任应具备的基本素养，明白优秀班主任的成长之路。

资料链接

班级常规评比是班主任的奶酪吗?①

有些班主任要求过分苛刻，容不得学生犯一点点错误，只要学生在值勤评比中被扣分、影响班级值勤评比成绩，就会毫不留情地给予重罚，惩罚的方法大致为罚站、罚抄课文、罚扫地，甚至还有体罚。乱罚并不能使学生心悦诚服地接受，甚至会产生逆反心理。有的学生由于受到处罚太重(如罚抄课文几十遍)，没法正常完成，最后还学会了弄虚作假。有的学生性情怯懦，被罚后变得更加谨小慎微，甚至造成心理障碍。如果班级受罚面较广，势必造成师生情绪对立。“亲其师、信其道”，如果班主任没有了学生的亲近、信任，教育效果一定好不了。

---

① 李艳，李忠衡. 班主任应正确对待考勤评比[J]. 教学与管理(小学版)，2005(10)：16－17.

第一节　小学班主任的职责

在中小学班级管理的实践中，很多时候班主任的职责是由学校规定或者约定俗成的。随着教育法治化的发展，作为小学班主任应该清楚关于班主任职责的相关法律规定，并对其有深刻的理解，才能更好地开展班级管理工作。

一、班主任的职责

（一）班主任职责的法律规定

2006 年，教育部出台《关于进一步加强中小学班主任工作的意见》，对班主任的职责提出了指导性意见。2009 年，教育部《中小学班主任工作规定》（以下称《工作规定》）出台，首次以部门规章的形式对中小学班主任工作制度进行了规范。《工作规定》总则第二条强调："班主任是中小学日常思想道德教育和学生管理工作的主要实施者，是中小学生健康成长的引领者，班主任要努力成为中小学生的人生导师。班主任是中小学的重要岗位，从事班主任工作是中小学教师的重要职责。教师担任班主任期间应将班主任工作作为主业。"

《工作规定》第三章对班主任的工作职责与任务作为详细的界定，主要包括以下方面：

（1）全面了解班级内每一个学生，深入分析学生思想、心理、学习、生活状况。关心爱护全体学生，平等对待每一个学生，尊重学生人格。采取多种方式与学生沟通，有针对性地进行思想道德教育，促进学生德智体美全面发展。

（2）认真做好班级的日常管理工作，维护班级良好秩序，培养学生的规则意识、责任意识和集体荣誉感，营造民主和谐、团结互助、健康向上的集体氛围。指导班委会和团队工作。

（3）组织、指导开展班会、团队会（日）、文体娱乐、社会实践、春（秋）游等形式多样的班级活动，注重调动学生的积极性和主动性，并做好安全防护工作。

（4）组织做好学生的综合素质评价工作，指导学生认真记载成长记录，实事求是地评定学生操行，向学校提出奖惩建议。

（5）经常与任课教师和其他教职员工沟通，主动与学生家长、学生所在社区联系，努力形成教育合力。

(二) 班主任职责的解读

1. 育人为本，以德为先

如前所述，班级的最终目标是育人，即培养全面发展的人。作为班级管理工作的主要实施者，班主任自然要把育人作为自己工作的出发点和核心任务。正因为如此，《工作规定》才把"全面了解班级内每一个学生""促进学生德智体美全面发展"列为《工作规定》第三章的第一条。育人为本的"本"，突出育人的重点，而且代表了班主任工作的性质。

既要教书，更要育人，应该是每一位教师的基本职业理念。苏联现代教育学家苏霍姆林斯基也曾告诫教师，"请你记住，你不仅是自己学科的教员，而且是学生的教育者，生活的教师和道德的引路人"。① 我国现代著名教育家徐特立、叶圣陶、陶行知等，都指出教师既要教书又要育人。徐特立指出，"教师是有两种人格的：一种是'经师'，一种是人师。人师就是教行为，就是教怎样做人的问题；'经师'是教学问的"。② 班主任作为中小学的重要岗位，更加有必要把育人当作班级管理工作的旨归和重心。

不仅如此，徐特立还曾进一步指出："教育学生，关键在教育学生怎样做人。"③可见，做好育人工作，是做好班主任工作的重要前提。不仅如此，能够把握育人为本的工作职责，还是评判一名班主任工作成效的重要依据。当代著名教育家鲁洁也曾指出："在把孩子培养成什么样的人的问题没有解决之前，方法上的具体改变是不可能解决根本问题的。"④在教育实践中，不少班主任陷入日常事务的泥潭而无法自拔，以至于牢骚满腹或者职业倦怠。

案例呈现

班主任与学生围绕假条的"斗智斗勇"⑤

心理学有一句非常著名的箴言："注意力在哪里，痛苦就在哪里，成长就在哪里。"这句话需要辩证地认识。如果只将注意力聚焦在问题上，就会被问题所牵绊，产生痛苦。痛苦又容易导致班主任迷失方向，终日与学生问题或

① 毕玉海. 教师角色与教师培训[J]. 山东学院学报，2003(4)：11－13.

② 武衡，谈天民，戴永增. 徐特立文存(第4卷)[M]. 广州：广东教育出版社，1995：357.

③ 曾桂珍. 浅谈班主任工作的教育和管理艺术[J]. 广西民族学院学报(哲学社会科学版)，1988(4)：101－103.

④ 鲁春华. 班主任权力失范研究[D]. 东北师范大学，2007：20.

⑤ 梁岗. 班主任切勿陷入问题的"泥潭"[J]. 福建教育，2016(1)：49－51.

者“问题学生”较劲儿，逐渐陷入问题的泥潭而无法自拔。

当年，我有幸被提拔为学校德育处副主任，亲历了陷入问题的泥潭的不幸遭遇。我原来所在的学校是一所超级大校，学生结构复杂，即使是住校生也分为了校内住校生与校外住校生，走读生的类别也多达 4 种，门禁制度成为一大难题，特别是在上学期间。最初，我们采用班主任手写假条的方式来解决，结果每次回到班主任手里的假条都远远超出开具的，且请假学生的姓名也是伪造的。为此，学校德育处和班主任如临大敌般绞尽脑汁，想出不少“金点子”，针对门禁制度的师生过招拉开帷幕。

第一招，给每位班主任刻制统一规格的私人印章，请假条必须盖有班主任的印章才能放行。为了不出错，校门卫处还贴有每位班主任印章的模板，以便门卫核对。但不久，教师的印章就被学生克隆了，第一招宣告失败。第二招，德育处统一印制请假条，每周为每位班主任提供 10 张，但也没有坚持多久，盗版假条又出来了。第三招，德育处在每张请假条上盖德育处大红鲜章（这可累坏了德育处的教师，每周要盖章近 2 000 份），却也没有坚持多久，彩色打印版的盗版假条又横空出世……

几乎我们每出一招，过不了多久，学生就有了应对之策，虽然数量上有所减少，但一直未被根除。我们也不知道该怎样形容当时的心情，是该感慨时代的发展、科技的进步，还是应该感慨学生的“制假”能力。我现在还清晰地记得当年为了提高门卫的“打假”能力，我们几乎每隔一段时间就要召开门禁培训会，专门培训卫门的鉴别能力。

现在想来，这就是典型的“问题泥潭”，师生都深陷其中，所有的注意力都被“假条”所吸引：一方面，校方为完善请假制度，确保校园安全绞尽脑汁；另一方面，学生为逃避学校制度，盗版学校假条，见招拆招，顽抗到底。最后，双方陷入僵局，就看是道高一尺还是魔高一丈。终其原因，学校德育处仍是在管理上想办法，一门心思想的是如何把请假条问题彻底扼杀掉，我们从未在人的发展与成长上想办法。一言以蔽之，我们妄图用简单的管理方法解决教育问题。这部分学生占了全校学生比例的几分之几？这部分学生为何要盗版假条？为何总想出校？为何不能安心地待在学校甚至喜欢学校？什么方式可以留住他们的心……这些问题，当时的我们从未想过，因为我们的眼睛已经被请假条问题所遮蔽。这也成为大多数学校德育处的悲哀，原本应该着力于提高教师与学生的道德素养、思想品质的力量几乎都被各种学生问题消耗殆尽。

2. 全面负责，具体而微

《工作规定》对于班主任工作职责的界定清晰而全面，这很好地反映了班主任工作内容的全面性。如右图 2－1 所示，作为班级管理工作的主要责任人，班主任可谓事无巨细，都得要担当。尤其小学班主任，面对一群年幼的孩子，方方面面都需要进行精细的指导和管理。然而，班主任工作千万条，概括起来就五条，即人、事、时、地、物。因此，班主任工作职责可以用“麻雀虽小，五脏俱全”来概括。从这一特点出发，班级管理就是一项具有战略管理性质的工作。战略是指导全局工作的策略，班主任工作的“五脏俱全”，就是其战略管理性质的基础，它要求班主任要善于统筹全局。“麻雀虽小”就是班主任工作作为战略管理的特点，它要求班主任要善于举轻若重，以小见大。

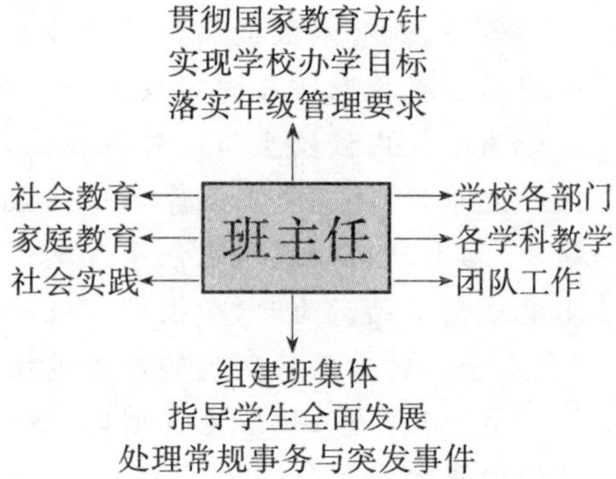

图 2－1　班主任工作职责

3. 有限责任，不忘初心

班主任作为中小学教师中的重要角色，是学生成长道路上的重要他人，对学生全面发展具有重要的影响。然而，教育是学校、家庭、社会三位一体作用的结果，班主任虽然对学生具有重要的影响力，但并不是唯一的教育力量。在学生发展的问题上，班主任承担的不是无限责任，而是有限责任。

在现实生活中，班主任忽视班主任有限责任的现象主要有两个表现。一个是班主任工作的“无边界倾向”。在学生发展问题上，班主任肩负有限责任，也就是说，班主任的工作是有边界的。长期以来，广大班主任兢兢业业，勤勤恳恳，承担着繁重的工作任务。从 20 世纪 50 年代到今天，班主任工作的职责范围越来越宽泛，从班级工作的“领导者”变成了“亲力亲为者”。所有别人不管的事情都是班主任的事情，呈现出“班主任工作无边界”态势。[①] 另一个表现就是在评价学生成长问题时，把所有的责任集中班主任一个人身上，使有限责任变成无限责任。学生成长不仅是学校、家庭、社会三位一体的结果，而且在学校教育力量内部，班主任也不是一个人在战斗，还有学校领导、众多科任教师以及工勤人员，都在不同程度上负有育人责任，班主任只是沟通协调者。

尽管班主任在学生发展问题上担负的是有限责任，但这并不能否定班主任

---

① 张红. 班主任的权利与权利[J]. 班主任，2012(5).

责任的重要性。因此，在学生发展的问题上，班主任担负的是有限的重要责任。有限责任不仅不能成为班主任推脱责任、放弃教育的借口，相反，班主任应当牢记作为教师的职责和使命，在有限的条件下争取全面地了解每一位学生，平等地对待每一位学生，促进每一位学生的全面发展。

资料链接

重金悬赏班主任“高人”可行吗[①]

宁夏11月18日的《银川晚报》上刊登了一则醒目的急聘启事，内容为：“现有一名高三学生成绩较差，急需有真才实学的老师辅导，辅导期5个月，辅导费每天500元。高考上线，额外奖励人民币5万元，上重点线，奖励10万元，如考上名校，奖励30万元，才学平庸者勿扰……”

记者以应聘者身份拨通了报纸提供的手机号，电话里一自称姓张的男子说，他的电话都快被打爆了。他坦言刊登招聘家教启事是要给读高三的儿子找一个能让孩子成绩突然变好的老师。

张先生告诉记者，自己生意太忙，没有真正关心过孩子的学习，开过家长会才知道，原本学习优秀的儿子，现在的成绩一落千丈。

情急之下，他刊出招聘启事，希望请到“高人”，帮孩子在高考前把学习成绩提高上去。就其广告的可信度，张先生十分肯定地告诉记者，绝对真实，家里有这个能力，只要孩子成绩上去了一切都好说，如有必要可以通过公证处公证，以消除应聘者的顾虑。

记者随后采访了宁夏大学教育专家李雪冬教授，他说可以理解家长望子成龙的心切，家庭有这个能力无可厚非。但要知道，任何一个老师只有引导和启发学生学习的作用，如果学生自己不努力，再“天才”的老师也不可能立竿见影地让孩子的成绩提高。

二、班主任的角色

关于班主任的角色，已有的《班级管理》教材中有不少有益的观点。比如，邓艳红认为班主任角色主要表现为三个方面：“亲人与教育者”“对话与沟通者”“管理及示范者”[②]；秦启轩将班主任的职责概括为：“亲人与教育者”“班队的管理

---

① 鲁春华．班主任权力失范研究[D]．东北师范大学，2007：15．

② 邓艳红．小学班级管理[M]．上海：华东师范大学出版社，2010：23－25．

者""全面发展的引领者""研究者""社会活动家"①;马建富将班主任的角色概括为:"学生群体的领导者""班级组织的建设者""学生的良师益友""学生思想品德教育者和示范者""学生心理健康发展的咨询者和维护者""积极进取的重要学习者和研究者"②。

上述研究从不同的角度对班主任角色进行概括,这些研究为班主任角色定义提供了很好的参照。然而,这些概括也在一定程度上存在逻辑划分标准不统一、与班主任职责对接不严密等不足。班主任在承担和完成职责的过程中,将自觉或不自觉地扮演一定的社会角色。因此,本书在总结已有研究的基础上,严格以班主任的职责为参照,对班主任的社会角色扮演做如下阐述。

(一) 班主任角色的内容

1. 学生的知心朋友

班主任既是学生的良师,又是学生的益友,只有首先成为学生的知心朋友,才能成为优秀的老师。了解每一个学生,是正确开展班主任工作的基本前提。正因为如此,在《工作规定》界定的班主任职责与任务的第一条中,"全面了解班级内每一个学生,深入分析学生思想、心理、学习、生活状况"是开头第一句。由此不难看出,了解学生在班主任工作中的基础性地位。每一位学生都是一种独特的个性存在,真正做到了解学生不是一件容易的事情,因此,班主任需不仅需要认真收集和分析关于学生成长的相关信息,也要研究相关的理论及案例,以便走进学生心灵,成为学生的知心朋友。成为学生知心朋友的方法有很多,但最基本的原则就是《工作规定》中强调的"关心爱护全体学生,平等对待每一个学生,尊重学生人格"。

资料链接

从《爸爸去哪儿》看小学班主任与学生的沟通③

湖南卫视热播综艺节目《爸爸去哪儿》不仅创造了一个新的收视经典,也掀起了亲子教育讨论的热潮。节目中五位明星老爸与孩子沟通时,几乎都经历了从窘态到适应、再到颇有所悟的心路历程。不仅如此,五位明星老爸的教育风格也各具特色。笔者细细品味,觉得该节目在如何与学生相处、如何解决学生面临的问题、如何正确引导学生等方面,为小学班主任的师生沟通工作提

① 秦启轩. 小学班队管理实务与案例分析[M]. 南京:南京大学出版社,2018:15-17.

② 马建富. 班级管理[M]. 南京:南京大学出版社,2019:19-22.

③ 周勇,文娟. 从《爸爸去哪儿》看小学班主任的师生沟通艺术[J]. 教学与管理,2014(7):12-13.

供了很好的借鉴。

……

二、俯身倾听，营造平等沟通的氛围

在《爸爸去哪儿》第一季的几期节目中，让人印象最深刻的是林志颖。他总是俯下身来或者是蹲着，以平等的姿态与Kimi进行交流。因此，林志颖几乎每次都能够成功说服Kimi去克服困难，完成任务。这种俯身倾听的做法有助于营造平等相处的氛围，从而为实现亲子之间的有效沟通创造条件。经验表明，居高临下地开导孩子，效果远不如俯身倾听；而那种高高在上的指示甚至责备，则必然让孩子更加害怕，不敢透露其内心想法，甚至叛逆地坚持己见。对于小学班主任而言，选准角色，做孩子们的领导者，只是走对了第一步。在具体与孩子进行沟通时，要注意创造平等、和谐、愉快的氛围，拉近师生之间的心理距离。首先，应通过"俯身"拉近空间距离来拉近心理距离，然后再以"倾听"直接拉近师生之间的心理距离。"倾听"能让孩子感受到班主任重视他们的想法。只有让孩子感觉自己得到重视与关爱，他们才敢于表达，乐于接受。"俯身"和"倾听"对班主任而言只是一对简单的动作，但对孩子的成长却大有裨益，体现的是"小细节、大教育"。

……

2. 学生思想道德发展的引领者

如前所述，班级的目标就是培养具备在现代社会生存和发展的核心素养的全面发展的人。因此，基础教育阶段学生的发展，应该是德智体美劳"五育并举"，其中排在首位的就是德育。正如《工作规定》总则第二条对班主任角色的界定，"班主任是中小学日常思想道德教育和学生管理工作的主要实施者，是中小学生健康成长的引领者，班主任要努力成为中小学生的人生导师"。通过对学生日常思想道德教育的日积月累，班主任不仅要让学生树立正确的思想观念，养成良好的道德品质和行为习惯，而且要成为学生成长道路上值得信赖的传道者和解惑人。

3. 学生学业发展的指导者

我国中小学班主任都是从班级科任教师中选任的，这既是中华人民共和国成立以来班主任选任的传统做法，也成为《工作规定》中选聘班主任的基本要求之一。因此，班主任既是班级管理工作的主要承担者，同时也是班级的科任教师。班主任不仅要做好自己所承担的班级某一门课程教学工作，而且需要做好整个班级的学业指导。尽管班主任作为科任教师，或者作为科任教师的班主任，能够在自己任教课科目形成优势，可以为其从事班主任工作带来很好的教师形象资源和工作便利，但班主任决不能将学业指导的视线局限在本人任教的科目之中。

4. 学生健康与安全的维护者

《工作规定》第十条指出，班主任要"组织、指导开展班会、团队会(日)、文体娱乐、社会实践、春(秋)游等形式多样的班级活动，注重调动学生的积极性和主动性，并做好安全防护工作"。因此，《工作规定》虽然没有明确阐释班主任在小学生身心健康和人身安全方面的管理责任，但班主任在这两个方面担负有一定的职责。

不仅如此，我国法律体系对于班主任维护学生身心健康和人身安全的职责有一系列的相关规定。

首先，我国法律对于学校承担维护学生身心健康和人身安全的责任，有明确的法律规定。《中华人民共和国教育法》第三十条第三款，对学校义务做了如下规定："维护受教育者、教师及其他职工的合法权益。"①《义务教育法》第十六条规定："学校建设，应当符合国家规定的办学标准，适应教育教学需求，应当符合国家规定的选址要求和建设标准，确保学生和教职工安全。"对这一法条的注释中，援引了《中小学建筑设计规范》(GBJ99－86)关于学校应当远离"不利于学生学习和身心监看以及违纪学生安全的场所毗邻"的规定。②《小学管理规程》第五十二条规定："小学的环境、校舍、设施、图书、设备等应有利于学生身心健康，教育、教学活动安排要符合学生的生理、心理特点。"③班主任作为中小学教育的重要岗位，作为班级管理工作的主要实施者，理所当然地要承担学校及教师所担负的维护学生身心健康和人身安全的职责。

其次，相关法律法规对于班主任维护学生身心健康与人身安全，也有明确的规定。《中华人民共和国教师法》第八条第五款规定："制止有害于学生的行为或者其他侵犯学生合法权益的行为，批评和抵制有害于学生健康成长的现象。"④《新时代中小学教师职业行为十项准则》规定："增强安全意识，加强安全教育，保护学生安全，防范事故风险；不得在教育教学活动中遇突发事件、面临危险时，不顾学生安危，擅离职守，自行逃离。"因此，班主任要真正做好学生的思想引领、心理沟通以及安全教育和安全防范工作，为学生的健康成长保驾护航。

---

① 法律出版社法规中心. 中华人民共和国教育法典[M]. 北京：法律出版社，2015：4.

② 法律出版社法规中心. 中华人民共和国教育法典[M]. 北京：法律出版社，2015：66.

③ 法律出版社法规中心. 中华人民共和国教育法典[M]. 北京：法律出版社，2015：112.

④ 法律出版社法规中心. 中华人民共和国教育法典[M]. 北京：法律出版社，2015：403.

5. 学生综合素质发展的评价者

《工作规定》第十一条规定："组织做好学生的综合素质评价工作，指导学生认真记载成长记录，实事求是地评定学生操行，向学校提出奖惩建议。"对学生的综合素质发展做出科学的评价，是促进学生身心健康成长的重要途径，也是建设班集体的重要措施。对学生综合素质发展的评价应当遵循教育的基本原则。首先，应当尊重和保证学生的主体地位，应当依据学生发展的阶段性特征，适当地让学生成为评价的主体。其次，对于学生综合素质的评价应当遵循五育并举、以德为先的原则，重视德育评价在综合素质评价中的作用。最后，对学生综合素质的评价涉及班主任教育惩戒权的使用，应当要慎重，要讲究合法、合理、合情。

6. 班级组织的建设者

《工作规定》第九条规定，班主任要"认真做好班级的日常管理工作，维护班级良好秩序，培养学生的规则意识、责任意识和集体荣誉感，营造民主和谐、团结互助、健康向上的集体氛围。指导班委会和团队工作"。从日常管理到健康向上的集体氛围，反映的其实就是班级作为最基本的教育单位，开展组织建设的目标。如果说，前五个角色是班主任作为教育者的角色，在承担和落实，那么，班级组织建设者角色，就是班主任作为班级管理工作的主要承担者所承担角色。班主任承担上述五个教育者角色时，需要更多地遵守教育学及相关学科的规律；作为班级组织的建设者，班主任需要更多地遵循管理学及相关学科的规律。

7. 学生教育发展力量的协调者

《工作规定》第十二条规定，班主任要"经常与任课教师和其他教职员工沟通，主动与学生家长、学生所在社区联系，努力形成教育合力"。教育是学校、家庭及社会三种力量共同作用的结果，班主任既不是其中的领导者，也不是其中的管理者，而是其中的沟通协调者。在引导学生成长的问题上，班主任不是孤军奋战，而是有一条"统一战线"需要班主任去沟通和协调。班主任对于影响学生发展的其他教育力量并无硬性约束的权力，因而班主任需要重视自身形象的建设和人际沟通艺术的提升。无数的实践证明，是否善于整合班级教育力量的"统一战线"，是班主任是否成熟的重要标志。

（二）班主任角色的层次

班主任角色是一个复杂的综合体系，不仅包括了上述七个方面内涵，也可以体现为不同的层次。班主任既可以是班级的管理者，也可以是班级的领导者。管理者（Manager）是受到上级任命在岗位上从事工作的，他们的影响力来自这一职位所赋予的正式权力；与此形成对照，领导名（Leader）可以是上级任命的，也可以是从群体中自发产生出来的，领导者能够运用正式权力之外的活动来影响他人。[①] 就班主任工作而言，管理者与领导者既是班级管理风格不同的表现，也是班级管理处在不同层次的表现。一般来说，班主任应该首先是班级的管理者，发展到一定层次以后才能逐渐成为班级的领导者。无论处于哪一个层次，班主任都不可能是单纯的班级管理者角色或者班级领导者角色，只能说班主任更多地表现为管理者角色，或者是领导者角色。

1. 班主任是班级的管理者

在班级管理中，班主任依照法律赋予的职责和权力，对班级的人、事、时、地、物等诸多事务进行管理，因此，班主任工作首先表现为一种班级管理者角色。除了对学生的影响力来自班主任职位所赋予的正式权力之一的特征之外，管理者型的班主任或者班级管理者还具有以下特征：从师生关系看，作为班级管理者，班主任与学生之间的关系更多是“管”与“被管”的关系，有时甚至可以表现为不同程度的“猫和老鼠”的游戏。从影响学生的方式看，班级管理者主要要靠校级班规等制度对学生实施管理，管理措施的强制性色彩相对较浓。从工作内容来看，班级管理者更多的是从事事务性的工作，而且其中很多是任务型的工作。对照《工作规定》的要求，班级管理者主要对应总则第二条中“班主任是中小学日常思想道德教育和学生管理工作的主要实施者，是中小学生健康成长的引领者，班主任要努力成为中小学生的人生导师”的规定。

2. 班主任是班级的领导者

班主任不仅要依据法律的规定和学校的要求，做好班级管理中的各项事务性工作，而且还要努力实现班级两个层面的目标：作为最终目标的育人，即培养全面发展的人；作为直接目标的建设班集体，即建设拥有良好班风的班级组织。因此，班主任又不仅仅是班级的管理者，还是应该是班级的领导者。

从影响学生方式看，与班级管理者更多地采取以职位权力进行带强制性的管控不同，班级领导者更多地表现为一种精神引领，更多地依靠自身形象和人格魅力去影响学生，而非强力的限制。从工作内容来看，班级领导者更多是在做学生的思想教育工作。在此基础上，班级领导者与学生的关系表现为一种追随关系，学生更愿意接受班级领导者的要求和建议。“领导从根本上来讲是一种影响力，是一种追随关系。人们往往追随哪些他们认为可以提供满足其需要的人，正是人们愿意追随他，才是他成为领导。”[②]

相对于班级管理者而言，班级领导者更接近与《工作规定》中关于班主任要

---

① [美]斯蒂芬·P. 罗宾斯，玛丽·库尔特. 管理学(第7版)[M]. 孙健敏，等译. 北京：中国人民大学出版社，2004：490.

② 芮明杰. 管理学：现代的观点(第2版)[M]. 上海：上海人民出版社，2005：269.

努力成为“学生健康成长的引领者”和“学生的人生导师”的要求。正如苏霍姆林斯基指出的那样，“当一个孩子跨进学校大门成为你的学生时，他无限信任你，你的每句话对他来说都是神圣的真理，在他看来，你就是智慧、理智与道德的典范……只要孩子对你怀有希望并且相信你，你就是一个真正的教育者、指导者，你就是生活的导师，你就是权威、生活智慧的生动化身、是朋友和同志”①。可见，班主任若不能成为一名班级领导者，就不能成为一名真正的教育者。

第二节　小学班主任的权利

一、班主任作为普通教师的权利

作为一名教师，其权利在《中华人民共和国教师法》有明确保障。作为一名普通公民，班主任享有《中华人民共和国宪法》所赋予公民的一切权利，诸如平等权、政治权利与自由、宗教信仰自由、人身自由以及社会经济与文化教育方面的权利。妇女还享有与男子平等、同工同酬等权利。

依据《中华人民共和国教师法》的规定，班主任作为一名普通教师享有以下权利：

(1) 进行教育教学活动，开展教育教学改革和实验；

(2) 从事科学研究、学术交流，参加专业的学术团体，在学术活动中充分发表意见；

(3) 指导学生的学习和发展，评定学生的品行和学业成绩；

(4) 按时获取工资报酬，享受国家规定的福利待遇以及寒暑假期的带薪休假；

(5) 对学校教育教学、管理工作和教育行政部门的工作提出意见和建议，通过教职工代表大会或者其他形式，参与学校的民主管理；

(6) 参加进修或者其他方式的培训。

二、法律赋予班主任的职业权利

在《工作规定》中对班主任享有的职业权利做了如下规定：

(1) 学校在教育管理工作中应充分发挥班主任的骨干作用，注重听取班主任意见。

(2) 班主任工作量按当地教师标准课时工作量的一半计入教师基本工作

① 敖顺发. 班主任应以人格的力量赢得学生[J]. 职业技能培训教学，2010(10)：47.

量。各地要合理安排班主任的课时工作量，确保班主任做好班级管理工作。

(3) 班主任津贴纳入绩效工资管理。在绩效工资分配中要向班主任倾斜。对于班主任承担超课时工作量的，以超课时补贴发放班主任津贴。

(4) 班主任在日常教育教学管理中，有采取适当方式对学生进行批评教育的权利。

对于以上关于班主任专项权利的规定，有研究者将其概括为：(1) 班级管理与教育的权利；(2) 参与学校管理的权利；(3) 进修、培训的权利；(4) 享有公平报酬与待遇的权利。[①] 事实上，在这四项权利中，与班主任的职责挂钩主要就是第一项，即班级管理与教育的权利。

在班主任管理班级和教育学生的权利中，教育惩戒权是最值得注意的一项。教育惩戒权是教师的一项职业性权力，即因为从事教师职业而拥有的权利。早在 1993 年，《中华人民共和国教师法》第八条第五款就规定，教师有"批评和抵制有害于学生身心健康成长的现象"[②]的义务。1996 年 3 月，国家教委发布的《小学管理规程》则肯定了学校的惩戒权及惩戒形式，该规程第十五条规定："小学对品学兼优的学生应予表彰，对犯有错误的学生应予批评教育，对少数错误较严重的学生可分别给予警告、严重警告和记过处分。"[③]2006 年 6 月，教育部、公安部、司法部、建设部、交通部、文化部、卫计委、国家工商总局、国家质量监督检验检疫总局、新闻出版总署联合发布《中小学幼儿园安全管理办法》，其中第三十五条规定："……学校教师应当遵守职业道德规范和工作纪律，不得侮辱、殴打、体罚或者变相体罚学生；发现学生行为具有危险性的，应当及时告诫、制止，并与学生监护人沟通。"[④]2009 年 8 月，教育部颁布的《中小学班主任工作规定》第十六条规定，班主任"有采取适当方式对学生进行批评教育的权利"。上述法律法规虽然在一定程度上肯定了教育惩戒权，但并未直接使用"教育惩戒权"的概念进行标书，只是根据法律规定做法理推导得出的结论，因而底气还不是很充足。

2017 年 2 月 15 日，《青岛市中小学校管理办法》(以下称《办法》)的颁布打破了这种局面。《办法》首次在国内明确规定"中小学校对影响教育教学秩序的学生，应当进行批评教育或者适当惩戒；情节严重的，视情节给予处分"。因为，首次在国内法律文件中使用"惩戒"的概念，所以此举被权威媒体誉为"教育惩戒权'入规'"。[⑤] 2019 年 7 月 8 日，中共中央、国务院发布《关于深化教育教学改革

---

① 邓艳红. 小学班级管理[M]. 上海：华东师范大学出版社，2010：25－26.

② 法律出版社法规中心. 中华人民共和国教育法典[M]. 北京：法律出版社，2015：403.

③ 法律出版社法规中心. 中华人民共和国教育法典[M]. 北京：法律出版社，2015：109.

④ 法律出版社法规中心. 中华人民共和国教育法典[M]. 北京：法律出版社，2015：354.

⑤ 张贵勇. 教育惩戒权"入规"只是第一步[N]. 中国教育报，2017－02－24(2).

全面提高义务教育质量的意见》(以下称《意见》),明确提出了"制定实施细则,明确教育惩戒权"的要求。10 日,教育部基础教育司司长吕玉刚接受《光明日报》记者采访时表示,《中华人民共和国教师法》将会修订以明确教师享有教育惩戒权,教育惩戒实施细则也会尽快研究制定。[①] 至此,关于教师是拥有法律规定的教育惩戒权问题,已经尘埃落定。

没有惩戒的教育,是不完整的教育。惩戒与赏识好比教育的两只翅膀,如果其中一项有缺失,教育就是不完整的。作为小学班主任在重视德育,重视对学生的正面引导的同时,还要对学生的错误行为实施适当的教育惩戒。

三、班主任教育惩戒权的失范行为及对策

(一) 班主任教育惩戒权失范行为的主要表现

1. 班主任教育惩戒权的过度行使

班主任权力过度行使,是指班主任在行使自己的职业权力,批评教育学生的时候,对学生身心健康构成不同程度的伤害。少数教师因法律意识缺乏、职业道德水平不高,因而在批评教育学生的时候出现体罚以及语罚、心罚等过度行使教育惩戒权的现象。一份对 2011—2015 年度中小学生遭遇教师体罚的调查显示,该行为对学生构成严重的身心伤害。[②]

体罚不仅会对学生身心造成不同程度的伤害,也会给实施体罚的班主任带来无尽的烦恼。首先,施罚教师因体罚伤害学生而受到相关处分。施罚教师要根据其体罚行为的情节受到停课、停职以及相应的行政处分。情节严重的,还要承担法律责任。比如:2015 年 1 月,湖北宣恩县某中学教师因为怀疑学生偷了同学的饭卡,体罚过程中用脚将学生踢至脾脏破裂,检察机关认定其构成故意伤害罪,依法判处其有期徒刑 3 年,缓期 4 年执行。[③] 2013 年 5 月,哈尔滨某小学班主任因为体罚学生,被行政拘留 15 天。[④] 其次,施罚教师对学生构成伤害,不仅要受到停发工资、扣发奖金等经济惩罚,也需要承担一定的民事赔偿责任。这种赔偿金额少则几千,多则几万、十几万,是一笔难以承受的经济负担。令人悲

① 柴如瑾. 为破解义务教育难题开出哪些"药方"——解读中央首个义务教育改革纲领文件[N]. 光明日报,2019-07-10(8).

② 周勇,袁盼等. 2011—2015 中小学生遭遇教师体罚的网络舆情事件分析[J]. 当代教育科学,2017(10):57-61.

③ 谭元斌. 湖北:教师一脚将学生踢成重伤　一审获刑 3 年[EB/OL]. [2016-03-26]. http://news.ifeng.com/a/20150724/44239883_0.shtml.

④ 强勇. 哈尔滨一教师体罚学生被行政拘留 15 天[EB/OL]. [2016-03-26]. http://edu.people.com.cn/n/2013/0510/c1006-21443474.html.

叹的是，有施罚教师不堪忍受15万元的索赔而采取极端行为。① 最后，施罚教师因体罚产生家校纠纷而致形象受损，甚至受到心理伤害。在诸多教师体罚学生引起家校纠纷的案例中，不仅有施罚教师下跪乞求家长原谅而未可得者，更有因为受到学校严厉处分愤而自杀者。2012年3月，安徽某小学教师因体罚学生三次上门给家长道歉，甚至该教师的爱人单独去学生家下跪道歉。②

体罚与惩戒是两个完全不同的概念，尽管二者间有时候只有一念之差。体罚既是违反教师职业道德的行为，也是违反法律的行为，体罚绝对不是教育。惩戒则是一种教育手段，是班主任依据法律赋予的权力对学生采取的教育行为。杜绝班主任体罚学生的行为，不仅需要提高班主任自身法律意识和师德素养，也需要学校加强对包括班主任在内的全体教师进行教育和管理。

2. 班主任教育惩戒权的流失

新中国成立以来，我国法律对于中小学教师体罚学生的行为一直坚持严厉禁止，涉及中小学教育的法律法规几乎都有关于禁止教师体罚学生的规定。随着我国法治的进步，社会舆论对于教师体罚学生现象的容忍度越来越低，加之媒体的渲染，体罚学生的教师已经成为过街老鼠。然而，当前我国法律在严厉禁止教师体罚行为的同时，几乎未对教育惩戒权规范行使做出规定。在这种背景下，教育惩戒与体罚的界线一直都是模糊的。一边是社会对于教师体罚行为的高压环境，一边却是缺乏教育惩戒的法律规范，因此，不少教师"谈惩变色"，不想或者不敢惩戒学生，从而导致了教育惩戒权流失的现象。

教育惩戒权流失虽然不像过度惩戒那样，会对学生身心构成伤害，但是这属于班主任未能履行职责的表现，同样不利于学生的健康发展。所谓职责，就是指任职者为履行一定的组织职能或完成工作使命，所负责的范围和承担的一系列工作任务，以及完成这些工作任务所需承担的相应责任。可见，职责是"职"和"责"的统一。把育人和班级管理工作当作一种义务或任务来完成，这就是班主任的"职"；必须完成育人和班级管理工作的相关任务，并且承担相应的责任，这就是班主任的"责"。班主任放弃对犯错学生的批评教育，导致教育惩戒权流失，属于未能履责的表现。

（二）班主任教育惩戒权失范的应对措施

解决班主任权力流失问题的对策，最关键的是要形成合理行使教育惩戒权

---

① 莱西一小学教师体罚学生遭索赔15万服毒自杀[EB/OL]．[2016－03－26]．http://news.qq.com/a/20131220/009520.htm.

② 项春雷．小学生开小差遭老师体罚　被扯来扔去脸缝针[EB/OL]．[2016－03－26]．http://news.qq.com/a/20120302/000837.htm.

的渠道。改革开放 40 年以来，魏书生的“依‘法’治班”、郑州二七区实验小学的“温馨班规”、山东寿光世纪教育集团的“弹性惩戒”等教育经验，通过班级制度规范教育惩戒权，让学生自主的参与班级惩戒规约的制定与执行，及时杜绝体罚行为的重要措施，也体现了教育惩戒规制的中国特色。

1. 提高教师对体罚风险的感知

有调查显示，体罚行为的频度与烈度随着教师对体罚的风险感知度提高而明显降低。① 因此，应采取相关管理措施提高教师对体罚行为的风险感知度，使有体罚倾向的教师知难而退。比如：依据相关法律出台学校层面禁止体罚学生的相关规定，组织全体教师学习并作常态化的宣传；中小学领导时常在重要场合强调体罚的违法性及体罚可能要承担的法律责任。

2. 强化教师对体罚危害的认识

中小学教师体罚学生的行为具有“小事大罚”的特征，教师往往因鸡毛蒜皮的小事对学生“大打出手”，不仅对学生身心造成不同程度的伤害，也给施罚教师自身带来了负面影响。中小学要杜绝体罚学生的行为，应当一方面利用各种场合宣传体罚的危害性，强化和深化教师对体罚危害的认识；另一方面要及时通报体罚学生的典型舆情事件及处理情况，让教师对体罚行为恶劣后果有深刻的感受。

3. 改进学校对教师的评价机制

本次调查的数据表明，中小学教师体罚行为的诱因大多与学习有关，应试教育带来的压力是教师出现体罚行为的重要环境因素。因此，中小学应改变以考试成绩为核心的教师评价机制，以学生全面发展的需要为指针，以中国学生核心素养体系为参照，对教师评价机制进行适当的改革。只有这样才能使教师能够真正做好育人工作，而不是在考试“指挥棒”下充当严酷教书匠的角色。

4. 针对重点对象开展精准管理

本次调查表明，无论是施罚教师还是受罚学生，在性别、年龄上的特征鲜明。不仅如此，在体罚教师群体在任教科目以及体罚发生的时段等方面，都有一定的规律可循。因此，中小学应当针对重点人群进行精细化管理，对出现体罚行为概率较大的教师要管理和培训，对可能成为体罚对象的学生要加强教育和引导。

5. 基于管理规约构建惩戒规范

如前所述，教育惩戒权规制的内涵具有“双线发展”的特点，即“禁制”与“规

---

① 周勇，袁盼等. 2011—2015 中小学生遭遇教师体罚的网络舆情事件分析[J]. 当代教育科学，2017(10)：57-61.

范"并存。如果只一味地禁制体罚，而不建立科学合理的惩戒规范体系，就是一种只围堵不疏通的办法，很有可能导致教育惩戒权流失。因此，中小学应当以校级和班级两个层面的管理规约为基础构建校园惩戒规范，在严禁体罚的基础上，使教师的教育惩戒权有合理的行使渠道。在这个问题上，魏书生的"依'法'治班"比较经典，他在师生平等的基础上，以民主制定的管理规约——班规班法为依据，构建了一个学生自主的惩戒体系。此外，郑州二七实验小学推行的"温馨班规"实验，山东寿光世纪教育集团推行的"弹性惩戒"制度，都是基于学校层面的管理规约构建教师惩戒权行使规范的成功经验。

第三节　小学班主任的素养

"素养"一词在《辞海》里的解释是"平日的修养"。人的基本修养主要包括知识、技能和品德等三个方面。"素养"中的"素"是指本来的、原有的、根本性的；"养"的主要的意思是给成长以帮助。这样理解，我们可以把"素养"这两个字理解为那些对人的发展起本原性和辅助性作用的要素。素养的根本特征是本原性和辅助性。在素养的本原性和辅助性两个特征中，本原性是基本的，有了基本性的特征，辅助性的特征就可以自然地体现出来。因此，人们一般将素养理解为对人的发展有着本原性作用的要素。① 因此，本书从班主任作为班级管理工作的主要承担者这一角色出发，参照关于大学生辅导员基本素质构成的研究②，将品德、能力和知识三个维度进行组合，构建了班主任素养的三维结构图(图 2－2)。

一、班主任的品德素养

(一) 敬业精神

敬业精神(Professional Dedication Spirit)是人们基于对一件事情、一种职业的热爱而产生的一种全身心投入的精神，是社会对人们工作态度的一种道德要求。它的核心是无私奉献意识。敬业是社会主义核心价值观的重要内涵之一，是各行各业的从业人员做好本职工作的重要精神纽带。班主任的敬业精神就其内容来说，就是对班主任工作职责的全面、深刻的理解和认真遵守。敬业的

---

① 李雪，孙绵涛.学生发展核心素养探究——兼与《中国学生发展核心素养》商榷[J].上海师范大学学报(哲学社会科学版)，2017(6)：78－84.

② 江来登.高校辅导员专业化发展研究[M].沈阳：沈阳出版社，2008：168.

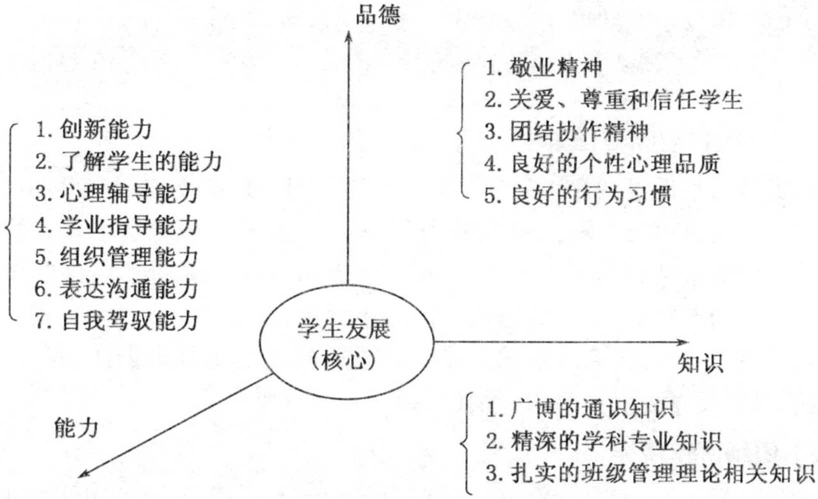

图 2－2　班主任基本素养的构成

班主任总是坚守育人的初心，严格地履行班主任职责，合理地行使班主任权力。低层次的即功利目的的敬业，由外在压力产生；高层次的即发自内心的敬业，把职业当作事业来对待。经验型的班主任一般表现为低层次的敬业，专业型的班主任则更多地要追求的是高层次的敬业。古人讲，学之不如好之，好之不如乐之。这句话虽然是用来划分和描述学生追求学业的境界的，但同样适用于描述班主任敬业的精神状态。当一位班主任把班级管理和引导学生发展的工作当作一种兴趣爱好，当作一种乐趣的时候，他迟早会成为一位优秀的班主任。

资料链接

敬业是优秀班主任的共同特征①

我所见过的那些优秀教师都有一个共同的特征：对自己的工作异常投入。我向同事推荐一位美国优秀教师雷夫写的《第 56 号教室的奇迹》，一位教师阅读之后问我："成为一名优秀老师这么辛苦，哪里还有自己的生活呢？"我回答说："这要看你自己怎么看了。西方有一句话是这样说的，有人生活是为了工作，有人工作是为了生活。雷夫老师生活就是为了教书，对他而言，教书就是生活，而且，他非常喜欢、非常享受这样的生活。你觉得痛苦的事情，他觉得是

① 万玮. 构筑班主任的精神世界——由《中小学班主任工作规定》引发的思考[J]. 河南教育（基教版），2009(11)：13－14.

快乐。当然，我们也可以选择用轻松的方式享受生活，工作就是工作，下班之后，学生的一切与我无关。但是，如果这样还想兼得职业的成功，那绝无可能。”

（二）关爱、尊重和信任学生

苏霍姆林斯基说过，“在影响学生的内心世界时不应挫伤他们心灵中最敏感的角落——人的自尊心”。[①] 实践经验表明，班主任在从事班级学生日常管理工作时忽视学生的个性特点和心理感受，往往是造成师生关系进展缓慢的重要诱因。小学生因为年纪幼小，尤其是低年段的小学生，需要班主任在一定程度上扮演亲人的角色，给予学生亲人般的关爱。尊重并信任学生是班主任必备的一种道德品质，是激发学生发展潜力，凝聚班级人心的重要保证。

（三）团结协作精神

班主任是学校、家庭和社会三种教育力量的沟通协调者，具备团结协作精神是有效开展班级管理工作的重要前提。为了形成教育的合力，班主任要以谦逊的态度做好班级科任教师的帮手，为其做好任教课程的教学提供服务和保障，协同做好班级教学和管理工作。班级管理工作需要较好地实现家校协作，班主任需要发挥作为沟通协调者的主动性，充分调查家长参与班级管理的积极性，有效实现学校教育与家庭教育的优势互补。

（四）良好的个性心理品质

拥有良好的个性心理品质是树立班主任形象，赢得学生信任的重要基础。每位班主任都是一个鲜活的个性化的存在，因此对于班主任良好个性心理品质并无固定的标准，只要是积极向上、有利于学生全面发展的个性心理品质都可以。班主任对学生的影响是潜移默化的，随着学生对班主任的信任程度的增长，班主任的良好的个性心理品质可能会成为学生的某种个性特征。

（五）良好的行为习惯

与个性心理品质一样，班主任的行为习惯也会对学生产生深远的影响。前者的影响是无形的，后者的影响是有形的。在小学教育的实践中，人们通常会发现这种现象，班主任喜欢做什么，学生就会模仿做什么。班主任讲话的时候喜欢双手叉腰或者抓鼻子，学生就会在讲话的时候不自觉的双手叉腰或者抓鼻子。班主任办事比较拖拉，学生办事也会比较拖拉。班主任喜欢说某句口头禅，学生也会把它常挂在嘴边。因此，班主任有时需要拾起“一日三省”的传统，每天适当

---

① 魏薇，路书红. 王红艳等中外教育经典案例评析[M]. 济南：山东人民出版社，2005：13.

地反思自己的言行，总结调整以便在学生面前展示一个良好的师表形象，从而提高班级管理的实效。

二、班主任的能力素养

（一）创新能力

二十一世纪是追求创新的时代，创新能力是现代社会对人才的基本要求。班主任作为“摆渡人”，其管理工作年复一年、届复一届，是不断面对新环境、新学生、新问题的过程，因而需要具有一定的创新精神。班级管理工作最核心的是做学生的思想工作，而学生都是一个个具体的个性化存在，表现出来的问题也千差万别。从处理学生问题来看，可以说班主任每一天都要面对新问题，而且很多时候并不知道会冒出怎样的新问题。如果班主任没有一定的创新能力，处理学生问题的时候，只知道照本宣科，或者翻来覆去都是自己熟悉的“三板斧”，不仅其班级管理工作难以出彩，而且专业成长也会停留在某一高度，难有更好的发展。

（二）了解学生的能力

了解学生是班主任有效开展班级管理工作的前提，但了解学生并不是一件容易的事情，因此，班主任需要具备较强的了解学生的能力。了解学生既是班主任工作的重点，也是班主任工作的难点，因此，班主任要学会研究学生。为了做好了解学生的工作，班主任既需要加强教育学、心理学相关理论知识的学习，掌握一定的了解学生的方法，更需要积累一定的实践经验。

（三）心理辅导能力

当今时代在高速发展的同时，也为人们带来更加快节奏的生活和更大的精神压力，因此，适时进行心理调适是人在现代社会中所必需的。无论是城市儿童中因为父母忙于生意或者其他的原因，还是农村留守儿童因为父母外出打工或经商，所导致的孩子缺乏亲情关怀而产生的各种心理问题，都是班主任需要关注和面对的问题。为了更好地促进学生的健康成长，班主任应当具备一定的心理辅导能力。班主任专业化所需要的心理辅导能力，并非要求班主任都具备心理咨询师的资格证，或者拥有心理咨询师那样的专业能力，而是要求班主任具有一定程度的心理学专业知识和专业技能，能够在班级管理中及时发现学生面临的各种心理问题，并能够在和学生沟通交流的过程中有效地运用这些心理学知识和技能。

（四）学业指导能力

指导班级学生提高学习成绩是班主任的重要职责之一，尽管班主任作为科任教师，或者作为科任教师的班主任，能够在自己任教的课科目上形成优势，可以为其从事班主任工作带来很好的教师形象资源和工作便利，但班主任决不能将学业指导的视线局限在本人任教的科目之中。班主任应该从班级管理的角度全盘统筹班级各科学习成绩的发展，并且要有针对性地对学生进行个别的学业辅导。对于班级学生某门学科的整体学习成绩的指导，不仅需要班主任和科任老师进行有效的协作，而且需要班主任从班级管理全局的角度进行相应的策略安排。对学生进行个别的学业辅导主要是通过思想政治教育和学习方法指导实现的，为了达到较好的效果，班主任需要积累较丰富的学习方法以及学习风格测量的专业知识。

（五）组织管理能力

班级作为最小的教育单位，是具体而微的一级教育组织，班级管理涉及班级发展的里里外外、方方面面。班主任作为班级的管理者和领导者，需要较强的组织管理能力。一般而言，组织管理能力可以从概念技能、沟通技能、技术技能三个类别去考虑。其中，概念技能是班主任针对班级发展或者学生成长问题提炼出某种观点的技能。对班级文化的整体概念进行设计，提出作为班级精神的某句口号，或者创作班歌的歌词等都属于针对班级发展状况提炼观点的概念技能。针对学生的发展状况，对学生的学习风格、个性特点等进行判断，对于学生出现的问题，进行诊断并提出相应的策略，则属于针对学生个体的概念技能的运用。上述三种基本技能，又可以因为管理者层次的不同而呈现出不同的比例。从低层到中层再到高层，管理者对概念技能的依赖程度会随着层级提升而递增，而对技术技能的依赖程度则会随着层级提升而递减。然而，沟通技能在三个层次的比例是不变的，可见沟通能力在班主任组织管理能力中的恒定地位。

另外，班主任的组织管理能力可以通俗的概括为“讲讲话”“开开会”“写写文章”。“讲讲话”是班主任进行组织管理的最常用的手段。无论是平时和学生的简单交流，还是周会课、班队活动课等班务管理课上对学生的专题讲话，都是班主任进行班级管理的重要形式，因此，班主任讲话的能力与效果，在很大程度上决定了其班级管理的效能。“开开会”是指班主任为了某个专项任务而召开的班干部会议、某项比赛的参赛选手的会议、某次考试之前的动员会议、家长会等，这种会议与周会课等班务管理课不同，它需要班主任专门进行组织，也需要参会者积极发言，因此，它考验的不仅是班主任“讲讲话”的能力，还在考验班主任的组织协调能力。“写写文章”是班主任不太常用的组织管理手段，但却是关键时刻发挥大作用的手段。我国著名企业家、华为技术有限公司的创始人任正非总是在华为公司发展的关键时刻通过写一篇致华为员工的内部公开信，来指引企业的发展方向，华为的成功与任正非的经常“写写文章”是分不开的。班主任在班级管理的过程中，看似没有“写写文章”的机会，但实际上在很多关键的时刻，班主任“写写文章”还是很有帮助的。比如：在本班的《班级日记》（有的班主任称为《班史》或《班级日报》等）中，写一篇评论性的小文章，或者写下几句评价性的话、散文诗等；在重要的时刻，给学生或学生家长写一封公开信。如果班主任具备一定的教育科研能力，能够及时地把本班的教育经验写成文章发表在杂志上，将会对学生产生极大的鼓舞。

（六）自我驾驭能力

自知者智，自胜者强。班主任作为管理和领导几十个学生的“班头”，既需要自知的“智”，更需要自胜的“强”。班主任的自我驾驭能力主要表现为班主任的自我情绪控制能力、班主任的自我时间管理能力、班主任的自我形象塑造能力等。拥有良好的自我情绪控制能力，是保证班主任不犯错误或者少犯错误的重要前提。对于班主任而言，班级管理的成效在某种意义上决定了班主任减少犯错误的程度。在教育实践中，班主任因为一时冲动，在教育学生的问题上出现失误的情况是比较常见的。班级管理事务繁多，有些班主任的时间投入非常之大，但其班级管理的效果却不尽人意，这个时候班主任除了要反思自己的教育理念是否有误之外，最重要的是要考量自己的时间管理效能。拥有良好的时间管理能力，实际上就是一种良好的自我驾驭能力的表现，因为时间管理实际上就是跟形形色色的浪费时间的不良习惯做斗争的过程。班主任的自我形象塑造能力是一种综合型的自我驾驭能力，它需要班主任不仅能够在各方面高标准要求自己，而且需要班主任根据自身发展定位，整合自身各种形象资源，塑造良好的班主任形象，为班级管理创造有利条件。

三、班主任的知识素养

（一）广博的通识知识

班主任要面对各种各样的学生，各种各样的情况，从这一点出发，班主任首先应该是通才，需要广博的通识知识。对于学生而言，一个知识渊博的班主任往往容易获得学生的高度认同。班主任拥有广博的通识知识，有利于形成对班主任专业知识的支撑，从而在判断学生行为表现过程中做到更加精准。

（二）精深的学科专业知识

班主任在班级中具有科任教师和班级管理者的双层角色。我国中小学班主任都是从科任教师中选任的，专职担任班主任而不担任课程教学的情况极为少见，只在少数民办中小学中偶尔可以见到。班主任要做好班级管理工作，首先要成为一位优秀的科任教师。在实践中未见课程教学一塌糊涂而能够担任班主任或者能够当好班主任的。相反，班主任在自己所任教科目上的可圈可点，可以为班主任积累较好的形象资源,从而为班主任工作提供有力的支撑。因此,班主任要在所任教科目的领域具备精深的专业知识,以便其能够在课程教学中取得好的成效,为从事班主任工作创造有利条件。

(三) 扎实的班级管理理论相关知识

班主任光有广博的通识知识还不够,因为班主任是个职业化和专业化都比较强的工作岗位。班主任只有在教育学、心理学、管理学以及相关的学科建立深厚的知识储备,形成一定的专业理论素养,才能真正跳出经验型班主任的窠臼,从而发展成为专业型的班主任。

课后练习

1. 概括班主任在工作中偏离职责的现象,并用案例进行证明。
2. 班主任应当怎样有效行使教育惩戒权?
3. 优秀班主任应当具备怎样的素养?

第三章　小学班级管理的准备工作

微信扫一扫

获取本章拓展资源

学习目标

1. 认识班级管理各项准备工作的意义，熟悉掌握班情的基本原则、基本方法，能够清楚地区分了解学生与理解学生的区别及实践意义。

2. 掌握班主任形象设计与展示的基本概念、原则和方法。

3. 掌握教室布置、工作计划制订、班干部选用等班级管理准备工作的基本原则和方法。

第一节　掌握班情

资料链接

万玮老师谈班主任了解学生①

我（万玮）在写出《班主任兵法》之后，许多人都向我讨教一些管理班级的办法。我在给出一些建议之时，也不忘提醒他们，这些办法在我实施的时候有效，但他们用了不一定成功，必须根据自己的实际情况灵活运用。青年班主任常常会犯两个错误："掩耳盗铃"与"刻舟求剑"。所谓"掩耳盗铃"，就是教师不做研究，不深入了解学生，仅凭自己的主观思维来做出判断，他没有见到和听到的，他所不理解、没想到的事情，就以为没发生，而他不知道的事情又太多太多。所谓"刻舟求剑"，就是看到别人的方法很成功，于是生搬硬套，拿来主义，丝毫不动脑筋思考，也不作任何调整，殊不知两艘船的位置相差又何止"十万八千里"？

---

① 万玮. 构筑班主任的精神世界——由《中小学班主任工作规定》引发的思考[J]. 河南教育（基教版），2009(11)：13－14.

没有调查，就没有发言权。对于班主任而言，要正确地开启班级管理工作，一个基本的前提就是掌握班级学生的基本情况。在小学班级教育的实践中，未见不掌握班情而班级管理成功的班主任。不掌握班情而开启班级管理工作，班主任往往要碰一鼻子灰。一位优秀的班主任，在开启班级管理工作之前，必然要对班情的方方面面做深入的了解，这样才能做到心中有数。班主任一旦真正掌握了班情，无论是班级整体情况，还是个别学生的情况，班级管理的很多难题都会迎刃而解。

一、掌握班情的内容

（一）班级整体情况

了解学生个体的相关情况，是班主任解决具体某个学生问题的重要前提，而了解班级整体情况，则是班主任从宏观上找到班级管理工作切入点的重要前提。有经验的班主任不仅善于了解班级的整体情况，而且清楚了解班级整体情况的重要意义。缺乏经验的班主任往往重视了解学生个体情况而忽视班级整体情况，或者了解和掌握班级整体情况的意识不强。因此，班主任要做好班级管理工作需要高度重视班级整体情况。

班级整体情况主要从以下几方面着手：

(1) 了解学生的自然状况。包括班级学生的男女性别构成比例，学生的身高、体重及整体达标情况。

(2) 了解班级的学风和班风。包括班级学生成绩的分层，高中低三个层次学生的构成比例，各个层次学生的学习心态；班级学生整体行为习惯和集体舆论等。

(3) 了解班级的典型人物和事件。班主任工作应该了解班级曾经出现过的正反两方面的典型事件和典型人物，这样对于了解班风和学生整体的思想状况，了解班级的发展历程具有重要意义。

（二）学生个体情况

苏霍姆林斯基曾经指出："记住，没有也不可能有抽象的学生……没有抽象的学生可以对之机械地搬用一切教学和教育的规律。"[①]正如世界上没有两片完全相同的树叶，在现实生活中也没有两个完全相同的学生。每个学生都有各自的性格特点、家庭背景和成长经历，因而每个学生都是一种个性化的存在。面对

① ［苏联］苏霍姆林斯基. 给教师的一百条建议［M］. 周蕖，等译. 天津：天津人民出版社，1981：21－22.

数十名性格各异的学生，班主任要真正做到走进每一位学生的心灵，并不是一件容易的事情，它需要班主任通过长期的努力才能真正实现。掌握班情是班主任工作的难点，而解决了这个难点也就等于找到了打开学生心灵之锁的钥匙。

了解学生个体主要从以下方面着手：

(1) 学生的家庭住址、家庭背景及社区的整体状况。

(2) 学生的学习兴趣、学习经历、学习风格、学习成绩及学科偏好。

(3) 学生的个性特点。了解学生在品德上的优点，了解学生在个性方面的突出特点，尤其注意可能影响或者反映其行为习惯的细节。

(4) 了解学生的身体状况。了解学生的身体状况，是确保学生身心健康发展的重要前提，主要包括了解学生体质、视力、有无特殊疾病等。

二、掌握班情的方法

(一) 常规方法

1. 访谈法

访谈法又称谈话法，是班主任通过正式或非正式的各种交谈掌握班情的方法。访谈法的对象既可以是学生个体，也可以是学生群体；既可以是本班的学生，也可以是科任老师、家长、外班的学生、学校领导以及工勤人员。访谈法是班主任了解学生最常用的方法，班主任要走进学生心灵，很多时候是通过与学生的谈心实现的。在与学生谈心的过程中，班主任不仅可以发现问题症结，而且很有可能找到解决问题的办法。值得注意的是，访谈法不仅需要班主任拥有较强的人际交往方面的技能，而且需要班主任掌握一定的心理学的知识，从而能够更有效地安排谈话策略。

2. 观察法

观察法是通过感官及辅助工具直接掌握班情的方法。一般情况下，班主任通过观察法了解班情主要是通过“用心看”和“留心听”的方式进行的。为了能有效掌握班情，班主任要具有“眼观六路”和“耳听八方”的本领，不仅要善于为解决班级发展的某一问题而去有目的、有计划地观察和了解情况，而且要善于从无意看到和听到的有关班级集体和个体的信息中捕捉有价值的信息。在班级管理的实践中往往有这种情况，即班主任无意看到或听到的信息经过充分的挖掘和利用，往往成为推动班级建设的重要契机。

3. 资料分析法

由于人的感官的限制，班主任听到或看到的信息并不能完全被捕捉到。仅仅凭感官观察和记录的信息存在一个容易被忽视的不足，即信息具有瞬时性，因而容易出现信息遗漏,也难以进行信息汇总和整体分析。为了解决这个问题,过去有经验的班主任往往采取写观察记录的办法,这属于班主任掌握班情的常规资料。除此之外,班级学生的档案、学生的笔记、学生可以让班主任看的日记以及课本和课桌上的涂鸦等,都是班主任掌握班情的重要常规资料。值得注意的是,常规的班情资料不仅可以被动地获得,而且可以通过班主任的主动设置而获得。班主任可以通过让学生写《班级日记》《班史》《班级日报》等形式,既展示班级文化,又获得班情。由于信息技术的飞速发展,今天的班主任拥有了更多的辅助手段收集和记录有关班级情况的信息,这些用技术手段记录下来的信息,就是班主任研究班情的重要资料。

案例呈现

种棵"心情树"①

心理学研究表明:人本身具有强烈的表达需要。当情绪波动时,这种需要尤为强烈。伤心时没有人开解,人会感到无助;快乐时没有人分享,人会感到孤独;而成功时没有人祝福,人会感到落寞。所以,及时有效地满足学生的表达需要,巧妙引导学生化解心里的郁结,是班主任工作的重要内容。

一次班会课,我在黑板旁贴上一棵用种彩纸做成的大树,上面贴着45片绿叶,每片叶子连着一颗果子,每片叶子上贴着一张学生的照片,代表一个学生。我分给学生每人一张圆形卡片,问他们:"你们喜欢这棵大树吗?"

"喜欢。"学生异口同声地回答。

我告诉孩子们:"这可不是一般的大树,这是我们班的'心情树',上面那红红的果子不是苹果,而是你们的脸。"

孩子们感到很疑惑:"什么? 我们的脸?"

"对,你们的脸。但是现在还不像你们的脸,需要你们把自己的脸画出来,画在这张圆形卡片上,一面画上笑脸,另一面画上哭脸。以后你们每天来学校时,如果心情很好,就让大家看到你开心的笑脸,如果不开心,就把哭脸对着大家。我们大家一看就知道你今天开心还是不开心,如果不开心了,大家就会关心你,一起来帮你解决问题。你们说好吗?"我的话还没说完,孩子们就欢呼起来:"耶!"

接着,孩子们开始制作自己的心情小脸蛋,忙得不亦乐乎。画好后,孩子们迫不及待地把自己的小脸挂到"心情树"上,"心情树"顿时仿佛有了生命的

---

① 雷国山.种课"心情树"[J].班主任,2007(11):23.

活力，因为张张都是笑脸，教室里充满欢乐的笑声！孩子们很喜欢这棵班级“心情树”。看到我的策划得到学生们的一致认可，我十分开心。

此后，孩子们每天来到教室做的第一件事就是去看“心情树”。他们先把自己的小脸放好，然后主动地去关注其他同学的心情，由此他们学会了相互了解、相互关心、相互交流、相互沟通，有时还会把自己的发现告诉我。这棵“心情树”给了孩子们一个心理释放的空间，不仅让他们学会了大胆表露自己的情绪，而且学会了关心别人。每天清晨我一跨入教室，也会先到“心情树”下了解学生的情绪，如果发现哪个学生不高兴了，就会通过各种方式关心他，想办法让孩子开心起来。“心情树”让我能随时了解孩子的内心世界，把握好孩子的情绪，及时走进他们的心灵深处！

一天早晨，我来到教室，发现周同学的“心情果”是一张哭脸。下课后，我找到他最好的朋友询问。原来，他的爸爸妈妈昨晚吵架了，他很郁闷。我马上找到他，表示愿意帮助他，和他父母聊聊。同时，我告诉他：父母有时在处理事情时意见不同，难免会发生争吵，过后就会和好的，但父母都希望你来学校要专心学习，不要担心他们的事；同时鼓励他试着和父母说说心里话。课后，我与其家长通了电话，反映情况。由于及时与周同学沟通，帮助他排解心中的郁闷，使他很快便拥有了快乐的心情。

“心情树”是为满足学生的表达需要而创建的。它把班级里所有学生的心情变化情况展示在一个敞开的平台上，所有学生就如同从封闭黑暗的房间来到了户外明媚的阳光下。有了“心情树”，学生不需要再去寻求老师的帮助，而是老师主动地来找学生交流、开导。不仅全班学生有“心情果”，所有班级任课教师也有“心情果”。每天早上，老师来到这个属于自己的教室里，把自己的“心情果”挂上去。快乐就挂一个笑脸，忧伤就挂一个哭脸，这种充满童趣又能满足学生心理需要的表达方式，受到了学生的喜爱。

我期待着这棵班级“心情树”越长越茂盛！

4. 活动展示法

活动展示法是班主任通过开展某种形式的集体活动，让学生在活动中自主地表现以获得班情的方法。通过活动展示法，班主任既能从个体的角度展示出学生个性特点，也能凸显出班风学风等班级整体情况。常见的活动展示法有“破冰”游戏、名字接龙、找朋友、自我介绍、点点心声、小记者活动等。①

① 邓艳红. 小学班级管理[M]. 上海：华东师范大学出版社，2010：39－40.

"破冰"游戏是在各种培训领域中盛行的一种开场游戏。"破冰"之意为打破人际交往间的怀疑、猜忌、疏远的樊篱,就像打破严冬厚厚的冰层。班级管理可以借鉴各种"破冰"游戏,这不仅有助于班主任迅速而深入地了解学生,消除师生之间的陌生感,还有助于促进学生之间的相互了解、相互融洽。游戏形式生动有趣,也更符合儿童的年龄特点。游戏活动可以根据班额和游戏内容,选择集体进行或分组进行。班主任应平等参与到游戏之中,在轻松有趣的活动中去了解学生。

"破冰"游戏主要有以下几种常见的形式。

"名字接龙"活动。学生围坐一圈,班主任详细说明要求:任意提名或用击鼓传花形式选出第一位学生,该学生报告自己的姓名,并用一两句话介绍有关自己的情况(如兴趣爱好、特长、最近发生在自己身上的一件有趣事情等);第二位同学在自我介绍之前先要重复介绍前一位同学的名字并简要复述该同学所讲的事情。例如,第一位同学说:"我叫×××,我特别喜欢跳舞,在幼儿园经常参加表演。"第二位同学应说:"她叫×××,她跳舞跳得很好。我叫×××,我假期和爸爸妈妈去海边旅游,很开心。"班主任最好是最后一个发言者。一轮结束后,可以调换顺序重复进行,但介绍的内容需要更新,或者选自愿的学生依次说出同学的名字,抑或让学生说出与自己情况相同的同学。

"找朋友"活动。学生排成两层的同心圆,随着音乐内外层逆向转动(也可边唱边转);音乐一停,面对面的两名学生要彼此握手并相互自我介绍;音乐再起时,游戏继续进行。

"姓名内涵"活动。请同学介绍自己的姓名,并说说与自己姓名有关的以下问题:姓名有何来历和含义?愿意老师和同学课下用哪个名字称呼自己?学名、小名或其他名字(注意课上应该用学名称呼)是什么?介绍活动可以按座位排列逐个进行,也可以分组进行,然后每组找一个志愿者来介绍小组成员。

"点点心声"活动。班主任提前设计好问题签,如你最喜爱的人是谁?你喜欢上哪些课?你希望老师是什么样的?你喜欢哪些动画片?哪件事令你最自豪?你长大后想干什么?你做过的最特别的事情是什么?你最喜欢的动物、颜色、食物等是什么?等等。问题签编上序号。

"小记者"活动。班主任亲自设计或者引导学生集体设计出一份调查提纲,每个学生拿着调查提纲寻找想了解的同学逐个采访。采访结束之后,归纳学生之间相同的答案,并打印出来,分发给每个学生和任课教师,或者张贴在班级的墙上。

(二) 新型方法

1. 人际关系测量

每个人都生活在特定的空间里,人与人之间在特定空间里的距离,传达着丰富的人际关系信息。体态语言专家马兰德罗指出："通过空间的使用，人们传递出从地位、身份到兴趣爱好的种种信息。"人与人之间相处时的距离折射着人际关系的亲疏，基于这一事实开展的了解人与人之间关系的调查，就是所谓"人际关系测量"。

一般而言，关系亲密的人相处时距离更近，有矛盾和冲突的人则会保持较远的距离。20 世纪 60 年代，美国的一批学者就开始研究"人际距离"。爱德华·T. 霍尔教授在对"人际距离"广泛调研、实验的基础上，对"人际距离"进行了四种划分：私密圈、常态圈、社交圈、公共圈，取得了学术界的共同认可。[①] 关注"人际距离"在教育教学工作中也有着重要的意义，有助于改进师生关系、提高教学效率。

2. 多元智能评估[②]

20 世纪 80 年代，美国心理学家加德纳教授（Howard Gardner）提出了多元智能理论。他认为，人的智力是多元的，除了言语/语言智力和逻辑/数理智力之外，还有其他七种智力，包括视觉/空间关系智力、音乐/节奏智力、身体/运动智力、人际交往智力、自我反省智力、自然观察者智力和存在智力。理解多元智能理论有助于班主任正确认识学生，创造适宜条件充分发挥和发展每一个学生的潜能。

美国教育家阿姆斯特朗（Thomas Armstrong）根据加德纳的多元智能理论提供了一个"多元智能自我评估表"（详见本章附录一），该表从八个维度（不含存在智力）、每个维度八道题项来测查人的智力倾向。例如，测查言语/语言智力的题项有"书籍对我而言非常重要"，"对我而言，在学校学习语文、社会学和历史比学习数学和科学更容易"等；测查逻辑/数理智力的题项有"我心算能力强"，"我喜欢分析他人所说和所做的事情是否符合逻辑"等；测查视觉/空间关系智力的题项有"当闭上眼睛时，我经常能看见清晰的视觉图像"，"在不熟悉的地域，我通常能找到方位"等；测查音乐/节奏智力的题项有"如果一首歌或乐器走调，我能立即听到"，"我经常用乐器演奏或想用乐器演奏"等；测查身体/运动智力的题项有"我发现我很难长时间静坐"，"我喜欢动手去做具体的活动，如缝纫、编织、雕刻、木工或建造模型"等；测查人际交往智力的题项有"我至少有三个亲密的朋友"，"在人群中间，我会感到比较舒服"等；测查自我反省智力的题项有"我能够用积极的态度面对挫折"，"我经常写私人日记或日志来记录我的内心生活事件"

① 尤靖希. 学校里的人际"密码"——谈谈"个人空间"与"人际距离"对教育教学的影响[J]. 人民教育，2014(24)：28－29.

② 邓艳红. 小学班级管理[M]. 上海：华东师范大学出版社，2010：42.

等;测查自然观察者智力的题项有"我喜欢喂养和触摸动物","我喜欢阅读有关动物或者自然灾害的故事"等。根据被试选择的适宜自己的描述,统计各维度的分数,显示其智力的状况。

3. 学习风格测量①

学习风格是指学生特有的感知信息,与学习环境相互作用并对之做出反应的相对稳定的学习方式。学生的学习风格与教师的教学方式的一致性高低,会影响学生的学习状态和学习质量。

美国学者欧立夫(Richard Oliver)将学习风格分为视觉偏好型、听觉偏好型和触觉偏好型。据此所设计的"学习风格调查表"(详见本章附录二)包括24个题项,被试可以根据每个题项的描述,选择"经常(5分)""有时(3分)""很少(1分)"中的某种适宜自己的状态,最后以统计出的各维度分值显示学习风格偏好度。

美国的芭芭拉·所罗门教授(Barbara A. Soloman)从信息加工、感知、输入、理解四个方面将学习风格分为四个组对、八种类型,即活跃型与沉思型、感悟型与直觉型、视觉型与言语型、序列型与综合型,并设计出了"学习风格自测问卷表"(详见本章附录三)。问卷表将四个组对作为维度,每个维度11道问题,每个问题的选项均为两个,以考察四个组对中的两种倾向。例如,"为了较好地理解某些事物,我首先:(a) 试试看,(b) 深思熟虑";"我办事喜欢:(a) 讲究实际,(b) 标新立异"。根据适宜自己情况的选择,在分析表中的相应位置填上1,最后统计四个维度a、b各列的得数,并用"(较大数－较小数)＋较大数字母"表示出学习者学习风格的类型及其强度。

三、掌握班情的原则

(一) 累积性

无数的事实证明,了解学生不仅是一个漫长而复杂的过程,而且很多时候是一个曲折而烦闷的过程。只有真正掌握了学生的情况,才能找到学生问题的症结,从而选择正确的策略来解决问题。我国著名教育徐特立曾指出:"思想教育是一个最细微的工作,不能性躁,多一份耐性即多一份效果。"②班主任作为学生日常思想道德教育的主要承担者,需要耐心地的收集重要学生的相关信息,当信息积累到一定程度以后自然会找到解决问题的钥匙。

---

① 邓艳红. 小学班级管理[M]. 上海:华东师范大学出版社,2010:42－43.

② 邓大保. 班主任应具备的心理素质[J]. 中小学教师培训(小学版),1994(6):48－49.

（二）全面性

要掌握班级学生的情况，不仅需要积累足够的相关信息，而且需要进行综合分析，对学生进行全面的了解。不能够只看到学生某一方面的特点，要全面地看待学生优缺点，这既是促进学生全面发展的需要，也是正确掌握情况，有效解决问题的前提。掌握学生情况不仅需要从信息内容上注意，从各个方面进行了解，而且需要通过不同途径、不同的对象获得学生的相关信息。“兼听则明，偏听则暗”是班主任掌握班情的过程中需要牢记的重要原则。

（三）客观性

客观性是指班主任在了解学生情况的时候，不要带有主观色彩或者个人情绪。人办事都是“三分理智，七分情感”，班主任再专业也具有普通人的特点，也会出现有情绪的时候，一般情况下，经过专业训练或者有经验的班主任是能够客观看待学生的。在通常情况下班主任带偏见地了解学生有两种表现。一种“以瑕掩瑜”，即当所谓的“差生”的表现出现反复或者面对成绩一贯较差的学生时，班主任会带有偏见，只看到学生不足，看不到学生的优点。另一种情况则恰好相反，是“以瑜掩瑕”，即班主任只看到成绩较好的学生的优点，而看不到学生的缺点。班主任不仅要仰望星空肩负起立德树人、促进学生全面发展的崇高使命，也要面对教育的现实环境，即建设和维护良好的班级秩序和环境，进而为学生获得较好的发展创造有利条件。毋庸置疑，学生好的发展在很大程度上表现为好的考试成绩，因此，不少班主任在面对成绩好、表现好的“双好”学生时，会自觉或不自觉地表现出某种偏好，从而产生另一种“以偏概全”。班主任了解学生不客观还有一种特殊的情形，即班主任有情绪地了解学生。当学生与班主任发生某种冲突或者学生某些个性特征与班主任的价值观有较明显的冲突的时候，往往容易出现这种情况。班主任的很多“失策”往往是因为自己带有情绪导致的，优秀的班主任要善于管控自己的情绪。

（四）发展性

发展性是指班主任在了解学生时不能一成不变地看待学生的某种表现，而应该意识到学生是一个成长中的个体。小学班级是由年幼的儿童与成年的教师组成的，如果忽视这一事实，小学班主任就有可能不自觉地以成人眼光要求小学生，忽视小学生所处的发展阶段而对小学生提出苛刻的要求。在这种情形下，小学生往往难以完成“不可能完成的任务”或者难以达到“不可能达到的要求”而被班主任误认为表现不佳。如果班主任以此为依据对学生做出结论性的判断，显然是极不明智的。事实上，小学生的年段性格特征鲜明，处于相对较快的发展变化之中。因此，小学班主任要时刻提醒自己：小学生表现出来的问题都是成长中的问题，要坚信每个小学生都有自己独特的潜力，都可以教育。

四、掌握班情的层次

从班主任对学生相关信息的认识程度来看，掌握班情可以分为两个层次：了解班情和理解班情。

（一）了解学生

了解班情是指班主任收集到一定数量的学生相关信息，通俗地讲就是“我知道了学生”。了解班情只是班主任认识学生过程中的初级阶段，它更多地表现为认识学生的过程和掌握学生信息的量的特征，并未对学生信息做有效的分类、筛选和解读，因而一般难以找到学生问题的症结。

（二）理解学生

理解班情是指班主任成功地解读了学生的相关信息，通俗地讲就是“我读懂了学生”。理解班情是班主任认识学生过程中的高级阶段，它更多地表现为掌握了学生信息的质的特征，有效实现了对学生信息的有效分析和解读，从而有助于水到渠成地找到学生问题的症结。班主任做到理解学生，要像孔子所主张的那样，“视其所以，观其所由，察其所安”，才能“知”其心，然后能救其失也。班主任的“更具智慧”体现在善于观察和把握学生的心理变化、情绪起伏、思维流向上，让教育更可爱、更可亲、更有效。① 比如：小学低年级的学生有时会出现“告密”现象，班主任就不能将其理解学生的品格有问题，因为这是学生在引起老师的注意，是其向师性的一种表现。只要引导得法，这种“告密”背后的向师性，就能够得到合理的运用。又如：小学中年级的男生有时会故意去拉扯女生的头发，或者故意在女生课本上乱画，这不是他们精力过剩，或者品格有问题，而是他们想引起女生的注意。面对这种现象，班主任如果通过适当的引导或者合理制度的规定，就能够杜绝。

（三）了解并理解学生的策略

过去我们在谈论掌握班情的时候，往往只关注到了解学生而忽视了理解学生。事实上，很多班主任之所以研读了班情而在班级建设或学生改造的工作中收效甚微，常常是因为只做到了了解学生，而未能做到理解学生。班主任要做到了解学生，又理解学生应当从以下五个方面着手。

1. 养成细心观察的习惯

很多时候，班主任已经掌握了足够数量的学生信息，但在分析这些信息的时

---

① 胡金波. 优秀班主任的三大境界[J]. 人民教育，2014(23)：8－9.

候却忽视或者漏掉了某些关键的细节，因而未能找到学生问题的症结。在处理学生问题的时候，一些看似不起眼的细节往往就是破解问题的线索。也许班主任和学生聊天或谈心大半天，除了某个细节，其他的对于解决问题并不重要。因此，班主任要养成细心观察的习惯，留意学生表现的细节，以便从中抓住解决问题的关键信息。

2．坚持常态化教育反思

能够反映学生问题症结的细节，一般都表现在学生的个性特征中，因此它并不难被发现，只是很多时候班主任没有察觉。为了抓住这些关键细节，班主任光靠细心不够，还应当具备一定的经验，这就需要班主任坚持常态化的教育反思。在与学生谈话结束以后，班主任要进行适当的记录，把学生行为表现的要点以及有关细节记录下来，把自己的解读和想法描述出来。如果没有时间或者没有心情写下这些内容，也要在谈话结束后，把上述过程在大脑里“过电影”那样“走”一遍。无论是在记录本上写下来，还是在大脑里过一遍，都是班主任对学生信息的二次加工和深度分析。为了提高这种教育反思的效果，班主任需要结合实际工作加强相关教育理论的学习，并且注重就了解学生和读懂学生的问题与同事进行交流。尽管不是每次深度分析都能捕捉到学生问题症结的关键细节，但只要坚持这么做，久而久之，班主任在与学生交流的过程中就会形成在细节中捕捉关键信息的技能。

3．培养和保持良好心境

在教育现实中也会有这种情况，班主任明明有捕捉学生关键信息的能力，但是因为一时情绪掌握不到位，而错失良机。我国著名教育家陶行知先生在这方面堪称典范，陶行知的“四颗糖果”的故事不仅闪烁着教育理念和教育方法的光辉，而且告诉我们怎样读懂学生。当陶行知掏出第三颗对学生说：“据了解，你打同学是因为他欺负女生，说明你有正义感。”这时，那名男生已经泣不成声了：“校长，我错了。不管怎么说，我用砖头打人是不对的。”①面对打架的学生，陶行知没有发怒，而是平心静气地了解学生情况，抽丝剥茧地找到关键信息。不仅如此，陶行知还注意到了那个被抓到打架的学生恐惧害怕、忐忑不安的心情，因而采取了温馨的惩戒和教育方式。正因为如此，那位男生才会泣不成声，因为他不仅认识到了错误，而且得到了理解。

① 蒋文贵. 由四颗糖的故事想到的[J]. 学校管理，2011(4)：45.

第二节　班主任形象的初步展示

一、班主任形象在班级管理中的意义

良好的班主任形象对于班级管理绩效有明显的影响。有问卷调查显示，在理想班主任形象与班级管理绩效之间存在显著的正相关关系。良好的班主任形象能够促进班级工作，提高班主任工作绩效。[①]

（一）班主任形象具有较强的人格感召力

班主任形象是班主任内在品格的外在表现，因此，良好的班主任形象具有较强的人格感召力。著名教育家加里宁曾指出："教师的世界观，他的品行，他的生活，他对每一现象的态度都这样或那样地影响全体学生。这点是觉察不出的。但还不止如此，可以大胆地说，如果教师很有威信，那么这个教师的影响就会在某些学生身上永远留下痕迹。"[②]乌申斯基也曾说："在教育工作中，一切都应以教师的人格为依据，因为教育力量只能从人格的活动的源泉中产生出来，任何规章制度，任何人为的机关，无论设想得如何巧妙，都不能代替教育事业中教师人格的作用。"[③]尽管加里宁和乌申斯基所处的时代，还没有班主任形象这一说，但他们的论述很好地诠释了班主任形象的内涵及作用。拥有良好班主任形象，是班主任有效开展班级管理工作的重要前提。在班级管理的实践中有时会出现这种情形，班主任的管理措施可能并未发挥太大作用，但因为班主任形象较好，也能获得学生的认同和信任。

（二）班主任形象是"身教"的重要形式

2018 年 5 月，习近平总书记在北京大学师生座谈会上的讲话中强调，在学生眼里，老师是"吐辞为经、举足为法"，一言一行都给学生以极大影响。为人师表，教师的形象对学生具有很强的示范和引导性。[④] 班主任是中小学教师的重要岗位，因此，班主任形象相对于一般教师形象而言具有更加重要的影响作用。

---

① 王斐，李健宁. 初中班主任形象与管理绩效实证研究[J]. 上海教育评估研究，2019(2)：71－74.

② 敖顺发. 班主任应以人格的力量赢得学生[J]. 职业技能培训教学，2010(10)：47.

③ [苏联]苏霍姆林斯基. 给教师的一百条建议[M]. 天津：天津人民出版社，1981：34.

④ 李一冰. 习近平最新用典：吐辞为经、举足为法[EB/OL]. http://news.youth.cn/sz/201805/t20180506_11613735.htm.

班主任开展学生日常思想道德教育工作，概括起来讲就是两个途径："言传"和"身教"。就班主任工作的实际来看，"言传"是比较受重视，或者说比较显而易见的。无论是班主任在日常管理中的训教，还是班会课、班队活动课中的讲话，无不体现出"言传"在学生思想道德教育中的地位。也许正是因为在班级管理实践中比较重视"言传"，所以很多小学班主任会不知不觉地形成"啰唆"的习惯，甚至包括男教师在内的班主任有时会被学生冠以"班妈"之名。

要全面做好班级学生的思想道德教育，班主任就要做到双管齐下，既善于"言传"，又善于"身教"。对此，国外教育家有不少相关的论述，正如车尔尼雪夫斯基所说的那样，"教师要把学生造成一种什么人，自己就应当是这种人"。① 国内的教育家在这方面的建树也许更加突出。著名教育家徐特立就是"身教"的忠实执行者，他对于自己的教育生涯有明确的定位，即"我只是一个实际工作者……只是一个老教书匠和教育行政负责者、身教主义者罢了"。为此，徐特立不仅提出"己欲立而立人，己欲达而达人"的教育主张，而且终其一生都践行言传与身教并重的教育方式。②

二、班主任形象构成

目前尚未出现关于班主任形象的专业研究，已有的数十篇关于班主任形象的文章，基本上是中小学一线班主任基于班级管理实践的经验总结，其中对班主任形象的概念做出专业界定的很少。因此，关于班主任形象的定义，我们只能从少数研究者的界定中寻找线索。有研究者认为班主任形象是指在特定社会环境下，作为教师角色的个体或群体的职业特质和行为方式的表征，以及社会公众在这些表征基础上形成的较为稳定的对教师形象的期望和评价。③ 也有研究者认为，班主任形象客观上是由班主任的外貌、仪表、举止、风度等因素组成的总和；主观上则是指班主任的客观形象所引起的学生对班主任的认识、判断、评价，并通过和学生的交往而被学生接受的一种形象，即班主任留给学生的主观印象。④ 以上两个班主任形象的概念界定，看似有较大的区别，实际上有共同之处。对第一个概念进行抽象得出的结论是，班主任形象是社会公众对班主任职业特质和行为方式的稳定评价。对第二个概念进行抽象得出的结论是，班主任形象是班主任外貌、仪表、举止、风度等的综合印象。在此基础上进行综合分析可以得出新的结

① 周中之. 论为人师表[J]. 新疆师范大学学报，1984(1)：85－91.

② 喻琼. 徐特立德育方法探微[J]. 六盘水师范学院学报，2014(1)：73－75.

③ 高红. 论我国教师新型形象的塑造[D]. 重庆：西南大学，2010.

④ 杨诚. 班主任的形象艺术[J]. 常州信息职业技术学院学报，2004(A1)：84－85，88.

论，即班主任形象就是学生对班主任内在素养和外显表现比较稳定的综合印象。

尽管上述结论是通过抽象、综合以后形成的对班主任形象的最基本的判断，但要真正了解班主任形象是什么，还需要对其中的“内在素养”和“外显表现”进一步做科学的划分，否则对这个概念的界定仍然是徒劳的，因为问题又回到了原点。

管理学中的司肖理论可以为我们提供较好的借鉴，“司肖”是英文“Corporate Identity System”的缩写，意思是“企业的统一识别系统”。“司肖”的构成要素主要有：一是企业的理念识别(Mind Identity，简称 MI)，一般包括企业的经营信条、企业精神、座右铭、企业风格、经营战略策略、广告、员工的价值观等；二是企业行为识别(Behavior Identity，简称 BI)，包括对干部的教育、员工的教育(如服务态度、接待技巧、服务水准、工作精神等)、生产福利、工作环境、生产效益、废气物处理、公害对策、研究发展等；三是企业视觉识别(Visual Identity，简称 VI)，一般包括基本设计、关系应用、辅助应用三个部分，基本设计包括企业名称、品牌标志、标准字、标准色、企业造型、企业象征图案、企业宣传标语、口号、吉祥物等。①

通过借鉴司肖理论，可以将班主任形象分为精神形象、行为形象和视觉形象(详见图 3-1)。其中精神形象是核心，行为形象和视觉形象都要体现和支持精神形象。精神形象是班主任职业道德、管理理念和精神风貌的综合体现，它往往表现为班主任的某种突出的风格。行为形象是班主任才艺、管理方法与策略、所任教科目的专业能力的在教育活动中的综合体现。视觉形象是班主任的仪态仪表的综合体现，它不仅涉及班主任自然的外貌特征，也涉及班主任着装举止的人为的视觉特征。

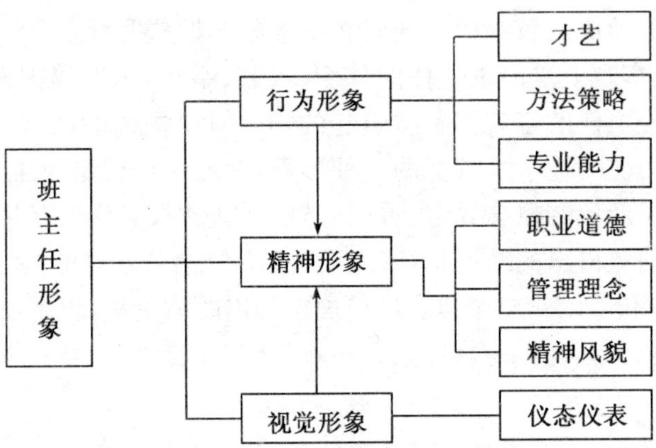

图 3-1　班主任形象构成示意图

① 黄虹. 司肖理论在高校班级管理中的运用[J]. 嘉应学院学报(哲学社会科学)，2010(7)：84-87.

三、塑造班主任形象的方法

截止到2019年11月，中国知网上收录的关于树立班主任形象的文章中，江苏东台中学卢毓清老师写的《心理效应与完美班主任形象塑造》①一文，既有理论深度，又有实践经验。因此，本书借用该文来阐述塑造班主任形象的方法。尽管该文作者为中学老师，但其展示出来的班主任形象塑造的方法和案例都是可以为小学班主任所借鉴的。不仅如此，该文发表于首都师范大学主办的刊物《教育艺术》，因而班主任在总结工作经验，写写小文章的时候，也可从中获得借鉴。

（一）重视第一印象，树立认真、负责的班主任形象

人与人第一次交往中给彼此留下的印象，在对方的头脑中形成并占据着主导地位，这种效应称为首因效应。学生对班主任的第一印象非常重要，这种印象往往会决定今后他对待你的态度和处事方式，对你今后的工作的开展影响很大。班主任给学生的第一印象应该是工作认真、负责，让学生感到老师不好糊弄。

特别是对于那些刚接手新班级的班主任老师，在工作开始，必须注意做好以下几方面的工作：

(1) 认真准备好每周的班会课。多数老师一般都会认真对待自己任教的课程，上班会课就不是这样了。有些老师在班会课前没有做充分的准备，兴之所至，大讲特讲，没有实在的内容，糊弄一番。或者是讲得很少，美其名曰让学生充分利用时间抓好学习。其实学生都是明白人，一眼就可以看出老师没有做准备。

(2) 抓好每天的清洁卫生工作。打扫天天都有，但打扫的情况怎么样你如果不清楚，这将使你的工作流于形式。每天早晨学生打扫时，班主任不妨从清洁区走过。这时学生正在打扫，你和学生打个招呼，从地上捡一两张纸片，用指头在栏杆上抹一下，都会带来无言的教育效果，有助于树立认真负责的班主任形象。

(3) 日常规范要求学生做到的，自己要先做到，让学生口服心服。力争做到每天准时到校，特别是天冷、下雪时，你一定要到校。这其中的说服力是很强的。升旗仪式是一个很容易被忽视的环节，要求学生唱国歌，那你唱国歌了没有，其实学生都在看着你。

(4) 班主任老师向学生提出的要求，一定要督促学生认真贯彻执行。要么不提，提了就要做到。譬如说我一般要求学生在第一节晚自习后交作业，这样可以让学生在第二节晚自习做好新授内容的预习工作。说到就要检查，有一到两周的督促，基本上就可以到位了。你工作到位了，学生心里就会感到老师对工作

---

① 卢毓清.心理效应与完美班主任形象塑造[J].教育艺术，2008(2):69－70.

是重视的，他们自然就会重视。

如此这些细节的关注，给学生的印象是深刻的。班主任认真、负责的形象带来的“潜移默化”的教育效果也是不言而喻的。

（二）抓“点”带“面”，响鼓重锤，打造严谨、较真的班主任形象

破窗效应告诉我们，一辆新汽车的一面玻璃被人砸碎，如果不及时补上，它的玻璃将碎得更快，甚至汽车也会丢失。班级管理中个别学生未被教育好，会影响到其他学生，会使你的工作处处被动，疲于应付，因此，我们在班级教育中应懂得防微杜渐。每个班级内都会有这样一个或几个表现特别突出的学生，他们对班级的管理有时往往产生较大的影响力。班主任在平常的工作中一定不能忽视个别学生的这种“点”带动“面”的负面影响力；对特别场合个别学生可能产生的个别行为一定要充分估计，抓住时机，想好对策。我个人认为，响鼓还需重锤敲，要把小事放大，产生一定的震慑效果。有一次，在其他学科课堂上，我在教室外发现有一个学生在听 MP3。联系到这个同学平时学习放松、生活散漫的种种表现，我以这件事为抓手，把小事放大，在班内做了严肃认真的分析，让该学生做出深刻的检讨，并与其家长做了联系与沟通。这样做既解决了问题，又对全班同学开展了一次意义深刻的教育，可谓有一石二鸟的教育效果。

（三）个别教育刚柔互补，暗含期待，打造富有人情味的班主任形象

罗森塔尔效应告诉我们，积极的期望促使人们向好的方向发展；消极的期望使人向坏的方向发展，所以人们通常这样来形象地说明罗森塔尔效应：“说你行，你就行；说你不行，你就不行。”要想使一个人发展得更好，就应该给他传递积极的期望。处罚是班主任在班级个别教育中常使用的一种手段，特别是在学生的自觉性整体不如意的情况下，许多班主任对他们失去了说服教育的信心，在多数时候只好采用众多的校规、班规等“刚性”的政策来约束学生的不良行为。其实，处罚是一种强制性的教育方式，它应该是教师在一定约束下达到某种纠错目的的教育手段，若太多地使用和泛用，其结果只会让学生形成“见多不怪”的感觉。中小学生自我意识和自我约束能力还不是很强，在其生活、学习的过程中犯点儿错误是在所难免的。若我们的班主任一味只按规定来执行，学生可能表面上是接受了，但心里不一定会接受，更有甚者可能还会产生严重的抵触情绪。但若班主任在对待这类学生时能适时、适度地采用“柔性”的方式来教育他们，这些学生可能就会在教师对其的信任和充满期待的眼光里感悟到教师的用心，找回希望，找回自尊，努力去克服和改正自己的不足，这样的教育效果可能比“处罚”好得多。

一般来说，对于每个被批评的学生，给予他足够的期望，能让他的心态变得平衡，其中的教育效果就在于让学生感受到班主任并不是苛刻、不近人情的，显然富有人情味的班主任更让学生敢于接近。

（四）学科教学幽默风趣，改变刻板印象，塑造学者型的班主任形象

人际交往中的刻板效应告诉我们，在认识和判断他人时，并不是把个体看作孤立的对象来认识，而总是把他看成是某一类人中的一员，很容易认为他具有某一类人所具有的品质。因而当我们把人笼统地划为固定、概括的类型来加以认识时，刻板印象就形成了。

班主任老师留给学生的形象更多的是严谨、认真、不苟言笑。其实班主任除了班级管理外还有教学任务，其学术形象所产生的教育影响更是一个不容忽视的重要因素。学生可以容忍一个缺乏人格魅力的班主任老师，但绝不能容忍一个缺乏学术水平的老师。作为任课教师，班主任可以扮演为一个幽默、风趣的授业者。我所教的学科是政治，政治学科特有的严谨性，让学生感到淡而无味，学而后怕。我就注意更多地挖掘教材内容，应用教学机制，教师的一句话、一个动作、一个表情，都会使学生会心的一笑。不仅活跃了课堂，化枯燥的知识为生动的内容，增强了教学的效果，也改变了学生对班主任老师的刻板印象。

（五）加强沟通，以心换心，打造具有亲和力的班主任形象

高尔基说："谁爱孩子，孩子就爱他，只有爱孩子的人，他才可以教育好孩子。"班主任要想顺利地开展工作，就必须和颜悦色、深入细致地观察学生、了解学生、研究学生，追求教育的情感效应。班主任只有走进学生的心里，和学生实现以心换心的交流，才有可能了解其奇妙的内心世界，并进一步调节自己的教育步伐和教育手段。

和学生实现以心换心的方式方法很多，用好周记是一个很好的切入点。在周记里有很多学生会向班主任打开自己的心扉，诉说自己心中不想让外人知道的秘密，并希望得到班主任的理解和帮助。若班主任能利用好这一机会，以长者或者朋友的身份给其回应，细心认真地答复学生的每一个问题，并在往后的工作中细心关注，为其排忧解难，学生将会对你信任有加，倍加敬爱，这种无声的"美言"换来的教育效应是许多当众的说教无法比拟的。我们的学生刚从父母的关爱中走出来，开始独立地面对这个世界。难免会有这样或那样的烦恼，他们一般都会在周记中吐露出来。我一般都会做出慎重的思考，并在周记中认真地给予答复，绝不敷衍，让他们感到老师是值得信赖的。有些共性的问题我还会作为班会的主题来展开讨论，引发大家的思考。

（六）巧设"漏洞"，打造人性化的班主任形象

心理学上有"瑕玉效应"，也称"出丑效应"。生活中不乏完美、优秀的人，然而很多时候，他不一定就是完美的，而是外在表现，给人的感觉是完美的。其实这样的人未必讨人喜欢。最讨人喜欢的就是那些优秀而有小缺点的人。

为什么会这样呢？其实就是说，完美、优秀的人在不经意中犯个小错误，瑕不掩瑜，反而让人觉得他具有和别人一样的缺点。这种缺点发生在优秀的人身上，反而成了优点。一般人，与完美无缺的人交往时，总难免因己不如人而感到不安。如果一旦发现优秀的人也和自己一样有缺点时，就会因为他也具有平凡一面，而增加真实感。

班主任的形象也是这样，过于完美的班主任形象，会让人觉得有些虚假，不可信，也不敢接近。我在班级管理中有时会注意设下几个“漏洞”，发几次脾气，讲错几句话，唱歌忘了歌词甚至跑了调，当然这些我们也要注意，不能过度，否则就会产生不真实的效果。

认真负责，亲和可信；幽默风趣，刚柔相济；权中有威，威而有信，这是我们班主任应树立的良好形象。而这些都要我们从平时的师生交往中的细节做起，小中见大。班主任威信的树立，有利于产生积极的教育效果和言必行，行必果的教育效应。

第三节　班级管理准备工作的其他实务

一、班级教室布置

(一) 教室环境布置

教室环境布置既是班级物质文化的体现，有助于为学生营造一个舒适的成长环境，同时也可以折射出班主任的形象，优雅的教室环境布置可以让初次到班的学生及家长产生“未见其人，先见其神”的效果。

为迎接学生的入学或者返校，班主任可以在黑板上写上欢迎词、画上简洁而美丽的图案。在低年级，班主任还可以提前在墙壁上设计出能全面反映学生学习和生活的多个板块，以便开学后填充具体内容，而中高年级班主任则可以在开学后再与学生共同完成教室环境的设计与布置。班主任在教室环境布置的过程中，不仅要注意根据学生的年段，适当地让学生自主参与，而且要注意教室环境布置是班级文化的一种表现形式，是班主任管理理念的体现，因此，教室环境布置最忌主题不明，东拼西凑地堆砌。优秀的教室环境布置可以实现苏霍姆林斯基所说的“每一面墙壁都会说话”的教育效果，为此教室环境布置应当按照一定的主题或者诉求，统筹安排布置的内容。细心的班主任在安排教室布置的时候，甚至会考虑到主要的色调和颜色的搭配，达到教室环境与班级个性相匹配的效果。

（二）学生座位编排

学生座位安排看似简单，但却关系重大，是班级管理工作中比较常见的可以达到“把萝卜刻成花”的效果的事项。学生的座位排得是否科学、合理，不仅会影响师生间的关系，还会涉及学生与学生、家长与老师、家长与家长之间的诸多关系，直接决定着班级的凝聚力和向心力的形成，关系到学生的学习情绪、纪律状况和班级课堂气氛的好坏，关乎班主任甚至学校在学生、家长、社会心目中的形象。尤其在班主任与学生之间还处于初识阶段时，颇具章法的教室座位编排更是如此。

班级学生的座位的编排是一种艺术，需要班主任用心去把握。班主任在编排座位时应综合考虑以下因素。

1. 座位的组合方式

首先要考虑“排排坐”还是“团团坐”的问题。如果是“排排坐”，又需要进一步考虑单列组合还是双列组合的问题，即班级学生的座位是排成单列还是双列的问题。

2. 学生的座位分配

首先要考虑是由班主任老师分配还是学生自主分配的问题。不管是老师分配，还是学生自主分配，都要首先坚持按照身高排列的原则，即从前排到后排，按照学生身高递增的顺序编排。要考虑到学生近视等特殊情况，进行适当的微调。其次，要考虑的学生之间的搭配。要综合考虑成绩好的学生与成绩差的学生的搭配、好动的学生与文静的学生的搭配，关系比较特殊的学生之间的安排等。最后，座位的分配还要适当考虑左右轮换和可接受范围内的前后轮换。

3. 学生座位编排的美观性

学生座位编排的美观性看似没有可操作的空间，但实际上大有文章可做。通过借鉴诸如CIS导入（又被称为司肖理论）之类的现代企业管理理念，就可以在学生座位编排的美观性方面就地取材，营造出整齐而优雅的教室环境。

案例呈现

班级的VI:课桌摆设背后的玄机[①]

我的班主任工作的“第一把火”,就是启动班级文化建设,在当时也就是将CIS理论运用于班级管理。CIS导入是一种源自西方的现代品牌传播手段,20世纪90年代初开始传入我国,当时“太阳神”等许多著名的中国企业都曾借此获得了较好的发展。

通过调查,我发现有相当一部分学生对于班级形象的认识与我有同感,他们从外班的学生那里听到了一些“(94)班比较烂”之类的评价,因此有些不平,也有些想改变这种状况的意向。当时,确实有不少任课老师对(94)班的印象较差,当然,也包括我这个曾经的任课老师。经过一段时间的造势宣传,我让大多数学生接受了“把(94)班由一个形象较差的班变成一个人见人爱的好班”的概念,并从视觉识别(VI)、行为识别(BI)和理念识别(MI)等三个方面采取了一系列措施,取得了一定效果。

为了以最直观的方式改变(94)班“纪律差”的形象,我对此出了一些规定:两边靠墙的第一张课桌统一比其他组的第一张课桌退后半张桌子的距离;每组的课桌都要成为一条直线;讲台的布置要有讲究,但具体摆法由值日的同学负责等。当时北河口中学的课桌都由学生自备,学校不统一提供,为保证有较好的视觉效果,我特意将规格比较接近的课桌调到了一组。这样就需要做好学生的工作,因为有个别课桌比较好的学生可能会坐别人的比较差的课桌。对于加强学生的集体主义观念来说,这是很有帮助的。我向学生讲了这样做对于任课老师改变心中(94)班的形象很有用处,因为当他们走进教室看到简朴而整齐的讲桌和课桌布置时,心情一定是比较好的。在好的形象期待中,这种做法得到了大多数学生得赞同。思想工作做通了,调整起来就不难了。于是,我安排班长具体负责。我所要做的就是偶尔进教室的时候检查,看到谁的课桌没有摆齐,就会要求他们摆齐、摆正再上课,强化了学生的形象意识。

……

① 周勇.我是怎样建设班级文化的——一位博士的班主任生涯回顾与反思[M].成都:四川教育出版社,2010:6.

二、班主任工作计划制订

（一）班主任制订工作计划的意义

班级管理和教育工作是一种复杂的系统工作，只有制订好周密的工作计划，才能使学校的培养目标和自己的教育理念具体化、阶段化，有步骤地落实学校的教育计划，有条不紊地开展班级教育活动，从而保证教育目标的最终实现。制订班级管理和教育计划，也有利于对班主任工作和班级发展状况进行检查、督促及反思。

工作计划之于班主任，就好比教案之于任课教师，有计划永远都比没有计划好。有些有经验的班主任看似没有工作计划，其实他们心中都有“一本账”。由于有丰富的班主任工作经验，他们可能没有书面的工作计划，但在他们内心是有一个班级管理的“蓝图”的。

（二）班主任工作计划的基本构成

班主任工作面面俱到，因此班主任工作计划的形式也多种多样，大体上有学期计划、月度计划、周计划以及具体活动的计划等。然而，无论何种类型的班主任工作计划，其基本构成是大致相似的，主要包括以下几个方面。

1. 班级基本情况分析

班级基本情况分析是指班主任对班级学生的人员构成、学习情况、思想品德情况、体质状况、学生骨干状况、特殊需要学生情况以及班集体的形成状态、其他有利影响因素和不利影响因素等进行的全面、细致的分析。认真分析班级情况，才能使班主任的管理和教育工作具有针对性。

2. 目标和重点

包括一定时期班级管理和教育的目标和重点。有经验的班主任之所以没有书面的工作计划，是因为工作经验丰富，能够准确地把握工作的目标和重点。由于工作经验丰富，相关细节都比较熟悉，因而他们没有“看得见的工作计划”，但他们内心的“看不见的工作计划”因为理解了目标、把握了重点而同样有效。如果是活动计划，则应当把安全管理的相关举措放在重要的位置。

3. 日程安排

班主任为实现教育目标而安排的主要活动，主要安排活动的内容和形式、人员分工以及时间步骤等。不同类型的计划，其活动安排详略程度不同。

4. 活动效果检测办法与反思

这部分应是计划实施之后完成的内容。活动开展之后，班主任要及时反思活动目的、过程和效果，及时总结经验教训，以便更好地执行或适时地调整后期的活动安排。

（三）班主任工作计划制订的基本原则

1. 计划要服务于班级发展目标

班主任工作计划不论大小、类别，都是为实现班级发展目标而实施的管理举措的方案，因此，计划必须要服务于班级发展的目标。班主任在组织制订相关计划的时候，对于计划实施能够为班级发展提供什么样的支撑作用，要做到心中有数，并且将其落实到计划当中去。计划如果不能服务于班级发展目标，那么不管计划做得多漂亮，落实得多到位，从班级管理的角度而言都可能是低效的。

2. 计划要体现班主任的管理理念

企业管理界曾经流行这样的说法，即一流的计划体现企业的管理理念。班主任作为班级发展的主导者一般都有各自的教育理念，这种理念对于班级的个性化发展，班级特色的构建，具有重要的引领作用。一般情况下，班主任自己在制订相关计划的时候，会很自然地将自己的教育理念融进其中，这就好比人从雪地上走过，会留下痕迹一样。然而，班主任要更加有效地贯彻自己的管理理念，就不能只停留在将自己的教育理念自然地融入计划的层面，而需要思考如何有效地将自己的教育理念融入计划当中。

3. 计划制订要体现学生主体地位

制订相关工作计划是班主任的工作任务与职责，但由于班主任工作的特殊性，班主任工作任务的制订本身就是一项教育工作，这就需要发挥学生的主体地位。班主任相关工作计划归根结底还是为了班级的全体学生，让学生适当参与制订的计划才具有群众基础，才会受到学生欢迎和认同。学生参与班级工作计划的制订有多种形式，但是万变不离其宗，其基本前提还是班主任主导。在班主任把握好“服务班级目标”“融入管理理念”等问题的前提下，可以根据学生所处的年段以及班风特点适当给予学生自主权，让学生适度地参与班级工作计划的制订。

4. 计划应紧密依托班级基本情况

任何计划都必须根植于现实，脱离现实的计划往往难以落实，其成效自然大打折扣。在中小学教育实践中，理念超前、目标定得太高、计划内容中项目太多，是班级工作计划脱离班级基本情况的三个重要表现。在计划“高于”实际班情的同时，在实践中偶尔也会有班主任制订的计划“低于”实际班情的现象。为了保证班级工作计划的精准程度，班主任在组织制订班级工作计划时，应当做到“理念不偏不倚，目标不高不低，项目不多不少”。其中，计划制订中班主任所采取的“不偏不倚”的教育理念并非我们平常所认为的公平公正的含义，而是像朱熹《中庸章句》题注中指出的那样，“中者，不偏不倚，无过不及之名”。也就是要求班主任在处理计划制订的超前性与现实性相结合的问题时，不要轻易采用比较前卫的教育理念，而应选择相对比较成熟的教育理念。

案例呈现

拔剑四顾心茫然：盲目追求新理念的结局[①]

背景资料

受访对象：班主任B，男，某重点高中二年级的班主任，三年班主任工作经历，对班主任工作充满理想和激情。

访谈过程

问：您是一个年轻的班主任，尤其难能可贵的是，您喜欢班主任工作，喜欢学习，经常参与各种教育草根研究团队的研讨，对教育有理想，您的班主任工作计划应该执行得很到位。

答：(仔细思考了1分钟，然后挠了挠头。)不好意思，如果对照我初期制订的计划，可能实现了三分之一的样子。

问：是什么原因导致您的计划落空了呢？

答：这一学期，教育局在全县强力推行一种新的教育理念，要求全县所有中小学都来践行这种新理念。这把我的计划全部打乱了，整个班级管理陷入一种茫然状态，我也不知道具体该怎么做。

问：您的班级管理为什么会陷入一片茫然状态呢？

答：主要是对新理念理解不透。县局领导在对这种理念的精髓理解尚且模糊的情况下，就在全县铺开了，提出了一些“方略”，而这些方略的操作性又不强，需要一线教师“继续创新”才能找到“落实”的地方。忙来忙去，我都不知道自己干了些什么。

案例点评

表面上看，“强加于人”的行政干预，影响了该班主任工作计划的执行，因而导致其“忙来忙去，我都不知道自己干了些什么”。该班主任虽然只有三年的班级管理工作经验，但“对班主任工作充满理想和激情”，因而在行政强加

① 刘令军. 工作计划为什么不能落实——对话班主任工作计划的执行[J]. 四川教育，2011(9)：20-21.

的新理念面前很有一种李白笔下"拔剑四顾心茫然"的味道。究其原因，行政强加的新理念，并非该班主任熟悉和认同的教育理念，因而其原先自己设计好的"教育路线图"就势必会"拐弯"，甚至走上"南辕北辙"的另一条道路。

(四) 班主任工作计划执行的基本经验

1. 坚决执行：计划是否能得到落实的关键

班级工作计划能否得到有效落实，体现的是执行力问题。关于这个问题，国内管理学界曾经进行过长期的探讨。关于如何有效提高执行力，有一个基本的观点是大家普遍认同的，那就是"计划能否达到有效落实，关键在于能否坚决执行"。曾做了几十年总参谋长，并三战三捷帮助威廉一世建立德意志帝国的毛奇曾说："即使是蹩脚的计划，如果能彻底执行也比计划优秀但执行者犹豫不定要好得多。"[①]因此，要保证班级工作计划执行到位并产生较好的育人效果，班主任必须要克服犹豫心理，克服各种困难，坚决地执行既定的工作计划。

案例呈现

摇摆带来的不是左右逢源，而是迷失自我[②]

背景资料

受访对象：班主任C，女，某民办初中一年级的班主任，一年班主任工作经历。工作很有活力，领导赏识，学生喜欢。

访谈过程

问：民办学校办学存在相当大的自主性，没有公办学校那么多的"上级领导"，您的班主任计划应该执行得很好。

答：对照期初的计划，今天才发现，我根本就没有按照计划去做。

问：您根本就没有按照计划去做？真是让人费解，您为什么会在执行的过程中调整了自己的计划呢？

答：参加工作以来，我一直处在学习之中，参加了好几个草根研究团队，还在班主任之友论坛、K12教育论坛、教育在线论坛注册发帖，发帖的内容主要是自己所带班级的教育叙事。我发了一些帖子以后，有一些网友跟帖发表

① 张建华. 向解放军学——最有效组织的管理之道[M]. 北京：北京出版社，2017：273.

② 刘令军. 工作计划为什么不能落实——对话班主任工作计划的执行[J]. 四川教育，2011(9)：20-21.

意见，对我的一些做法提出了批评。对网友的批评我进行了深刻的反思，所以，我在班级管理过程中，一直在修正自己的一些做法。这样改来改去，到今天我才发现，期初制订的计划根本没有实施，一直在按照网友的建议做。

问：难道您没有想过按照自己的计划先执行一遍再说？

答：没有想过。既然大家都认为是不妥当的，我为什么还要去试呢？

问：您难道认为，作为一名教师，只需要经验，不需要教训吗？

答：这个问题也没有想过，能避免失误是我的教育目的。

案例点评

为了迎合现代教育理念，丢掉了自己的“观点”和“思考”，这是年轻班主任容易犯的“毛病”。现代教育理念当然应该学习，但学习应该有扬弃，有甄别，有选择，学习的时候应该有自己的主见。所有的学习都是为了完善自己，拓宽思考，自我创新，而不是否定自己。当然，在开始学习的时候，难免会“没有观点”，人云亦云，但是这种“没有观点”的时间不能持续太长。一个班主任，不能要求他一定有什么“教育思想”，但至少要有自己的观点。用观点说话，是现代教育人融入社会，参与各种研讨的“立言”之本。就像这个班主任一样，别人一否定，就马上反思修正自己的管理行为。这种虚心学习的精神是值得肯定的，但并不是一进行反思就一定要改变原有的做法。对于教师来说，经验是宝贵的，教训也是宝贵的。不去进行各种尝试，你就没有丰富的教育经历来支撑你的教育人生。没有教训的教育人生是有缺憾的。

2. 纲举目张：处理好计划的变与不变的关系

执行计划经常遇到的问题就是计划赶不上变化。计划是对工作的预先安排，而现实情况是不断变化的。在小学班级管理的实践中也经常出现这种情况，因为班主任的事务性工作较多，而且学校也会有一些临时增加的工作，这样原先制订的班级工作计划很有可能在时间、场地方面出现冲突，而学生参与的积极性也可能因此受到影响，最终可能导致一些计划不了了之。解决班级工作计划的变与不变的关系，最关键的是要抓住要点。抓住了计划的要点，比如计划的目标和重点保持相对恒定，而让不太重要的细节问题随着环境的变化而进行调整。这样就能实现纲举目张的效果，相对恒定的是不变的“纲”，随需而变的是诸多的“目”。

案例呈现

做到心中有计划，方能应对变化[1]

背景资料

受访对象：班主任D，女，某农村初三班主任，十五年班主任工作经历，多次被评为“优秀班主任”。今年是连续第五年担任初三班主任工作，她管理的班级，在学校组织的班级日常行为评比中，曾经创造连续“十周”无扣分的记录，至今无班级打破。在该校，工作作风以“雷厉风行”著称。

访谈过程

问：通过了解，您是一个有很强执行力的班主任，在您的管理过程中，班主任工作计划应该能全部落实到位。

答：班主任工作计划落实得不是很好。

问：为什么？

答：计划永远赶不上变化。班级管理的过程中充满了变数，你甚至不知道下一刻学生会给你带来什么新的问题，因此，班主任就必须根据学生发展的现状，及时调整自己的计划。一个优秀的班主任，我认为应该善于做出这样的调整，不能死守着自己当初制订的计划，亦步亦趋地去实施。

问：难道您认为班主任工作不具有计划性吗？

答：班主任工作当然得有一定的计划性，但我认为，这个计划，要抽象一点儿，不能太具体。

问：怎样制订计划才是抽象的？

答：就是只制订计划要实现的目标、大体的工作思路就行了。有些班主任的工作计划，具体到某一周干什么。我认为这样的计划是不能指导教育实践的。学生不会按照你的预设学习和生活，因此，班主任需要随时根据班级出现的新情况，调整自己的教育方法。有时甚至连教育目标、教育工作思路都需要做一些修改。

案例点评

计划永远赶不上变化。一个班级几十号人，我们无法预料明天会发生一些什么事情。根据新的教育情况，及时修改自己的工作计划，这是教育“与时俱进”精神的外显。改班主任应对计划与变化的关系，采取的就是纲举目张的办法。其所主张的计划“要抽象一点儿，不能太具体”和“只制订计划要实

① 刘令军. 工作计划为什么不能落实——对话班主任工作计划的执行[J]. 四川教育，2011(9)：20-21.

现的目标、大体的工作思路就行了”，实际上就是抓“纲”，在“纲”的统领下，具体细节即“目”就灵活地随形势变化而变化。

3. 表里合一：处理好主动计划与被动计划的关系

由于班主任事务性工作较多，教育教学任务相对也比较重，加之计划往往赶不上形势的变化，因此，很多时候班主任不愿意把自己的计划写到纸上，而更愿意记在心中。然而，检查班主任工作计划也是中小学行政领导推动班级管理工作的重要手段，因此，班主任往往会被要求交各种各样的工作计划以及总结材料。在这种背景下，班主任只好被动地应付，随便写一个工作计划或者从网上下载一个现成的工作计划，修改个人信息和班级信息以后就提交给学校。这样，班主任工作计划实际上就被分成外在计划和内在计划两种形态。外在的工作计划是应付式的被动的计划，内在的工作计划是真实的主动的计划。优秀的班主任工作计划应该将外在的被动计划与内在的主动计划结合起来，实现工作计划的表里合一。

案例呈现

班主任的“显性计划”与“隐性计划”①

背景资料

访谈对象：班主任A，女，县城某小学五年级的班主任，十年班主任工作经历，曾多次荣获“县优秀班主任”称号。

访谈过程

问：您是一位有经验的班主任了，您是怎样制订班主任工作计划的？

答：我们这里所有的班主任制订班主任工作计划，都是为了应付上级检查。领导只看你写了计划没有，写了计划就万事大吉，皆大欢喜。有谁还会拿着你期初的计划，到期末的时候，来检查你执行得怎么样？

问：这样呀，那您平时怎么写计划？

答：很简单。从网上下载一篇班主任工作计划，然后修修改改、拼拼补补，只要把撰写时间、学校名称、班级名称、学生姓名等，都改成符合自己学校特征的就行了。

---

① 刘令军. 工作计划为什么不能落实——对话班主任工作计划的执行[J]. 四川教育，2011(9)：20-21.

问：您多次获得县优秀班主任的荣誉，说明您管理班级还是有自己的工作方法。

答：对！我有我的工作方法。但我的那些方法，都不能“堂而皇之”地放到班主任工作计划里。显性的计划是写给领导看的，真正的实行计划在我的头脑里。从写工作计划这个角度来说，班主任确实有点名不副实。我也没办法，领导不敢直面教育现实，我们一线教师就更不敢直面教育现实了，所以就只好下载了。

案例点评

该班主任用显性计划和隐性计划的区分，来解决学校行政检查工作计划的难题。一方面应付了学校的检查，另一方面也能够保证班级管理工作有条不紊地进行。事实上，真正优秀的班级管理工作计划应该是表里合一的，班主任花时间另起炉灶去“制造”一个忽悠领导的假计划，还不如把自己内心真实的计划适当地写出来，这样既有利于检验和完善计划，又有利于促进自己专业能力的提高。在小学班级管理的实践中，更加需要班主任的工作计划表里合一，因为小学生需要班主任更多更细的关注，表里合一的工作计划不仅有利于节约时间，更有利于提高管理效能。

三、学生干部选用

（一）学生干部在班级管理中的作用

1. 学生干部是班级民主管理的重要途径

学生既是班级管理的对象，又是班级管理的主体。相对于普通同学而言，担任班干部是学生参与班级管理的重要途径。也许正是基于对这一点的错误理解或者对于通过学生干部实现班级民主管理的错误运用，个别小学班级曾经出现过班干部“官满为患”的现象。比如：某小学班级全班 25 名学生，有 23 名干部，只有两名是“平民”身份。[①] 班主任要充分认识到班干部在班级民主管理中的主导地位和作用，建立科学的班干部制度，充分挖掘学生参与班级管理的积极性和潜力。

2. 学生干部是班主任的重要助手

著名教育改革家魏书生曾经指出，学生都是班主任的助手。作为学生中的

---

① 25 个学生 23 个“官”，中小学班干部为何变了味[OE/OL]. http://hongdou.gxnews.com.cn/viewthread-16839528.html.

优秀分子，班干部无疑是班主任的重要助手。一个优秀的班委会可以帮助班主任有效提高班级管理效率。同样的道理，一位优秀的班主任绝不会在班级管理的问题上唱独角戏，而是善于调动学生尤其是班干部参与班级管理的积极性。实践经验表明，一位优秀的班主任的背后总是有个优秀的班干部团队，一个优秀的班级当中总是会有一个良好的班干部团队在发挥作用。

3. 学生干部是班级的重要榜样

班干部作为教师和学生选拔出来的集体，其在日常学习、纪律、作业等方面都会严格要求自我，从而起到模范带头作用。同时，根据班杜拉社会学习理论，小学生主动思维能力和自我管理意识还比较弱，很多学生喜欢模仿和学习他人，尤其是当班干部的某些做法得到教师肯定时，其他学生会有意识地去模仿和学习。所以在这样的情况下，班上很多学生就会拿自己的情况去跟班干部进行对比，然后修正自己的行为。这种做法有利于班级良好的班风和学风的形成。

（二）学生干部选配的基本原则

1. 建立多元标准

在传统的班级管理设置中，通常会设置班长、副班长、学习委员等岗位。在很多班主任管理中，学生成绩是选拔班干部和衡量该学生担任哪个职位的重要因素，甚至是唯一因素。这样选拔出来的班干部在学生的榜样示范中容易缺乏威信，因为这仅仅是班主任的个人意愿。在学生心目当中，班长、副班长常常是“学习成绩好”的代名词，劳动委员、体育委员则是“调皮捣蛋”的代名词。这就导致不同班干部在执行管理任务时常常会出现被其他学生区别对待的现象，即在班级管理中不容易树立威信，久而久之会降低这一类班干部的自信心，造成对管理工作的懈怠。[①]

为了充分发挥学生在班级管理的主体地位，班主任应当建立多元的班干部选拔标准，在综合考查学生德智体美劳全面发展状况的基础上，可以不拘一格降人才。既可以选择各方面都比较优秀的学生担任班干部，也可以选择在某方面比较突出的学生担任班干部。哪怕是各方面表现都不突出的学生，只要有参与班级管理的热情，有愿意为班级发展服务的态度，都可以适当予以考虑。班干部的选拔和使用本身就是一种教育手段，它同样承载着班级育人的目标。

2. 能力匹配岗位

能力与岗位匹配，是选拔班干部的重要原则。能力与岗位不匹配的现象在

① 邓国卿. 小学班级管理中班干部选拔和分配岗位的研究[J]. 基础教育研究，2019(14)：80－81.

小学班干部选配的实践属于比较突出的问题。因为小学班干部的选配多数采取以学习成绩为标准或者主要以学习成绩为标准的做法，而成绩好的学生并不一定在其他方面发展得到很好，因此班干部容易出现能力不匹配岗位的现象。此外，班干部中的一些岗位存在虚名化的现象，担任职务的班干部并未发挥实质性的作用。比如：文娱委员的主要职责是带动学生开展课外学习生活，协助班主任举办课后文艺活动等，宣传委员则要负责协助班主任安排教室布置、出黑板报等工作。由于学生能力不足以单独完成这些任务，或者根本无法完成这些任务，需要其他班干部、班主任甚至有专长的家长参与才能完成这样的工作。这样，相关岗位形同虚设，会由此产生班级秩序杂乱无章、学生散漫、学习效率低下等一系列的班级管理问题。因此，小学班主任选配班干部应该注意候选人的综合素质是否符合某一岗位的要求，尤其注意文娱委员、宣传委员、体育委员等技术性较强的岗位的班干部选配。

3. 考虑性别协调

在现实的班级管理中，班干部中女生人数常常多于男生人数；女生的积极性总是高于男生；女生在做事满意度上会超过男生。在这样的现实情况下，班主任为了方便班级管理，在主要岗位的设置上，例如班长、中队长、学习委员等更多地偏向于让女生来担任。男女生在生长发育上具有差异，女生在小学阶段发育较为快些，男生在初中阶段发育较快，高中之后男女生发育水平就会趋于接近。在这样的情况下，小学阶段女生管理能力明显优于男生也是很正常的现象。然而在班干部岗位的分配上如果只考虑到这一因素，教师根据个人管理方便来设置班干部岗位，就很容易产生很多不良影响。一是男生积极性降低，参与班级意识薄弱；二是女生自信心膨胀，受挫折能力降低；三是男女生之间产生分歧，容易形成对立小群体。

小学班干部的选配要充分考虑男女生比列协调问题。首先，从班级委员会总量上来说，男女生比例基本平衡。这样可以帮助学生有意识地淡化因为性别不均而产生的男生不如女生或者女生不如男生的想法。其次，班级岗位设置双岗，男女生分别竞选。这样可以让学生在管理班级时有意识地去合作、协调处理问题，进而达到平衡的状态。最后，对于一些岗位，例如班长可以设置轮流当值，男女生一次一换，鼓励他们从彼此身上学习。在这个过程中，班主任需要做好引导和指导工作，及时、有效地对学生管理时出现的问题进行指导，也可以对一些好的做法加以推广，还可以利用每日晨会或者放学时间进行总结。[①]

---

① 邓国卿. 小学班级管理中班干部选拔和分配岗位的研究[J]. 基础教育研究，2019(14)：80－81.

（三）小学班干部培养中的错误倾向

1. 班干部出现权力滥用

小学生对担任班干部都有一种比较强烈的愿望，其中一个重要的原因就是可以"管人"。这从一个侧面说明，小学生担任班干部并参与班级管理能够使其在社会参与和健康人格发展方面产生较大的获得感。然而，由于小学生的心智水平相对较低，加之班级制度的不完善，一些小学生班干部往往把班干部所有拥有的权力扩大化，从而导致权力的滥用。就目前的资料分析，小学班干部滥用权力的现象主要表现为三种：第一种是将权力私相授受，有些掌握处罚权的班干部，会把处罚别人当作一种特权，并且有时会将这种特权私自授予跟自己关系比较好的同学。尽管他们惩罚的确实是违纪的学生，但这种做法在维护班级秩序的同时，又在误导班干部对于规则的理解，也容易引起同学的不满情绪。第二种是拥有处罚权的同学借机"报复"，尤其是盯着那些跟自己有分歧或者有矛盾的同学，一有违纪嫌疑，立刻跑过来进行处罚。第三种是利用手中权力收取"贡品"。六年级学生小强 12 岁，"五一"前，家长得知，小强经常从家里偷钱"进贡"给副班长小 J，这些年已有数千元。孩子说，小 J 被班主任授予检查作业和背书的权力，如果孩子不给他钱，就不能通过他的检查，甚至受到欺负。① 班干部利用职权向同学收取好处，属于比较严重的权力滥用行为，应当引起班主任的高度重视。

2. 把班干部当成"眼线"

班主任把学生干部当成"眼线"，是从小学到大学都比较常见的现象。不可否认的是，向班主任反映班级的问题或成绩，是班干部的重要职责之一。同样，从班干部那里获得关于班级发展状况的信息，也是班主任工作的重要内容。尤其在重大问题面前，班干部应当大胆地、智慧地向班主任反映情况。某初一班级，在一次放学的时候，曾经有二十多名男生集体下河游泳。事后，这些男生的家长都收到了班主任寄给他们纸条，因为有班干部向班主任及时反映了情况。然后，每一位游泳的男生都被家长教育或者教训了一顿。最关键的是，男生私自下河游泳的事从此被禁止了，消除不少安全隐患。可见，班干部正常的向班主任反映情况不仅是合理的，而且是必要的。

有经验的班主任通常会在班级设立"情报组织"，而且很多时候安排班干部作为"内线人员"（即安排一些班干部暗中观察班上其他同学的言行，并向班主任汇报）有其有利的一面。主要表现在班主任的工作负担减轻了，并能在一定程度上掌握班级的动态，局部地调动了学生关注班级的积极性。但是，更多的却是弊

① 李宏. 警惕小学班干部滥用权力[J]. 广西教育，2015(7)：32.

端，是不利的一面。在班级里设置“眼线”，无异于老师挑起学生之间的矛盾，不利于形成和谐的班级氛围，对作为“眼线”的同学的身心健康也极为不利。单单从同学关系来看，将班干部当成“眼线”会影响正常的同学关系，同学们会感觉在某个黑暗的角落，有无形的眼睛盯着自己，不安全感油然而生。[①]

可见，为了促进学生的身心全面发展，尤其是为了保障学生的安全和健康，班主任可以从班干部乃至普通同学身上获得相关信息，也可以临时性地安排班干部或普通同学负责搜集相关信息。然而，脱离育人这一目标而单纯从班级秩序的角度出发，安排班干部专门负责收集情报则是对班级教育的异化，也有违班干部参与班级管理的初衷。

3. 对班干部放任不管

小学班主任既是班级管理的主要承担者，又是班级主要科目（多数为语文、数学老师）的任课教师，教学与管理的双重任务较重。尤其在应试教育在家长和社会仍然很有市场的今天，班主任可能更加重视学生成绩的提高，而忽视班级建设的发展。因此，不少班主任在通过竞选的方式选出班干部以后，一般都不会太在意班干部工作的状况，更遑论班干部的成长及其对班级建设的作用问题。在他们的眼中，搞好学生成绩才是最重要的事情，班干部充其量就是给予学生鼓励的一种头衔，因为小学生年龄比较小，很多重要的事情班主任自己完成更便捷有效。这类班主任不能说不负责任，只能说在应试教育的重压下，他们做出一种现实的或者妥协的选择，即以最小的成本保证班级秩序，然后集中力量抓好学生成绩。在家长乃至于社会舆论看来，班级建设是否优秀是一个软指标，而成绩的好坏则是一个硬指标。成绩提升也许没有什么，但成绩一旦下降问题就来了。

要解决这个问题，必须要树立班级建设与学习成绩提高的正确观念。班级建设必然能够促进学习成绩提高，问题是班级建设出成效是需要时间周期的。一种良好的班风的形成大约需要一年的时间，而班主任只要把教学质量抓紧一点儿，学生成绩可以在短期内获得明显的效果。然而，没有良好的班风做支撑，学生的学习成绩必然是不稳定的。班主任需要在扎实做好教学工作的同时，狠抓班风建设，其中尤其重视班干部在班级中的影响，通过建立良好的班风实现学生的主动学习和自主管理，最终教学和管理都会成为一件轻松的事情。相反，如果只重视教学工作，而忽视班级建设，对班干部放任不管，一条腿走路，必然会很辛苦。在这种情况下，有可能通过努力或高压政策使学生取得好成绩，但学生在班级的生活和学习肯定是缺乏幸福感的，他们将对班主任产生的更多的负面

① 李迪. 别把班干部当“眼线”[J]. 班主任之友，2018(12)：48－49.

印象。

4. 过分袒护班干部

一个工作能力强的班干部集体，的确会为班级建设起到重要的作用，同时也会有效减轻班主任的管理工作量，如果学习成绩再好一点儿，班主任必然会对他们喜爱有加，常常会遵循一个“容人所短，用人所长”的原则，一再地容忍他们所犯的错误。古训曰：“王子犯法，庶民同罪。”其实这是一个最基本的依法管理的原则，“知法犯法，罪加一等”，不能因其有功于班级，而不追究其所犯之过。否则上梁不正下梁歪，干部犯错不追究，群众违法也就不便追究了。而这样的班级管理结果是可想而知的。①

5. 让班干部当“老好人”

在民主选举过程中，学生中的一些“老好人”常常得到很高的选票，因为这些学生在班级管理中，对于同学的一些违纪现象视而不见，既不及时劝阻，又不向老师报告。反之，那些敢于制止同学违纪行为的班干部得不到同学们的拥护，造成民主选举选出来的班干部都是“老好人”。一些教师往往不重视这个问题，使得班干部队伍形同虚设，没有起到帮助老师管理班级的作用。

“老好人”型学生之所以能屡屡在民主选举中当选，是因为班级正气不强。要想让这些抱着谁也不得罪心态的“老好人”没有“市场”，关键要在班级树立正气。在进行民主选举之前，教师可以让学生先思考再讨论：如果班干部都对各种违纪行为不予制止，也不告诉老师，而是放任自流，那这样的班委会起什么作用？这样的班干部称职吗？通过这样的讨论，让学生明确班干部的职责，并促使班级形成正气，以利于今后班干部开展工作。同时，教师一方面要认真考察民主选举出来的班干部，还要发挥同学的监督作用，及时调整班干部队伍；另一方面教师要做那些真正有能力、有魄力的班干部的坚强后盾，全力支持他们的工作，多肯定他们的工作，使班级管理工作形成良性循环。②

课后练习

1. 班主任怎样做到理解学生？

2. 依据教材所述的班主任形象理论，对自己的班主任形象（假设将来要当班主任）做一个规划或设计。

---

① 潘雪莹. 班主任在班干部培养任用中的几大误区[J]. 中国科教创新导刊，2008(2)：237.

② 陈志勇. 班干部选举莫入误区[J]. 班主任，2007(12)：20－21.

第四章　小学班级教育力量的整合

微信扫一扫

获取本章拓展资源

学习目标

1. 了解影响班级建设和发展的诸多因素及其相互关系。
2. 学会开发校内外各种教育资源，整合校内外各种教育力量形成教育合力。
3. 能够有效地处理与各种教育力量的关系，提高工作的艺术性。

“人的一生所接受的教育中，接受最早的教育是家庭教育，家庭教育是一切教育的基础，起主导作用的是学校教育，影响最广泛的是社会教育。学校教育对家庭教育和社会教育应起到指导、协调作用。”①学生的发展受到多种因素的影响，这些影响因素的作用如何发挥？能够对学生起到多大的作用？这种作用的发挥需要班主任在其中进行不断的调整，成为校内教育力量的联络员，班级与家庭沟通的纽带以及班级与社会联结的桥梁，从而使这些影响因素能够相互作用，形成学校、家庭、社会三位一体的教育局面，让最优化的教育影响渗透到教育过程中，使学生在多种积极教育因素的熏陶和滋养下，健康快乐地成长。

班主任是学校德育工作的骨干，是多种力量形成合力教育的纽带，是沟通学校、家庭、社会三种教育的渠道，是班集体的组织者，是学生成长过程中的教育者，是学生日常行为的指导者。由此可见，班主任工作是多么的重要，要使班主任工作更具针对性，实效性和主动性，就务必提高班主任工作的艺术，而班主任善于将学校教育力量整合的能力显得尤为重要。

第一节　学校教育力量的整合

班级是学校的最小管理单位，不论管理好坏，都将直接影响到整个学校的教

① 周立凯. 21世纪怎样做家长[M]. 北京：清华大学出版社. 2003：96.

育管理。因此，班主任协调好班级与学校领导以及主管部门领导之间的关系，能够对班级的管理和建设产生直接的影响。

一、与学校领导的沟通

学校领导处于学校管理系统中的最高层次，占据统揽学校全局的重要地位，担负着整个学校教育工作的重要任务。班级是学校工作的有机组成部分，班主任是学校领导进行各项教育工作的得力助手。因此，班主任协调好与学校领导的关系，不仅有利于学校教育工作的顺利开展，还有利于班级的工作得到领导的支持和关心。如果班主任能够得到领导的支持、理解和鼓励，就会使其更全身心地投入教育事业，从而促进班级教育管理工作的顺利进行；反之，如果班主任与学校领导之间关系处理得不好或发生矛盾冲突，往往会影响班主任的情绪，使之陷入烦恼，降低其工作热情，直接影响他们的工作。所以，班主任应该重视与学校领导的沟通。那么，班主任应该掌握哪些与学校领导沟通的艺术呢？

（一）端正动机，摆正位置，主动沟通

建立和发展与领导的良好关系，是班主任协调关系的重要内容。学校的领导一般是一个班子，一个团队，有负责全面工作的，有负责某个具体方面工作的。要协调好与领导的关系，就要协调好学校各级领导部门和班子的关系。首先，端正沟通动机，主动走近领导。班主任与领导沟通是为了班级的建设和管理，而不是为了讨好或迎合领导。班主任可以主动向领导汇报自己的工作，倾诉自己的困惑，申请所需的帮助，通过积极、良好的沟通达成与领导之间的相互理解。班主任主动汇报可以从与领导的交流中获取管理班级的新观念和新思想，能够从更高的站位上统筹全局，站在管理者的角度更好地建设班级，对班级进行顶层设计。其次，要理解执行决策，及时交换意见。下级服从上级是基本的工作原则，班主任要认真理解和执行领导的决策，若领导的意见是正确的，就结合班级实际执行，如果能够根据领导的思想进行一定程度的创新，则更能凸显班主任的工作特色和管理理念；若对领导下达的意见有不同看法，可以与领导及时交换意见，以达成共识，切忌散布不负责任的言论。最后，及时请示汇报，切勿越级越位。班主任要按照工作汇报的流程向分管领导请示汇报，一般不要越级请示或者汇报工作，以避免造成不必要的误会和麻烦。

（二）换位思考，大局意识，争取机会

班主任和学校领导都在各自不同的岗位上承担不同的社会角色，由于角色地位的不同，角色任务、角色责任也不尽相同。学校领导更多的是站在学校全局的角度来筹划、部署工作，基本不会参与班级的具体管理、建设和发展；而班主任

领导的是一个班级，考虑问题会从本班的实际需要出发，而对学校大局的发展以及整体规划缺乏了解和掌握。因此，两种角色考虑问题的角度就会有所不同，由此也可能产生不相协调或矛盾的地方。如果想要得到领导的明确支持，就需要班主任用良好的班风和突出的工作证明你的能力和实力，用自己的业绩来争取校领导的支持。用自己的实力和业绩说明问题，不但可以为以后工作的开展争取到更多的支持和宽容，还可以避免遭遇其他班主任或教师的闲言碎语。比如：特殊学生的分班搭配、任课教师的安排、学校公共区域卫生的划分、学校各种活动的评比等等，均会涉及班级的局部利益，可能会出现某些不合理性，也有可能需要你的班级在某些方面做些必要的让步。这对班级来说，可能是“吃亏”或“不合理”的。但是，如果站在领导的角度来看，这样做则是“合理的”“必须的”。这就需要班主任有全局意识，能够以“角色换位”来考虑问题。俗话说：“有时候吃亏也是一种福气”，偶尔吃点儿小亏，力促领导工作的顺利开展，就是在无形当中为以后工作的开展争取机会。

（三）强化责任，立足实际，创新工作

协调好与学校领导的关系，重要的一点是强化责任意识，立足班级这一基层岗位，认认真真、踏踏实实地履行好班主任的职能，包括教育、管理、协调和活动职能，并且要结合班集体实际，创造性地开展班级工作，工作上要有所为，有所不为。同时，可适当地提出一些创新性的想法和建设性的意见，表现出自己独立的工作能力，尽量用出色的工作成绩说服领导，争取领导最大程度的支持。一般来说，班主任工作做得越好，业绩越突出，领导就越满意、放心，就越能得到领导的重视和支持，上下的协调沟通渠道就会更多、更畅通和更有效。

二、班主任和科任老师的协调沟通

俗话说得好，“众人拾柴火焰高”，“一个篱笆三个桩，一个好汉三个帮”。著名教育家马卡连柯认为，如果有五个能力较弱的教师团结在一个集体里，受着一种思想，一种原则，一种作风的鼓舞，能齐心一致地工作的话，那就是比十个各随己愿单独行动的优良教师要好得多。马卡连柯要强调的其实就是“群体效应”。班主任工作很复杂，一个班级的工作如果光靠班主任自己“唱独角戏”，势必会显得很吃力，而班主任在开展班级工作的时候如果借助这种群体效应，团结科任老师、调动科任老师、凝聚科任力量，就能够更高效地建设班级。

（一）特色宣传，树立威信

要想抓好一个班级的工作，就要团结全体科任老师，在科任老师参与班级管理的同时，班主任要大力树立科任老师的威信。在学生面前介绍科任老师的情

况时，要展示他们的成绩、优点、获得的荣誉，特别是在一些班级举行的重要活动场合，班主任要极力维护科任老师的声誉，让学生认为自己的老师是最棒的，最优秀的。如果学生对科任老师有了偏见，或者不听从科任老师的管理，班主任要给学生做耐心细致的思想工作，消除学生对老师的不好的看法，让学生认识到科任老师对他们的关心。要利用班会等集体活动，宣扬科任老师对班级工作的支持和帮助，让学生感受到科任老师对班级工作的关心，以便于科任老师树立威信。

（二）搭建平台，显露身手

对科任教师进行特色宣传之后，班主任可以搭建平台，适当地让科任教师“露一手”。因此，平时与科任教师交流的过程中可以适当地有意无意地打探科任教师的拿手好戏，然后在师生共同活动时，不经意地给学生透露“××老师唱歌可厉害了”，“××老师的拉丁舞跳得可好了”，“××老师会根据情境进行作诗”……如此的“煽风点火”，极大地刺激了学生的好奇心，纷纷嚷着要高人们露一手。于是不断有老师从观众席里被“推”出来，展示着自己的拿手好戏，有潇洒签名，有火热拉丁、有激情朗诵，就连平时不苟言笑的老师也会上台跟学生分享自己的养生之道或者经验阅历。看着的学生们是目瞪口呆的样子，就可想而知他们已成了科任教师的“俘虏”。

（三）师生互赞，及时传递

每个人都有希望得到赞美和表扬的心理需求，赞美不仅会拉近彼此间的距离，还可使对方变得积极起来，朝着所赞美的方面加倍努力。赞美别人，你所付出的只是语言，得到的回报却是情感和心理上的满足。如果班主任能够在工作中把握好赞美的艺术，可以收到意想不到的效果。班主任可以经常主动地从科任教师和学生处去了解教学的情况，有意识地将他们对彼此的赞扬及时传给对方。虽然学生也会直接对所喜爱的老师表达他们的感情，但是通过班主任把学生对老师的赞美和喜爱适当的“添油加醋”转达给科任教师，可以让科任教师的特色更加的“添光增彩”，这会让科任教师增强对班级学生的好感；科任教师对学生的赞扬，班主任也要及时传递，尤其是对一些“差生”，可以适当地表达科任教师对他的赞扬，使他们更有动力和激情，提高他们学习的积极主动性。班主任对科任教师和学生之间的积极情感的传递，能极大地提高科任教师的教学的热情和学生学习的动力。

（四）架设桥梁，化戈为帛

学生和科任老师之间有时可能会发生冲突和误解，学生不容易接受科任老师的教育。这时班主任应细致了解情况，并根据事实做出客观公正的处理。要达到使科任老师满意，当事学生心悦诚服，全班同学信服。不能听了科任教师汇报后，就不分青红皂白地责备当事学生或在班上公开训斥，那样做问题不仅得不到解决，反而会使学生误认为，一定是科任教师向班主任“告了状”，因而产生逆反心理，达不到应有的教育效果。对学生的处理方法应征得科任老师的理解，还应做好学生的善后工作。

例如，一科任教师气呼呼地将一个学生的作业本置于班主任面前，班主任一一翻阅，只见满眼尽是错误，该教师继续向班主任“控诉”这个学生的不良表现，上课总是精神不振、发呆走神。班主任赶紧请科任教师先坐，然后端来一杯茶，待她平静下来后，班主任告诉她，这孩子与父亲同住一间 8 平方米的房子，每天晚上父亲睡地板，她则缩在床上复习功课，怕影响父亲休息，从不出声。这些天父亲换了工作岗位，需要上夜班，无法照顾到女儿的饮食起居，所以晚饭都是孩子自己做。值得一提的是，这孩子见父亲太劳累加上贫血，特意省下零花钱为父亲买了一包红枣。该教师大为震惊，埋怨自己太武断，也开始对这位学生刮目相看，在上课时也给予了更多关注，课下还从物质上对学生进行了帮助，而该学生在老师的指导和帮助下也越来越积极。

（五）推功揽过，赢得舆论

领导是一门艺术，一个真正成功的领导应该懂得笼络人心，只有那些不把过错全部推给别人、不把功劳全部揽给自己的领导者才会让人心甘情愿地跟随。班主任作为班级的领导者和管理者，为了使班级管理和建设取得最优化和最大化的效果，在集体活动中，适当地将功劳推给科任教师能够很好地协调科任教师的力量。每当班级取得成绩时，班主任可以适当地在学生面前宣传这都要归功于某某老师出的点子或是某某老师为此付出的努力，并提醒学生喝水不忘挖井人。每遇到问题，班主任可以适当将过错归于自己，比如，科任教师与学生发生矛盾，处理完毕后，不忘向科任教师表示歉意，是自己的工作没有做到位，科任教师必然不计前嫌，努力做到最好。

“推功”是“任劳”，“揽过”是“任怨”，体现出班主任乐于分享的宽广胸襟和勇于担当的负责精神，彰显出“军功章里有我的一半也有你的一半”的气度。无形中能与科任教师形成相互信任、相互支持、相互谅解，配合默契的心理环境，形成相互激励、相互推崇的向上力量，科任教师自然愿意与班级同甘苦，从而凝聚人心，同时也为科任教师赢得良好的舆论。正如《菜根谭》所云：完名美节，不宜独任，分些与人，可以远害全身；辱行污名，不宜全推，引些归己，可以韬光养德。如此推功揽过，一定能营造良好的集体舆论，进一步树立科任教师的威信。

（六）主动邀请，共享活动

班主任要给科任老师参与班级活动的机会，想方设法密切师生关系。可邀请科任老师参加班级举行的各种活动，如主题班会、郊游、家长会、联欢会等；邀请科任老师一起到该科学习差的学生家里做家访，在学生家长来校了解学生情况时及时与有关科任老师联系，向他们提供了解学生家庭的机会；平时找违反纪律或不交作业的学生谈话时也可以邀请有关科任老师参加，共同进行，增加科任老师的威信。教师节，学生常常记住了班主任，而忽视了科任老师，这时，班主任就应该挑选一位学生代表全班同学向老师献词，学生们可以向老师们赠送一些自己制作的小礼品。

协调各方面的力量共同做好教育工作，是班主任工作的一项重要任务。和科任老师沟通，处理好与科任老师之间的关系，协助科任老师做好工作也是班主任工作职责的一部分。同时，科任老师关心和参与班级建设，并与班主任密切配合，协调一致，对于班集体的形成、巩固和发展也有着十分重要的作用。综上所述，班主任与领导和科任老师的沟通是一门艺术，班主任运用好了这门艺术，必将使工作高效而愉悦。

三、争取学校其他工作人员的支持

正所谓"教育无小事，事事是教育，处处有教育"。学生在学校中不仅会受到班主任、科任教师的教育影响，还会与学校其他工作人员接触中受到影响。比如学校医务室工作人员、保安、食堂师傅、清洁人员等。某小学的保安工作人员就在书法方面造诣颇深，时常会在门卫处书写书法并进行书法作品的悬挂，这些也潜移默化地影响着学生。

在寄宿制学校中，生活老师和宿舍管理老师是一支不容忽视的教师队伍。他们主要负责学生的生活以及宿舍管理，他们与学生有更充分和亲密的交往，有更多的机会能够接触并了解学生日常生活中最真实的一面。因此，班主任要在充分尊重生活老师和宿舍管理老师的基础上，对他们提出的意见和建议虚心接受；同时，班主任应该主动走进宿舍，与生活老师和宿舍管理老师联系，获取关于学生更丰富、全面的信息，及时发现问题，以便更有针对性地对学生进行教育。班主任应充分利用生活老师和宿舍管理老师与学生的密切关系，使其成为班级管理和建设的重要力量。

第二节　小学班级管理中的家校合作

案例呈现

学生罗某某和何某某是一对形影不离的好朋友。一次体育课上，两人闹着玩，结果何某某的眼镜不小心摔碎了。为了解决赔偿问题，我让两个学生通知自己的家长第二天到学校来一趟。这件事情被他们原来的班主任知道了，她连忙提醒我学生罗某某的家长比较难缠，让我做好心理准备。

第二天上午，我正在教室里上课，突然从窗户看到一个中年男子叼着香烟冲了过来，一副气势汹汹的样子。我马上意识到他可能就是罗某某的家长，连忙走出教室，笑眯眯地问："您是罗某某的爸爸吗?"他冷冷地看着我点了点头。我连忙说："我一看您就是个通情达理的人。"他的脸色一下子缓和了。就因为有了这句肯定他的话，当我把事情的前因后果介绍清楚之后，他爽快地答应了我提出的解决方案，事情得以圆满解决。班主任要"管"学生，同时也要与形形色色的学生家长打交道。很多时候，因为与家长沟通不畅，会引发很多不愉快，甚至是麻烦。

讨论：班主任应该如何与家长进行沟通呢？面对"不太讲理、比较野蛮的家长"该如何处理呢？

2015年10月20日，教育部印发《关于加强家庭教育工作的指导意见》(以下简称《指导意见》)，明确了家长在家庭教育中的主体责任，要求广大家长依法履行家庭教育职责，严格遵循孩子成长规律，不断提升家庭教育水平。《指导意见》指出，家长要依法履行家庭教育职责，不断提高家庭教育的针对性，努力把握家庭教育的规律性，切实增强家庭教育的有效性；要严格遵循孩子成长规律，培养孩子的健康体魄、良好生活习惯和品德行为；还要不断提升家庭教育水平，不断更新家庭教育观念，坚持立德树人导向，以端正的育儿观、成才观、成人观引导孩子逐渐形成正确的世界观、人生观、价值观，推动家庭教育和学校教育、社会教育有机融合。

家校合作是班主任与家长互相交流沟通，了解、研究、促进学生健康成长的重要途径，也是增强班主任与家长相互理解与信任，改进和提高班级管理和教育教学质量的重要措施。

一、学校教育与家庭教育的关系[①]

苏霍姆林斯基在教育实践中非常注重寻找学校与家庭紧密联系的途径，可以说，在他心目中家庭教育是和学校教育具有同等重要意义的工作。他曾一再提到他重视家庭教育的思想出发点：没有家庭教育的学校教育和没有学校教育的家庭教育都不可能完成培养人这一极其细致而复杂的任务。他认为父母和老

① 邓艳红. 小学班级管理[M]. 上海：华东师范大学出版社. 2014：125 - 126.

师都是孩子的教育者和教师，但父母是孩子最早的教育者和教师，而且是无可替代的教育者和教师。

（一）家庭教育与学校教育保持教育目标的一致性

苏霍姆林斯基在他的《帕夫雷什中学》里提出：学生的全面发展依靠学校和家庭两方面，不仅要有一致行动，要向儿童提出同样的要求，而且要志同道合，抱着一致的信念。家庭教育与学校教育都承担着教育少年儿童的任务，"育人"是其共同目标，但两者又有各自侧重面，二者相辅相成。学校教育是以一支经过专业训练，有专业素养的教师队伍，分年级、分学科有目的、有计划地对学生进行系统的文化科学知识的教育为基本途径，促进学生德智体美劳全面发展的；而家庭教育主要通过父母对子女的照料以及言传身教、潜移默化的影响，是一种"润物细无声"的教育。二者的异同决定了两者要紧密配合，互相支持，共同促进学生的健康成长。

（二）发挥家庭教育和学校教育各自的优势

家庭是孩子成长的第一环境，学校是学生接受系统教育的正规场所。两者在育人过程中各具优势，都具有不可替代的作用。

家庭作为孩子生活和成长的第一环境，是不可替代的教育环境，父母是孩子最早和不可替代的教师。即使孩子进了幼儿园和学校，家庭仍然是学校教育的主要帮手，是社会教育的重要组成部分。

家庭教育有其独特的教育影响和作用，具有其特殊的优势。

第一，父母与子女之间存在着其他任何关系都无法取代的血缘亲情，家长可以以积极的情感、价值观感染子女，以自身的素养熏陶孩子，就能更有效地养成孩子良好的品质。第二，家长与孩子关系最亲密，对孩子了解最全面，能更好地从孩子的实际出发，进行有针对性的教育。第三，家长与孩子相处过程中有很多的生活细节是教育的最好契机，家长如果能够做到"遇物而诲"、运用适合孩子的教育方式方法进行随机教育，能更好地被孩子接受。家庭教育的这些优势如果运用得当，必定会发挥家庭教育的最好效果。

学校教育的优势在于：育人是学校教育的本职所在。学校教育是由专职人员和专门机构承担的有目的、有系统、有组织的，以影响受学校教育者的身心发展为直接目标的社会活动。学校教育是学生一生中所受教育最重要的组成部分，学生在学校里接受计划性的指导，系统地学习文化知识、社会规范、道德准则和价值观念。学校教育从某种意义上讲，决定着学生社会化的水平和性质，是个体社会化的重要基地。除此之外，学校还是孩子同龄人聚集的场所，因此能营造出引人奋发向上的整体氛围，形成"你追我赶"的良好风气，如果班主任能够营造出积极的教育环境，学生则能够更好地受到这种环境和舆论的引导和感化。

（三）家校合作共促学生健康发展

学校教育是培养学生良好行为习惯的主要渠道，学校严格按照各项教育的要求对学生进行行为规范教育，家庭是学生接受教育最早、时间最长的场所。因此，家庭教育和学校教育之间的一致和配合，有利于培养学生良好的行为习惯。学校、家庭两方面的教育配合是否密切，重要的一点是是否及时交流信息。班主任要了解学生在家庭中的表现及对待父母的态度等问题，以便有针对性地进行学生的思想工作。家长也要及时了解孩子在学校中的表现，并且还应主动了解学校是怎样开展工作的。家校合作能使这一渠道更畅通，学校与家庭教育更有时效性、针对性，目标要求更一致。

二、家校合作的形式

（一）家长会

家长会是比较传统的家校合作方式。家长会可以帮助家长提高家庭教育水平，掌握孩子发展情况，了解学校教育现状，能够及时沟通家长、学生和学校的思想感情，排除教育中消极的因素。为使学生健康成长，根据班级学生的具体情况以及各阶段的教育任务，可以有计划地设计组织内容、形式各异的家长会。如报告式家长会、交流式家长会、展览式家长会、讲座式家长会、答疑式家长会等等。

（二）家长委员会

学校成立家长委员会的目的是为了加强学校、家庭与社会在学生教育工作中的沟通与配合，营造学校、家庭、社会三位一体的教育网络。家委会是学校、家长和教师之间的一座桥梁。当家长有些意见不便直接向学校提出时，可以通过家委会向学校提出。学校面临的困难和对一些问题的处理也可由家委会向家长做协调工作，增进相互理解和信任。校级家委会参与学校的管理，必须了解学校的各项情况，优势和困难，及时把学校的工作重点、难点告诉给班级家长，同时家委会的成员也应及时把大家的意见、建议和工作打算向学校反馈，进行双向沟通。

班级家委会是由班级学生家长代表组成的，协助班级管理和学生教育的组织等。可以由班主任倡导组建，也可由家长倡导、邀请班主任参与而形成。家委会是家长自己的组织，能更充分地发挥家长共同进行班级管理的主动性。班主任可以邀请家委会共同参与班级教育计划的制订、活动的策划等，借助家委会的主动性和集体力量使班级学生的教育延伸更广阔的空间。

（三）书面交流

书面交流的形式有很多，如通知、便条、表扬信、家校联系本等。这里重点介绍家校联系卡。

“家校联系卡”是家校联系的一个有效载体，是教师与家长之间就孩子的全面成长进行联系的一条纽带。学校制定家校联系卡，定期与家长交流。这是传统书面交流中较常用的交流方式，它面向全体学生，让家长了解学生在校表现，同时通过家长的反馈让班主任了解学生在家表现。

（四）家访

家访作为学校工作的一项重要内容，是连接学校和家庭的重要纽带，是增进学校关系和师生关系的重要桥梁，是提高学校教育和家庭教育水平的重要途径。同时，通过家访，教师可以了解学生家庭的情况及其在家庭的表现，有利于教师针对学生家庭环境的异同，因材施教地开展教育管理工作，进而保持家庭教育与学校教育的一致性。

大多数情况下，教师家访其实是很受家长欢迎的，表明教师对学生的重视与关怀，更能加深教师与家长以及学生之间的感情联结。但也有不受欢迎的现象，甚至有些学生明确说：“老师，我不欢迎你来家访。”造成这种现象主要是因为现在有些教师已经将家访演变成了一种告状、投诉等，到了学生家里，不分青红皂白地数落学生的问题，抱怨学生家长没有把孩子教育好，或是学生考试成绩太差，影响了班级的及格率、优秀率等，最后双方都没有找出症结所在，达成教育共识。结果教师走后，家长一生气，学生挨打。从此，家长对于教师的家访便心存芥蒂，学生也产生抵触情绪。显然，这样的家访是无效的，甚至是失败的。

所以，教师在家访时应该注意：

（1）班主任在家访前要认真准备。根据学生的特点和家长的情况，想好家访内容，确定家访目的。对家访学生的在校表现、各科学习、兴趣爱好、习惯、优缺点等，都要全面了解，以便家访时能信手拈来，提高家访的实效。对学习有困难、经济有困难的学生，单亲家庭或者是生病较严重的学生，家访前要准备得更加充分，可以买些食品、文具或是书籍，表明教师的爱心和关怀。

（2）班主任家访切忌形式化。教师家访前，一定要先与家长预约，不做“不速之客”，以免使家长因教师的突然来访而不自在。除此之外，教师不要凳子还没有坐热就起身告辞。这样的家访不但达不到家访的目的，甚至还会造成不良的影响，使家长感觉教师是在应付差事、完成任务。这不仅有损教师的形象，更为重要的是不利于今后工作的开展。

（3）分片访问。教师可在风和日丽、阳光灿烂的日子，对学生家长分片访问。教师先做好分片访问计划，根据学生的家庭住址，按远近分片划分。再将约定的时间与地点告知家长。见面的地点，可以选择在学生家附近的街心公园或是其他安静的地方。在约定的时间里教师陪伴该学生一起回家，在约定的地点与家长一起交谈。这种谈话的气氛通常是非常轻松自然的，就像几个老友在聊天，谈论自己的家庭和子女，如此可以增强教师和家长之间的友好之情。

（五）请家长来校

请家长来校进行交流合作，是家校协作的重要方式，然而它却不是一种可随意使用的方式。经常有家长抱怨说："我快崩溃了，孩子刚刚上小学二年级，我这一周已被老师叫了三次。不完成作业，上课玩玩具，口算速度慢……我现在最怕接老师的电话。"

家长的话也许有些夸张，但现实生活中，的确有一些班主任把"叫家长"当成撒手锏，一遇到问题就请家长到校。班主任动不动就请家长到校，不仅会让学生和家长厌烦，也会让他们认为班主任无能。因此，有事"叫家长"是必要的，但也要因人、因事、因时而异，把握分寸，讲究实效。

资料链接

强势家长的类型和应对策略①

1. 强势家长的类型

① 知识型强势

这样的家长，有一定的知识、修养，有着丰富的社会阅历。他们一般比较重视对孩子的教育，能细致观察自己孩子的表现，在教育孩子方面他们有自己的想法，对于老师的教育方式与方法不一定完全认同。他们希望老师能够按他们的意愿去做，希望自己的小孩能够获得更好的对待。

② 社会型强势

社会型强势更多的是指那些有一些来头的家长，他们或是自己身居高位，或是经济地位比较高，和校长、教育局领导们接触较多。因此他们在与老师相处的过程里，习惯性地把自己放在一个较高的位置，多用命令式语气，对老师颐指气使。

③ 性格型强势

还有一部分家长的强势来自性格，他们或是有些自卑，总怕别人欺负自己，欺负自己的小孩，于是便处处强调自己的观点和做法，稍遇阻碍，就大发脾

① 苏林. 强势家长的类型分析和应对策略[J]. 班主任之友（小学版），2019(Z2)：27－29.

气;或是有着强烈的掌控欲,遇到具体的问题,总希望所有人都能够认同并遵从他,从而显示自己的强大与控制力。

2. 强势家长的应对策略

① 正视感受,强化自我

首先要做好的就是正视自己的不良情绪,主动积极地调整自己的心态。可以从思维和行动两个层面入手,从思维角度说,第一,承认理解自己的感受——面对强势对象时的不愉快体验是正常的;第二,要认识到这种感受只有通过积极的处理才能超越,消极回避或否认是解决不了问题的;第三,积极认识自我,重新审视自己的生活目标,坚定自己的价值观。

② 正视差异,平和心态

要与强势的家长相处好,班主任还需要认识到老师与家长在对待孩子的问题上确实存在差异,家长的很多意见如果从他的角度来看很多时候也是有道理的。

③ 寻找例外,正向引导

要和强势的家长相处好,班主任老师还需要注意方式方法。班主任与家长沟通其目的都是为了学生的教育,是希望通过沟通来使家长配合学校,一起合作解决问题。

资料链接

“甩手家长”家庭教育指导策略①

1. 做好常态关注,不把问题当作沟通的唯一动机

关注家长的身心状态和生活体验,为协同育人打下情感基础。这如同班主任关心同事一般,班主任也可以在必要或不必要的情况下,有意或者随意地从学生那里了解家长的日常状态,甚至直接或委托学生予以问候。如果说班主任要求家长关注孩子是必然之请,那么通过孩子关心家长则是教育智慧,这是一种共情技巧。与学生成长相关的人本身可以发展为类似同事或朋友式的协作关系,是可以彼此关注与体谅的。在学生或者家长那里,来自班主任的关注不见得一定要以问题为先,班主任平时“投之以桃”,势必会打动家长的诚心而“报之以李”。

班主任可以选择通过向家长分享学生在学习方面的进步、在学校活动中

① 韩景贵.“甩手家长”的成因分析及其沟通策略[J].班主任之友(小学版)2019(Z2):56-58.

的良好表现，以及对学生的肯定作为切入点，让家长看到孩子的点滴变化而产生自豪感，并随之对教师的指导建议表现出跃跃欲试，家校协同育人便有了很好的开端。

2. 捕捉教育机会，提升指导能力，拓宽指导思路

要引导家长倾诉，并耐心倾听，为实现有效沟通捕捉信息和机会。要有明晰的指导方案，像备课那样做好备教材、备教法、备家长的工作。关注和激发家长需要，私人订制指导策略与设计家庭教育课程相结合。班主任在面对"甩手家长"时，要有一个假设作为提高自己沟通艺术的前提：假设家长是有理的。鼓励家长畅快表达，在表达中自我反思，在反思中发现自己在家庭教育中的不足，进而配合班主任寻求解决之道。

（六）电子信息交流

随着时代的发展，电子信息交流已然成为家校沟通的主要形式，微信、QQ、班级博客、短信、电话及电子邮件、家校通、家校圈等都是班主任与家长进行沟通交流的主渠道和途径。这些电子信息交流方式最主要的特点是快捷、方便。

家校通和家校圈为学校、家长、社会创建了一个科学、快速、和谐的数字化家校互动信息纽带，将极大提升教育信息化管理水平，减轻老师工作负担，增强家长对孩子在学校学习情况的即时了解，更有效地配合学校教育管理。"数字化校园智能信息管理系统"的诞生，受到教育部门的极大重视及老师、家长、学生的热烈欢迎，被提到"教育信息化、智能化转型"的全新高度。

第三节　小学班级管理中的社会教育力量

一、社区力量的引入

（一）社区的独特教育功能

"社区"一词是中国社会学者在20世纪30年代自英文"Community"意译而来。社区为学校所在地，良好的社区自然环境和文化氛围是年青一代健康成长的重要外部条件。社区、学校相互支持，有助于实施教育方针、端正教育观念，提供良好的学习环境，促进学生的健康发展。

除了对学校教育过程的间接影响，社区还可以直接参与班级的教育过程。

社区向学校、班级开放社区的公共图书馆、科技馆、文化馆、体育馆等场馆设施，以整合社区内的各种教育物质资源和人力资源。同时，学校也可以结合课程改革需要，发掘社区课程资源，开设综合实践活动的校本课程，增强学校教育、班级管理的实效性。

（二）社区力量引入班级管理

1. “请进来”，社区资源为班级所用

社区拥有众多的机关、企事业单位等组织，相对于学校，社区也具有明显的教育资源优势，包括社区环境资源（自然资源、人文资源）、社区文化教育设施等物质资源（图书馆、文化馆、体育馆等）、社区人力资源（社区义工、教育工作者、各行业专业技术人员、先进劳模、老一辈革命家、离退休干部等）等。尤其是丰富的人力资源，这些都是学生身边的榜样，都是可以向学生进行教育的生动内容，班主任可以根据班级活动开展的需要将社区这些人力资源通过“请进来”的方式引入班级，对学生进行丰富的思想教育。比如班主任可定期邀请社区工作者、社区警务室干警、医务工作者、老一辈革命家到校举办讲座，为学生开展法制教育、生命教育、理想教育、红色革命教育等，让学生在身临其境中增长知识，潜移默化中受到熏陶和影响。

2. “走出去”，使班级管理得以延伸

社会实践是学生走向社会的一个很重要的锻炼环节，也是教育与实践相结合的具体体现。社会实践活动和社会志愿服务活动是培养学生创新精神和实践能力、提升学生综合素质的良好载体，是实施素质教育的一种良好形式。

学生在社会实践的过程中，通过参与、动手、思考、解决问题等过程，将所学的书本知识内化为自己的能力，全面提升了学生的思想素质、求真精神和务实的品质；同时也培养了学生积极向上、珍爱美好生活的优良心理品质。同时，还有助于学生尽早地融入社会，为以后的社会生活积累必要的知识储备。社会实践活动可以使学生对书本知识在实际生活中的应用有一个练习的机会，同时也使学生对社会有一个初步的了解，在这种双向了解的过程中，学习社会知识，促进学生的社会化，为以后融入社会生活做铺垫和准备。

二、“偶像”力量的借助

“偶像”作为影响学生社会化的具体人物之一，在学生成长过程中发挥着重要的作用。一些班主任常常回避与学生谈论偶像，特别是学生把各种娱乐、体育明星当作偶像时，班主任或漠不关心，或认为是不学无术的表现。因此，工作中会去诋毁甚至力图控制学生的偶像崇拜。其实，班主任如果能正视学生崇拜偶像的现象，并借助偶像对学生的吸引力，发挥偶像正能量的作用，引导至正确、积极的轨道上，偶像也会变成巨大的教育力量。

（一）了解学生的偶像并进行备案

班主任可以通过口头询问或书面调查问卷的形式了解学生“最喜欢谁”“希望成为像谁一样的人”，以及其中的缘由。班主任要想获得学生真实的想法，就应尽量先向学生表达自己对偶像崇拜的理解或认同，并根据学生的年龄特征和心理状况确定询问方式。

（二）分析学生的偶像的教育价值

了解了学生的偶像，便能对班级学生的心理倾向有初步的认识，但班主任还需要对偶像的教育价值进一步挖掘。可以和学生一起搜集崇拜偶像的资料，从而引导学生全面、深刻、辩证地理解偶像。例如，引导学生看到偶像刻苦训练时表现出来的毅力、遇到困难时积极应对的态度等“光环”背后付出的艰辛与努力，领会“一分耕耘一分收获”的道理。班主任在了解学生的偶像的过程中，不仅能开阔视野，与时俱进，同时还能缩小师生之间的心理距离和情感距离，在一定程度上帮助学生避免对偶像的盲目崇拜。引导学生知道，我们崇拜偶像，是希望从偶像的身上汲取我们成长所需要的营养，进而去追寻那个更好的自己，这才是真正的崇拜偶像。

（三）借助偶像力量进行班级管理

班级作为学校管理的基本单位，是一个小集体，管理工作当然起着举足轻重的作用。魏书生说：“管理是集体的骨架。”有良好的管理，事情才会有序，集体才会像一架健康的机器一样有序地运转。明星效应原理在班级管理中也同样适用。因为几乎每个学生的心中都有自己的偶像，而且各不相同。当学生心目中有一些形象健康、励志的偶像时，可以帮助他们坚持正确的导向。因此，在班级管理中利用学生追星的这一特点可以帮助他们营造出互相督促的集体舆论氛围，使他们更能充分地体现自我价值。

资料链接

难问题　巧解决

由于小食品的出现，班级纸屑随处可见，尽管有垃圾桶的制约，可是垃圾还是不停地出来“透气”。

中午我来到班级，看到垃圾桶旁边都是垃圾，怒火顿时涌上心头，我看了看孩子，刚想发火，转念一想：别说孩子，就是我们成年人吃到兴奋时也有可能将垃圾扔在垃圾桶外。对了,中午刚好看了球赛,我心生一计:"孩子们,你们喜欢球星姚明吗?"他们异口同声地说"喜欢!""你们喜欢他什么啊?""得分多!""个子高!""投球准!""就是啊,姚明的球技很高,投球很准,如果让他往垃圾桶里扔垃圾,会百发百中的,你们说对吗?"孩子不假思索地说"对!""比比看你们就差远了,垃圾都扔到了桶外。""老师,我们不用投也不用扔,我们放到垃圾桶里不是也像姚明一样准了吗?"我鼓掌以示赞同。没有批评的话语,却使学生明白了道理,这比声色俱厉的效果好上百倍。

工作的每一天都会遇到这样或那样的问题,我希望我能掌控好批评这把双刃剑,难问题,巧解决,快乐地教,快乐地学,做一名快乐的班主任,培养一群快乐的孩子,奏响教育进行曲中一段快乐的乐章。

教育离不开批评,批评是把双刃剑,用好了是良药,用不好,既伤了学生又伤了自己,小时候怕被老师批评,如今当了老师也怕批评学生。

(四)借助偶像力量对问题学生进行教育引导

心理学家班杜拉的实验结果表明,儿童看到榜样人物的行为被强化,将对其以后的行为产生重要的影响。因此,班主任要尽量把学生的偶像的正面信息以赞赏的语气适时地、公开或个别地传达给学生;对负面的信息要以谨慎或学生乐于接受的批判方式进行表达,让学生在教师的赞赏与批判中学会理性地判断是非和适度地崇拜。

课后练习

1. 班主任应当怎样做好家校协作?
2. 班主任应当怎样建立与科任老师的协作关系?

第五章　小学班级文化建设与评价

微信扫一扫

获取本章拓展资源

学习目标

1. 初步掌握班级文化的基本理念，了解班级文化的性质、构成及功能机制，为今后从事班级文化建设打下理论基础。

2. 熟练掌握班级文化整体框架设计、班级精神提炼、班歌创作、班徽设计等班级文化建设实务；初步掌握班级文化建设的基本技能。

3. 了解班级文化质量评价的基本概念，熟练掌握班级文化诊断的基本手段和基本原则；初步掌握班级文化案例制作的理论和技能。

第一节　班级文化建设的基本理论

著名的企业管理培训专家余世维博士，曾经在一次企业文化培训课中指出："改变一个个人，可以获得一倍的管理效能；改变一种制度，可以获得十倍的管理效能；改变一种文化，能够获得百倍的管理效能。"教育界的实践同样证明这个道理是正确的，2005—2014 年的十年间，中国知网收录的以"班级文化"为题的文章的数量保持了快速增长的趋势，2015 年以来保持了平均每年发表 300 篇的趋势。不仅如此，全国各地的各级、各类学校开展的班级文化建设、竞赛的新闻报道在网络上几乎随处可见，在优酷、腾讯、爱奇艺等视频网站上的各种班级文化展示的视频比比皆是。实践证明，优秀的班主任总是自觉或不自觉地开展班级文化建设，也正是因为他们善于从班级文化的层面驾驭班级管理，因而他们的班主任工作往往既是高效的，也是十分轻松的。

一、班级文化的基本概念

文学界有一句名言，有一千个读者，就有一千个哈姆雷特。这句话稍微修改一下，放在人文社会学科相关专著或教材对于某一概念的定义中，也是适用的，那就是“有一千个研究者，就有一千种定义”。然而，对于班级文化概念的定义不仅涉及班主任怎样认识班级文化的本质及特点，也在很大程度上决定了班主任在开展班级文化建设的过程中是否能够有效把握这一概念。实践表明，很多班主任之所以在班级文化建设的问题上事倍功半甚至徒劳无功，是因为其失误的根本源头在于对班级文化概念的错误理解。

下面是重庆水江镇中心小学金星老师对于自己班级文化建设的感悟。

案例呈现

实践改变了我的班级文化观①

以前，如果你问我班级文化是什么？我会告诉你：班级文化就是教室门口的“班级名片”，教室里的标语口号、名言警句、书画作品，图书角、卫生处、饮水机。如果你现在要问我班级文化什么？我会告诉你：班级文化是一种精气神，是学生在各种活动中形成的班风、学风，不仅能看得见，还能听得到，更能感受得到。

一年前，我成了“小蚂蚁”中队的一员——既是语文老师，也是包班教师。据我初步了解：这帮孩子学习成绩很不错，大多数学生家庭条件不错，有特长的学生不少。只可惜教室清洁卫生老是打扫不彻底，桌椅板凳总是摆不整齐，早晨走进教室基本听不到读书声，饮水机上经常是空空的饮水桶，大晴天教室的灯老是亮着，讲桌上总是乱糟糟的，课堂作业本总是不能按时交齐……

我再看看“班级名片”——小蚂蚁中队，如蚂蚁般分工协作、团结勤奋。可是那些漂亮的图画、工整的文字、温馨的提示似乎就是一块块冰冷的广告牌，除了让墙壁多了一点儿色彩以外，没有任何意义。这怎么能行呢？我要让这些死气沉沉的广告牌“活”起来，让班级文化的精髓，践行于孩子们的行动中，印在他们的脑海里，让班集体的精气神展现出来。

蚂蚁精神就是一种协作的精神，协作就得分工明确，尽职尽责。我利用班会课在班里开展了“竞聘班级服务员”的主题活动。

我让同学们拟出了服务岗位及职责，例如“黑板美容师”“节能小天使”“环保小卫士”“文明小标兵”“饮水快递员”“蛋奶工程师”“晨读领诵家”等等，光听这些新鲜而光荣的岗位名称，同学们就兴奋不已，个个跃跃欲试。

班上那个胖墩墩、成绩最差、书写一塌糊涂、上课从不举手回答问题的小

---

① 金星. 让班级文化“活”起来[J]. 今日教育，2014(4)：49.

钦同学，看着好多岗位都被选走了，竟然也红着脸操着一口粗声粗气的“川普”说：“我的力气最大，我想竞聘饮水快递员，保证同学们每天都有纯净水喝。”看着他那憨憨的样儿，同学们笑得前俯后仰，一向严肃的我也不禁被他逗笑了。十秒钟后，我马上宣布举手表决，同学们个个都高高地举起了手，小钦一蹦三尺高。

我们还拟定了“奖惩换届条例”，每月考评一次，服务差的、不尽责的要被淘汰；服务到位的、尽职尽责的要奖励“星级奖卡”。“班级服务员”民主选举产生后，同学们猴急地投入到了工作岗位中：卫生打扫彻底了，桌椅摆放整齐了，按时关灯、关风扇的习惯养成了，早晨教室里也有读书声了……特别是王悦同学，从竞聘上岗以来，从没被淘汰过。每次预备铃响后，总是能看见她非常麻利地把讲桌上的书本整理得整整齐齐，轻轻地用抹布把粉笔灰拭去，给老师灌满一杯热开水。她已经成了我班的“班级服务之星”。

一年很快过去，我们班的班级文化活起来了，孩子们懂得了在集体中要分工协作，领悟到了尽职尽责干好工作，给别人带去快乐和方便时，自己也享受到其中的幸福的道理。

蚂蚁精神就是团结勤奋的精神。有一次，学校要举行拔河比赛，让我意想不到的是，同学们个个垂头丧气：“年年比，年年输，我们从来没有赢过一班。”我告诉他们：“马步要扎稳，心往一处想，劲往一处使，口号喊到嗓子哑。”第二天体育课我们就和一班的同学切磋了一下。同学们大声齐呼，声音一浪高过一浪。大家跟着号子声一起使劲用力拉，毫不退缩。尽管没有拉过来，但也整整僵持了一分多钟。虽然输了，但是同学们看到了胜利的希望，感受到了团结的力量。

从那以后，同学们更加团结了，经常看到他们在小组内互相抽背课文，听写生字，讲解难题。做清洁时再也没人偷跑了，分发鸡蛋牛奶时也没有争抢了，要是哪位同学生病呕吐了，邻座的同学会主动帮忙清理，还会为生病的同学递来热开水……

现在每当我走进教室，看到墙壁上那些“写真广告牌”，不再感到冰冷死板，它们似乎在召唤着这群“小蚂蚁”齐心协力、团结奋进地把知识和美德、健康和快乐这些“美食”搬进自己的家。

重庆水江镇中心小学金星老师的班级文化建设经历了两个阶段，第一阶段是基于片面认识的班级文化建设，其效果是看到“温馨提示”等的班级文化标志，“似乎就是一块块冰冷的广告牌，除了让墙壁多了一点儿色彩以外，没有任何意义”；第二阶段是通过把班级文化的主张落到实处，让班级文化“活”了起来，当再次看到墙壁上那些“写真广告牌”时，已经“不再感到冰冷死板，它们似乎在召唤着这群‘小蚂蚁’齐心协力、团结奋进地把知识和美德、健康和快乐这些‘美食’搬进自己的家”。从这一过程我们能够看到当前我国中小学班级文化建设的现状，金星老师第一阶段的班级文化建设，具有一定的代表性，是班级文化建设的重要误区之一。当然，在此我们也不难发现金星老师的觉察力和敬业精神，他能够感觉到错误的班级文化建设的无效，并且能够迅速地采取措施让班级文化焕发活力。

那么，班级文化的概念是什么呢？针对当前班级文化建设的现状，结合金星老师的班级文化建设实践，本书做出如下定义：班级文化是存在于班级当中的组织文化，是学校文化的亚文化，它是全体学生在班级学习和生活中逐渐积淀形成的共同价值取向、共同思维特征和共同行为特征及其表现。

二、班级文化的基本构成

（一）班级文化基本构成的划分方式

班级文化的基本构成不是基于班级文化内部不同主体或者不同场域的划分而形成的班级亚文化的区分，前者在班级文化建设的研究中有诸如教师文化、小团体文化之类的区分，后者有诸如小组文化、寝室文化、课桌文化之类的区分。分析班级文化的基本构成，目的是为了抽象地划分班级文化的构成要素和构成层次。研究班级文化基本构成的划分，有助于加深对于班级文化性质和特征的理解。班级文化的基本构成，目前有二分法、三分法、四分法等几种不同的划分方式（详情见表5-1）。

表5-1　班级文化基本构成的几种划分方式

<table>
<tr><th>方式</th><th>构成层次</th><th>构成要素</th><th>内　涵</th><th>特　点</th></tr>
<tr><td rowspan="2">二分法</td><td>显性文化</td><td>班级标志、教室环境布置、班级规章制度、班级成员的行为。</td><td>人们能够直观感受到的内容，是精神的物化产品和行为表现。</td><td rowspan="2">将班级文化分为两个层次，便于操作、便于理解班级文化的本质。</td></tr>
<tr><td>隐性文化</td><td>班级价值观、班级精神、班级道德规范、班级个性等。</td><td>精神层面的要素，是班级文化的核心。</td></tr>
<tr><td rowspan="2">三分法</td><td>精神文化</td><td>同上</td><td>同上</td><td rowspan="2">最主流的划分方式，该划分方式与管理学中的CIS，即企业综合形象识别系统的结构（分别是理念识别、行为识别和视觉识别）吻合，</td></tr>
<tr><td>行为文化</td><td>班级行为的日常表现、习惯等。</td><td>班级精神文化在行为层面的体现，与行为文化合起来，就是班级显性文化。</td></tr>
</table>

续 表

方式	构成层次	构成要素	内 涵	特 点
	物质文化	班级标志、教室环境布置、教师和学生的仪态仪表，等等。	以物质形态呈现的表层的班级文化，基本特点是看得到的，因此又被称为视觉文化。与行为文化合起来，就是班级显性文化。	因而在理论上有互通性的特点，且便于操作，因为班级文化的有效传播，就是班级品牌。
四分法	精神文化	同上	同上	最细的划分方式，其中制度文化的单列，有重要的实践意义。
	制度文化	班级的各种成文和不成文的制度和规定。	体现班级行为规范，是外显文化凝聚为内隐文化的桥梁。	
	行为文化	同上	同上	
	物质文化	同上	同上	

注：本表由作者根据相关研究编制。

（二）班级文化基本构成的磨盘结构

通过以上分析，本书选择其中的三分法来解读班级文化的基本构成，并对其做进一步的阐释。如图 5-1 所示，从整体结果上看，不仅从班级物质文化到班级行为文化再到班级精神文化，是一种由文化外壳到文化内核的递进关系，而且班级文化好比是一个磨盘，班级精神文化就是其磨心，班级行为文化和班级物质文化都要围绕着班级精神文化转。班级精神文化决定和支配班级行为文化和班级物质文化，与此同时，班级行为文化和班级物质文化又体现和支撑班级精神文化。

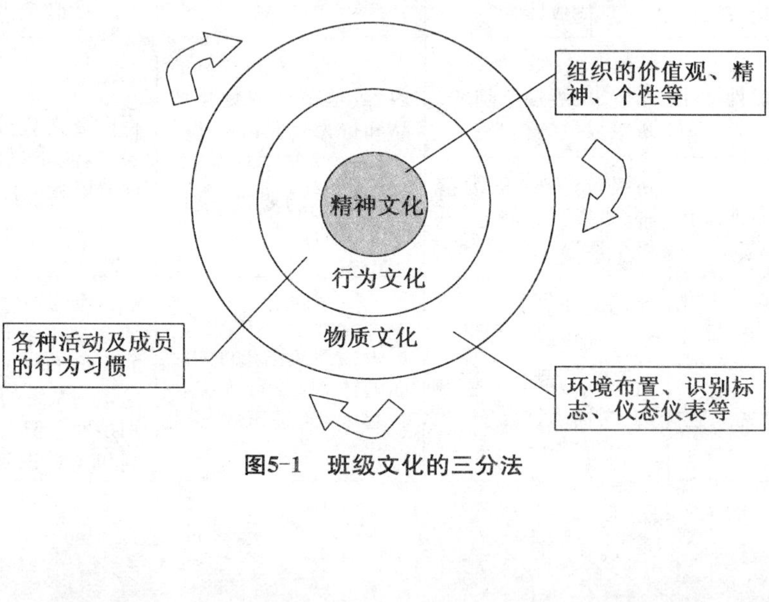

图5-1 班级文化的三分法

班级文化是一个以精神文化为核心的有机整体，对班级文化的理解必须有整体观念。片面地将班级文化理解为班级文化的某个层面，或者认识到班级文化的三个层面但却看不到它们之间的联系，都是对班级文化的错误理解。只有形成对班级文化的正确理解，才能为建设良好的班级文化打下基础。

为了更加清晰地说明班级文化的基本构成，我们来看看著名教育改革家魏书生在其依“法”治班的管理模式中的一个细节。魏书生的班级管理中有一个“班级要做到‘八有’”的举措，即班级要有“鱼、花、窗帘、纸篓、痰盂及洗手、饮水、理发用具”[①]。“八有”是摆设在教室中的物质设施，毫无疑问的是班级物质文化。这个看似简单的举措背后，却包含了丰富的班级文化内涵。魏书生的依“法”治班作为一种成熟的班级管理模式，各个管理措施之间已经自然地形成了内在的联系。魏书生班级管理模式的突出特点就是“事事有人做”和“人人有事做”，每一项班级管理事务都有专人负责，每一位同学都负责对应的班级管理事务。在“八有”这一物质文化建设举措的背后是“八员”，即有八名同学分别专项负责管理这八样物质设施。从“八有”到“八员”，是班级物质文化与班级行为文化的连接。不仅如此，魏书生班级管理的核心目标就是“民主”与“科学”，前者的内涵是学生自主管理，后者的内涵是制度管理。关于“八员”负责“八有”，在魏书生的班级制度中有明确规定，因此，“八有”的背后不仅体现了班级行为文化，而且体现班级精神文化。

三、班级文化的作用机制

如前所述，组织文化建设的管理效能远远高于制度建设和个人改造的管理效能，良好的班级文化在班级管理中能够发挥事半功倍的重要作用。过去人们对于班级文化功能的研究主要停留在“是什么”层面，而且对于班级文化功能的概括基本上借鉴了管理学研究中对于企业文化功能的概括，将其概括为导向功能、约束功能、凝聚功能、激励功能和辐射功能等。事实上，关于班级文化功能的表述可以是多种多样的，因此关于班级文化功能“是什么”并不十分重要，重要的是班级文化功能“为什么”。

如图5－2所示，在班级文化建设的过程中，班级行为文化和班级物质文化通过一定时期的积累，会逐渐积淀成为班级精神文化。也就是说，班级文化建设中作为行为层面的各种各样的活动以及学生和教师的各种言行举止，作为班级物质文化的各种张贴和摆设，最终都是为了一个目的——凝聚成班级精神文化。对于一种比较成熟的班级文化而言，班级行为文化和班级物质文化则是这特征的表现。

---

① 魏书生．班主任工作漫谈[M]．桂林：漓江出版社，2014：132.

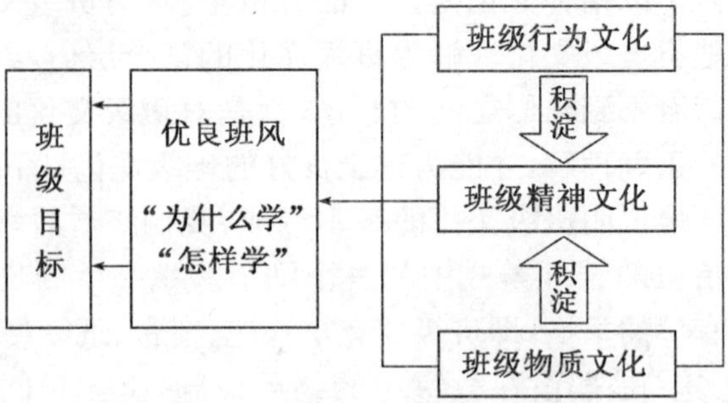

图 5-2　班级文化建设过程图

那么，班级文化凝聚成为班级精神文化之后，又是如何发挥作用的呢？班级精神文化主要包括班级价值观、班级精神和班级个性三个要素，也就是前面提到的班级成员共同的价值取向、思维特征和行为特征。目前，学界关于班级精神文化三个核心要素的界定是比较模糊的，然而，要真正理解班级文化的作用机制，就必须对它们进行有效区分和界定。"班级文化"不同于"班级的文化"，后者是在班级中自然存在的一种组织文化，而前者不仅是一种状态良好的"班级的文化"，而且是一种有目的、有规划的组织文化，因此对班级精神文化的构成要素做出适当的区分和界定是十分必要的。班级价值观是班级全体成员共同的价值取向，是学生对于个人成长的取向。通俗的概括，班级价值观是学生认同的"为什么要学习"和"要成为成长什么样的人"的观点。班级精神体现的是学生的精神风貌和精神状态，要解决的是学生"怎样学"的问题。具体是指学生在践行班级价值观的过程中，即努力学习和自主发展过程中的一种积极向上的精神，因为它是支撑班级价值观的。班级个性的班级全体成员在践行班级价值观的目标中表现出来的集体个性，是班级文化趋于成熟的表现。班级个性既能够体现班级价值观，也能够支撑班级价值观。

第二节　班级文化建设的重要实务

一、班级文化整体概念设计

马克思曾说："蜜蜂建筑蜂房的本领，使人间的许多建筑师感到惭愧。但是，最蹩脚的建筑师从一开始就比最灵巧的蜜蜂高明的地方，是他在用蜂蜡建筑蜂房以前，已经在自己的头脑中把它建成了。”①

蜜蜂建造的蜂房具有完美的六边形几何结构，这确曾令人类叹为观止。然而，这完全归功于蜜蜂遗传而来的本能，是不需要经过事先设计的。人类建筑师就不同，即使如马克思讲的最差劲的建筑师，在建造房子的时候，心中都会事先有一个“蓝图”。古往今来任何一个高明的管理者，在从事某项活动时往往都是有“蓝图”的。著名的《隆中对》就是诸葛亮为刘备集团设计的政治“蓝图”。诸葛亮出山以后，基本上是按照其中“先取荆州后取川”的战略规划一步一步执行的，并实现了预期的魏、蜀、吴三足鼎立格局。中国共产党领导中国革命时也有一个“蓝图”，那就是通过“农村包围城市”的战略完成民主革命，建立社会主义的新中国，历史很好地证明了这一点。

班级文化建设也需要一张“蓝图”，班主任要做“建筑师”，不要做“蜜蜂”。有人会问，蜜蜂没有“蓝图”，不一样造出完美的蜂房吗？问题是，我们没有哪一位班主任拥有与生俱来的建设良好班级文化的本能。“只拉车，不看路”的班主任，是建不好班级文化的。

然而，人的处事风格是有差异的，班主任的管理风格也是不同的。有的班主任可能喜欢即兴表演，习惯于“草鞋没样，边打边像”地建设班级文化。有的班主任就恰好相反，他们凡事先规划再执行，按部就班。这两种做法都不缺少成功的案例，这样看来开展班级文化建设之前有没有“蓝图”又似乎无关紧要。

其实，不管哪种做法都是有“蓝图”的，班级文化就是在“计划”与“变化”的动态平衡中建成的。“边打边像”的做法表面上看没有“蓝图”，但在实际上还是存在一个大致的思路或方向的。没有这个实际上的“蓝图”，凭运气建成班级文化的可能性是很小的。“按部就班”的做法，也时常会出现“规划不等现实”的现象，预定的路线和目标可能会受到冲击，但只要用心，还是可以坚持到胜利的。当然，预设的内容也有可能会发生重大改变。

那么，怎么为班级文化设计一张“蓝图”呢？班级文化建设的“蓝图”，主要就是对班级文化各种要素及其相互关系进行规定。因为这些规定是以班级精神文化为中心的各种概念，所以我们就称其为整体概念设计。具体情况是复杂多变的，我们不能制定出一个详细的“流年”来，但有几点是可以把握的。

（一）结合班情对班级文化的核心概念进行定位和提炼

班级精神文化在班级文化中起着提纲挈领的作用，因此，概念设计首先就要结合班情对班级精神、班级价值观等核心要素进行定位和提炼。这些核心概念

① 中共中央马克思恩格斯列宁斯大林著作编译局编译.马克思恩格斯文集(第5卷)[M].北京：人民出版社，2009：208.

的提炼不能急于求成，需要经过长期的调查，深入了解班级情况以后才能做出来。脱离班级实际"设计"出来的班级精神或班级价值观，只能导致花瓶式的班级文化，好看不中用。企业文化中类似的情况比较普遍，值得我们借鉴。著名的职业经理人，曾任微软大中华区总裁的唐骏，在一次关于组织文化建设的讲座中指出，他能概括出每一位听众所在企业的企业文化，因为很多企业文化的核心价值都是用"诚信""公平""敬业"等"药铺里的甘草"一类的词汇来表达的，这就没有反映企业的特色。有些班主任选择广告词、歌词或者名言警句作为班级精神，其表达班级精神的语言形式可能非常精彩，但是一旦这种表达没有建立在本班特色之上，那就是一句飘在空中的口号。相比较之下，那些未明确带上班级精神的帽子，但又在班级管理的实践中践行到位的口号，反而是很实在的班级精神的体现。著名教育改革家魏书生在总结其班级管理模式的著述中无一字提及班级文化或班级精神的概念，但"民主与法制"的理念在其班级管理中却无时无处不在。[①] 北京广渠门中学"宏志班"的班训"六个特别"："特别有礼貌，特别守纪律，特别能吃苦，特别能忍耐，特别有志气，特别有作为。"在学生平时的学习和生活中也表现得淋漓尽致。[②]

（二）确定班级精神文化各要素之间的关系

作为班级文化的一个子系统，班级精神文化自身也有一个完整的体系。班级文化的整体概念设计除了首先要考虑概念与现实之间的衔接之外，还要考虑班级精神文化中各个要素之间的关系。

第一，要注意提出班级精神、班级价值观、班级个性等要素的先后顺序。在进行整体概念设计的时候，不一定要按照一般理论原则把班级精神文化的各个要素都表达出来，可以根据情况选取最关键的先表达。从班级文化的职能机制来看，班级精神和班级价值观是必须要有的，班级个性、发展战略、甚至班级目标等问题则可以在实践中慢慢摸索。当然，根据形势的需要，也可以打破这个规律。

第二，要理顺各个要素之间的逻辑关系。不管你设计的班级文化概念有多少个组成要素，也不管你的设计突出的是班级精神还是班级价值观，都要围绕学生"为什么学"和"怎样学"这两个问题展开，形成一个完整的体系。某班主任设计了一个"仁智班"的整体概念，"仁"和"智"可以说就是其班级价值观了。"仁"可以理解为对学生德育的发展要求，"智"的含义就不言而喻了，这种班级文化实

---

① 周勇. 魏书生管理模式中的班级文化[J]. 教育理论与实践，2008(3)：22.

② 吴甡. 坚持以人为本，探索学校管理机构改革——来自北京市广渠门中学的报道[J]. 教书育人，2006(1)：8－10.

际上就是要培养品学兼优的学生。该管理理念凸显了“管理思维”向“服务意识”转变，这可以说是“仁”的一种很好体现。在考试还非常重要的今天，“智”可能更为重要，“仁”是为“智”服务的。但从刘老师的文案来看，似乎“仁”有余，“智”不足，因此，需要在这方面加强。

（三）整合班级精神文化与班级文化其他构成的关系

班级文化是精神文化、行为文化、物质文化有机结合的一个整体，班级文化整体概念的设计，最后要以班级精神文化为核心处理好三者之间的关系。任何一种组织文化，只有良好的精神文化，而没有行为文化和物质文化与之配合，其整体效能一定会被抵消。一个生产日化用品的企业，主张“洁净、美白”的核心价值观，但它的生产车间却很脏乱、员工衣着也不甚整洁，那它的企业文化的效果就是可想而知的。一家以“仁爱”为企业价值观的医药公司，当它的员工在大街上看到因病晕倒的老人或妇女时，不是主动去救助，而是唯恐避之不及，那我们能说这家公司的企业文化是“仁爱”的吗？

北京中南海新华门里的照壁上，写着“为人民服务”五个大字，这是党的宗旨在物质文化上的体现，也是一种核心价值观。中国人民解放军的为人民服务，在保卫祖国边疆的时候会眉头也不皱地用身体滚地雷；在抗洪抢险的时候奋不顾身地冲进激流之中；在遇到歹徒行凶的时候会路见不平一声吼，这是在行为文化上的体现。正因为如此，才会有“红色管理”的兴起，美国国防部在20世纪80年代也曾号召美军“向解放军学习”。这些都值得我们在班级文化建设的过程中学习和借鉴。

二、班级精神的提炼与表达

20世纪90年代初，被誉为中国公关第一人的王力先生，在其著作用一句“把萝卜刻成花”概括了公共关系活动的特点。萝卜本来是很普通的蔬菜，味道很一般，外表也并不美观。然而，高明的厨师却可以把它雕刻得像艺术品一样精美。这样，一件很简单、很普通的东西，就包含了丰富的内涵。

在班级文化建设中，最需要像刻萝卜花一样去处理的事情，莫过于班级精神的提炼。班级精神是班级精神文化的核心，也是班级文化的核心。有人认为它是班级文化的基因，它几乎包含了班级文化的所有信息。也有人认为它是班级文化的灵魂，它主导了班级文化的发展方向和职能的实现。因此，能不能提炼出一种学生乐于接受的班级精神，是班级文化建设成功与否的关键。班级精神的提炼在一定程度上与广告词的创意或者品牌核心价值的界定类似，但班主任既没有像企业那样充足的资金和人才，也没有像企业那样丰富的传播渠道，因此，提炼班级精神只能在小材料上做大文章。具体来说，有以下三个方面的分析。

（一）语言要精练

对班级精神提炼和表达，虽然说不上千锤百炼，但至少也要做到反复推敲，语言要精练，不能搞速食文化。某班主任在班级文化建设之初，就向学生提出了“要成为最棒的班级”这样一个口号。不久，学生就在教室里写出了“we are the best”的标语，但班主任认为太直白，不含蓄。万一做不到“best”可怎么办？因此，在老师的建议下，学生又写出了“we'll be the best”由现在时变成了将来时，既有了回旋的余地，又体现了一种动态的追求，明显好多了。但班主任还不满意，因为这句读起来不顺口。最后，学生用“to be the best”进行了表达，一个动词不定式，简洁明快，含蓄内敛。①

（二）内容要实在

班级精神的提炼也要做到实在，花哨的、专业的概念如果与班级特色不相符，班主任提炼出来的这种班级精神只能让班级文化建设的努力流于一纸空文。班级精神的提炼要做到实在，就是要考虑学生的认知水平，诸如专业、年级、个性、地域心理等因素都要纳入考虑范围。“我们与众不同”这样的班级价值观拿给高中生用是比较合适的，给学艺术的大学生用就更适合了。然而，用于初中生，尤其是低年级的学生，恐怕就不大合适了。井冈山革命斗争时期，毛泽东为中国工农红军制定的三大纪律中，“不拿群众一个红薯”的表述，可谓经典。语言看似简单，却包含了丰富的思想内涵，既体现了中国共产党全心全意为人民服务的宗旨，也符合以农民为主体的红军战士的认知特点。在当时湘赣边界的农村地区，向来自农村的红军战士宣讲“红军是无产阶级领导的军队，不能侵犯群众的利益”，他们肯定是听不懂的。在班级文化建设中提炼班级精神的时候，也要有这种实事求是的作风。

（三）操作要灵活

全国著名语文特级教师钱梦龙曾经指出，在教学活动中，学生是主演，教师是导演。其实，班级文化建设的道理也是一样的，班主任虽然是班级文化的设计者和引导者，但班级文化建设最终还要依靠学生实现，班级文化建设的目的也是为了学生的全面发展和主动发展。在很多时候，班级文化的活力和魅力，就是由学生创造出来的，发挥学生的主动性和创造性是班级文化建设的必然要求。因此，不仅班级制度的制定和重大事情的决定可以适当“由学生举手表决”，而且班级精神的提炼和表达也可以适当让学生自主决定。

---

① 周勇．只要用心，萝卜可以刻成花——怎样有效提炼和表达班级精神[J]．河北教育（德育版），2013(10)：29.

在提炼班级精神的具体行动中，是完全由学生自己概括，还是由老师概括，或者是老师引导以后再由学生自己概括，是一个值得注意的问题。一般而言，在坚持学生主体性原则的基础上，要体现操作的灵活性。前面讲"语言要精炼"的时举的"to be the best"的例子，实际上就是在老师的主导下，学生自主完成班级精神提炼的，原则性与灵活性结合得比较好。当然，如果把提炼班级精神与后面将要讲到的班级文化操作模式结合起来考虑，那问题就更复杂，操作也就需要更灵活了。

班级精神的提炼和表达要达到"把萝卜刻成花"的效果，需要有一定的积淀，是厚积薄发的结果。如果班主任已经有丰富的管理实践，"厚"在有长期的经验积累，在掌握了比较充足的信息以后就可以比较轻松地把班级精神准确地提炼出来。如果班主任是新手，则应该在充分了解学生的基础上，有意识地塑造一种适合本班的班级精神，并坚持不懈地把学生的思想、行为引向这种精神。

三、班歌的创作与传播

随着班级文化理论的推广，"班歌嘹亮"已经成为班级管理中一种比较常见的现象。传唱班歌已经远远超出唱歌本身的意义，常唱班歌能够对学生产生潜移默化的教育作用，比空洞的说教更能深入人心。不仅如此，班歌还是班级精神文化的重要载体，能够很好地表达和传播班级精神、班级价值观、班级个性等班级文化的核心要素。在对已有的班歌研究做文献分析的基础上，结合作者本人开展班级文化建设的实践及反思，本文对在班级文化建设中如何创作和传唱班歌做以下探讨。

（一）班歌创作的三种基本模式

1. 自编新歌

自编新歌模式，是指班歌的旋律和歌词都由班级自行创作。自编新歌的好处是可以根据班级文化的需要填写歌词，从而准确地将班级精神及相关内容表现出来。其不足之处是，自编班歌的旋律和歌词不能像流行歌曲那样因广为传唱而让人耳熟能详，因而缺乏传播基础，让学生从内心自然地接受有一定难度，班歌能否传唱开来是一个关键问题。自编班歌对创作者的音乐素养和文学素养提出了较高的要求，创作者不仅要准确表达班级精神及相关内容，更要注意为所创班歌建立起良好的传播基础。

从已有的研究来看，在自编新歌时解决传播基础问题主要有两方面经验：第一，发动全班学生参与班歌歌词的创作，以此让学生关心并投入事关班级发展的活动中来。学生感兴趣并为之努力的班歌，是比较受学生欢迎的。第二，在班歌旋律创作上请有较高知名度的音乐专业人士主持或参与，不仅可以做到旋律优美，而且可以产生一定的"名人效应"，从而提高学生的兴趣和对班级的归属感。李镇西老师在1983年为其所带的班创作班歌时，根据学生提出的请作曲家谷建芬帮助谱曲的提议，在作文课上安排每位同学给谷建芬写一封信，通过这种信件往来，不仅完成了请名家谱曲的愿望，也在班歌创作过程中在事实上请到了一位重量级的课外辅导员。① 江苏盱眙县穆店中学马培文老师在组织班歌旋律创作时，写信向《歌曲》杂志编辑部求助，辗转获得中央民族乐团的帮助。②

2. 借用名歌

借用名歌模式，是直接把与班级文化内涵相符的经典名歌用作班歌。借作班歌的歌曲早已耳熟能详，具有较好的传播基础，因而易于推广。与此同时，因为歌词并不是为班级文化创作的，之所以被借用是因为其中有与班级精神相符的内涵，所以在该模式下产生的班歌与班级文化在匹配上会存在一定的问题。班主任通常要经过长期观察和思考，或者是通过学生群策群力，才能选准歌词与班级文化相符的歌曲。事实上，要找到一首完全与班级文化匹配的名歌金曲几乎不可能，真正发挥作用的，或者说能够入选班歌的，往往是歌词中的"点睛之笔"，即歌词中能体现班级精神的精彩词句。有时，这种"点睛之笔"可能是在长期思索后的"偶然发现"中找到的。比如：某班虽然良好班风已然形成，但班主任对于如何提炼班级精神以及用什么方式传播班级精神，却没有自己满意的方案，一直处于思索之中。为此，该班主任曾组织以"我心中理想的某某班级"为主题的班会，甚至想过借鉴解放军的《十大军事原则》来概括班级优良传统，但都未能如愿。一次偶然的机会，班主任看到一篇关于步步高创办人段永平的报道，为心头萦系已久的班级精神提炼找到了灵感，于是，借用林依轮主唱的《步步高》作为班歌。歌词中那句"要做就做最好"，就是点睛之笔，与班级精神很匹配，是选作班歌的理由。③

3. 化用名歌

很显然，自编新歌和借用名歌两种班歌创作模式都各有优点，同时也有各自的缺点。在最近十年的实践中，形成了一种把二者优点结合起来的新模式——化用名歌模式。化用名歌，就是把名歌金曲的旋律借过来，把原来的歌词去掉，再根据班级文化的需要填写新词。借用名歌的旋律，有效利用了名歌金曲的耳

---

① 李镇西. 班歌的诞生——我的从教之路(六)[J]. 语文教学通讯，2003(7)：21－23.

② 马培文. 中央民族乐团为我们谱班歌[J]. 江苏教育，1982(8)：16－19.

③ 周勇. 我是怎样建设班级文化的——一位博士的班主任生涯回顾与反思[M]. 成都：四川教育出版社，2010：86－88.

熟能详所形成的传播效应，而据此填写新词则能很好地表达班级精神及相关内容，从而避免了原有歌词与班级文化在匹配上的问题。

事实上，化用名歌金曲旋律的做法，在流行歌曲的创作中并不少见。早在20世纪40年代初，为表达对共产党、对毛泽东的敬仰之情，陕北农民歌手李有源就化用陕北民歌《骑白马》的曲调，重新编创歌词，创作了后来举世闻名的歌曲《东方红》。20世纪50年代末，儿歌作家潘振声化用沪剧《紫竹调》的旋律，从自身工作实际中提取素材，创作了儿歌经典《一分钱》。20世纪90年代曾经风靡一时的歌曲《九百九十九朵玫瑰》，也是从我国的民歌精华——《彝族舞曲》中抽取旋律填词而成的。总之，化用经典旋律，再根据需要编写新词，无论在历史上还是现实生活中，都是音乐创作的一种行之有效的形式。虽然，目前尚不清楚音乐界的化用现象是否对教育界的班歌创作产生直接影响，但可以肯定的是，班歌创作的化用模式应该是目前最理想的选择。下表为三种班歌创作模式的比较。

表5-2　三种班歌创作模式比较①

创作模式	运作方式	主要优点	主要缺点	操作要点
自编新歌	自行谱曲 自行填词	歌词可根据班级文化的要求编创，因而与班级文化相符。	缺乏传播基础，学生难以从内心接受，推广有难度。	注意为所创班歌建立起良好的传播基础。
借用名歌	直接把与班级文化的内涵相符的经典名歌用作班歌。	因旋律和歌词已耳熟能详，具有传播基础，易于推广。	歌词与班级文化匹配的可能性和相容性都比较小。	通过长期观察和思考，选准歌词与班级文化相符的歌曲。注意歌词中是否有“点睛之笔”。
化用名歌	化用经典名歌的旋律，根据班级文化的内涵和要求自行填词。	旋律熟悉，易于传播；歌词自编，完全符合班级文化的要求。		群策群力 编好歌词

（二）班歌创作的基本原则

1. 创作主体应是全体学生

钱梦龙老师曾指出，语文教学中“老师是导演，学生是主演”。把它对应到班级管理中来，班级文化建设就是一部“老师导演，学生主演”的“电视连续剧”。因

① 周勇．班级文化建设中班歌的创作与传播[J]．教学与管理，2013(6)：26-29.

此，班级文化建设必须坚持以学生为主体的原则。班歌作为传承班级精神的载体，其创作不仅需要班主任用心引导，更需要学生主体性的有效发挥。如果只有班主任唱独角戏而没有学生主演，就可能出现尴尬局面而不自知。比如让学生觉得“班歌，有时只是老师想法的延伸，是师命难违的无奈”，因此，在相关活动结束之后“大家再也没唱过（班歌）”。① 又如某班主任在把自己选定的班歌拿给学生看，面对歌词，学生“顿时晕倒，胃中一片排山倒海”。②

进一步讲，学生在班歌创作中的主体地位不能体现在简单的有学生参加，而是要尽量照顾全体学生的感受。某高三文科班 60 多个学生中只有 5 个男生，女生选了当时很流行的《挥着翅膀的女孩》作为班歌，男生完全被过滤了。于是，有一天班歌响起，当女生们一起唱到“see me fly”时，“从教室的角落里突然不约而同地响起了五个粗犷的嗓音‘洗——面——奶’”。虽然引得满堂大笑，前来巡视的班主任也被逗乐了，但最终“班歌实在唱不下去了”。③ 要使班歌获得全班学生的认同，就要尽最大可能发动全班学生参与到班歌创作中来，实现群策群力。

当然，如果班主任事前做足功课，或者其所确定班歌歌词确能表达班级学生的共同情感，那么其亲自创作或选定的班歌就能获得广泛认同。除此之外，班歌创作一般不要由班主任直接担当，而应充分发挥学生的主体作用。

2. 创作内容应该贴近生活

从某种程度上讲，班歌创作就是班级这个具体而微的小社会中的文艺创作，因此，它也要坚持贴近生活的原则才具有生命力。对此，我们不妨以校歌做类比。只要稍加留意，就会发现一个奇怪的现象。为了传播校园文化，大部分高校和不少中学都自编有校歌。它们的歌词和旋律都很优美，不过，校歌虽好，唱的人却很少。为什么呢？答案很简单，因为太过高雅，脱离了学生的实际生活与感受。一般而言，校歌的旋律都比较庄重，自编班歌的旋律也大多有这个特点。问题更突出的是歌词，经常会像学生感觉的那样“歌词有点文绉绉的”。④ 班歌创作脱离了学生的生活实际，班歌也就失去了传播基础。因此，无论旋律还是歌词，班歌创作都要与学生的生活实际紧密联系起来，都要与学生的发展状况、兴趣爱好和情感情绪结合起来。

时代是不断变化的，而且变化节奏越来越快，班歌创作有必要感受并跟上时代的变化。20 世纪八九十年代，自编班歌会有很好的传播效果。“少先队有队

---

① 丁丁. 班歌，你喜欢吗[J]. 中学生百科，2011(15)：12－13.
② 竹吉. 班歌风波[J]. 作文大王（中学版），2007(12)：31－32.
③ 丁丁. 班歌，你喜欢吗[J]. 中学生百科，2011(15)：12－13.
④ 竹吉. 班歌风波[J]. 作文大王（中学版），2007(12)：31－32.

歌，学校有校歌，可一个班级有自己的班歌，似乎还是一件新鲜事。但唯其新鲜才会产生吸引力和号召力。"[①]现在，无论社会生产水平还是人们的文化需求，都已今非昔比，自编班歌的传播效果也会相应地减弱，因而班歌创作的方式也发生了重大变化。对已有的相关研究做统计，能较好地说明这个问题。（见表5-3）

表5-3 1918—2013中小学班歌创作模式统计[②]

（单位：次）

班歌创作模式	2000年以前	2000年以后
自编新歌	5	5
借用或化用名歌	0	14

注：本表由作者根据现有相关文献编制。

通过表5-3的数据分析我们可以发现：(1) 20世纪八九十年的班歌创作采取的基本上是自编班歌的形式，而2000年以来，主要采取的是借用或化用名歌的做法。(2) 2000年前后两个时期的数据对比表明，自编新歌作为班歌创作的一种基本模式，在今天仍然发挥着比较重要的作用。只要运用得当，自编新歌仍旧是一种较好的选择。当然，在今天的社会环境下采用该模式，对于班歌创作者的综合素质提出了更高的要求。(3) 无论是数据的横向比较还是纵向比较都表明，随着社会的发展，借用或化用名歌，利用其已有的传播效应为班歌造势，已经发展成为最主要的班歌创作模式。

3. 创作过程应当灵活多样

班歌创作虽然有三种基本模式，但每种模式的具体运用都应灵活多样。当前已有的研究中，大概有以下几种运用形式：

第一种形式，抓住各种有利于班级文化建设的契机，借势推出班歌。班级文化建设是符号行为与实体行为的有机结合，利用班歌传播班级精神是一种符号行为，它的有效性在很大程度上依赖于实体行为所创造的班级优势和班级特色及由此产生的"势能"。因此，在取得班级优势、体现班级特色，尤其是学生情感出现激荡和共鸣时，开展班歌创作这种符号行为活动，就会产生水到渠成的效果。[③] 比如：湖南省龙山县实验小学某班，李梅同学从三米高的地方摔到水泥地上，住院期间同学们轮流为其补习功课。这种同学之间的相互关心爱护，不仅增强了班级凝聚力，也创造了奇迹，李梅竟然在期中考试中取得年级第一名。感激

① 李迪明. 我们的班歌这样诞生[J]. 人民教育，1992(1)：19-20.

② 周勇. 班级文化建设中班歌的创作与传播[J]. 教学与管理，2013(6)：26-29.

③ 周勇. 我是怎样建设班级文化的[M]. 成都：四川教育出版社，2010：24.

之余，李梅写了一首反映全班心声的自由诗。在大家的建议下，又请音乐老师谱曲，最后一致推举其为班歌。①

第二种形式，在解决班级具体问题时意外收获班歌创作的果实。事实上，班级文化就是在解决一个个具体问题的过程中慢慢积淀起来的。好莱坞的纪实电影《热血教师》中，罗恩·克拉克老师提出的著名的五十五条班规，都是在解决班级的具体问题时形成的。其中第四条班规，是在纠正学生吃饭不排队的习惯后，启发学生形成的。班歌创作在不少时候，也是从解决班级管理中的具体问题入手而意外收获的。比如：某班的班歌是王力宏的《爱，因为在心中》，最初是为鼓励一位因病不得不退学的学生，由于其他同学为喜欢王力宏的他齐唱送别，后经大家提议将其变成班歌。② 江苏镇江实验小学某班，为解决开学第一天住宿生的恋家之苦，班主任用齐唱《相亲相爱》来开解，由此该歌演变成为班歌。③ 又如：通过与家长沟通，某班主任发现学生组织的周杰伦歌曲演唱比赛严重影响学习。于是，联想到"前几天无意中听到有孩子把流行歌曲的歌词改了，自己随便在唱，引得周围的同学哈哈大笑"，便带领全班以化用名歌方式集体创作了班歌。"从那以后，每天的自主八分钟（学生自主的午前特色活动——引者注）都能听到我们班嘹亮的歌声。"④

第三种形式，利用班歌创作对传统班级管理方法进行创新。班级文化建设是一种新型的管理方式，它具有"把萝卜刻成花"的特点，小小创意往往能获得大效果。对班级管理的传统方法进行适当创新，不仅在形式上令人耳目一新，而且在内容上也能与班级文化较好地衔接起来。班歌创作有时就是在这种情况下发生的。比如：湖南常德桃源师范某班，班主任有感于流行歌曲对学生的影响力，决定以班歌编创为形式组织文娱委员竞选。⑤ 江苏张家港塘桥高级中学曾组织全校性的"唱响班歌树班魂"活动，由师生共同创作的班歌响彻校园。⑥ 安徽马鞍山二中，在某次校运会期间，每班都展示了班旗和班歌，为校园运动平添风采。⑦

第四种形式，班歌创作可以"打组合拳"。成功的班歌创作也许是偶然的，但偶然背后一定有必然，事先一定有相关的积淀。其过程也应该是"一套组合拳"，看似简单的"一招搞定"，其实背后有很多其他因素在发挥作用。在现有的研究

---

① 黎燕. 班歌的诞生[J]. 湖南教育，2002(10)：15.

② 丁丁. 班歌，你喜欢吗[J]. 中学生百科，2011(15)：12－13.

③ 任嘉琪. 我们的班歌[J]. 小学生作文向导，2007(11)：38－39.

④ 王静. 班歌嘹亮[J]. 小学德育，2008(11)：32－33.

⑤ 龙熙银. 想起了咱们的班歌[J]. 湖南教育，2002(10)：23.

⑥ 陈志君. 唱响班歌树班魂[J]. 学校管理，2007(4)：55.

⑦ 徐顺. 班旗升起　班歌高唱[J]. 安徽教育，1994(11)：8.

中，李镇西老师在1983年组织学生创作班歌《唱着歌儿向未来》的案例[①]和江西省樟树市三桥初中陈小明老师创作班歌的案例[②]都是经典的“组合拳”，值得我们学习和借鉴。

（三）怎样用班歌传播班级精神

在现有的关于班歌的文章中，有不少都提及创作完成后班歌时常响起的现象。一方面说明了班歌创作的成功，另一方面也说明了班歌成为传播班级精神文化的途径。然而，目前的研究关注的大多是如何创作班歌，如何传唱班歌只是附带的，因此，相关描述都比较抽象。事实表明，如果只是抽象地理解班歌要时常唱起来，不看时机、不问场合地要学生唱响班歌，学生有可能因认知饱和而产生抵触情绪。结合作者本人的实践经验及反思，本文就怎样通过传唱班歌高效传播班级精神提出以下观点。

1. 班歌纳入班级礼仪，经常传唱

我国著名企业家、管理专家余世维曾在一次讲座中指出：“许多许多行为成为习惯，许多许多习惯成为文化。”习惯化的行为，尤其当这种行为上升为一种仪式时，可以加深组织成员对于组织文化的集体记忆。中秋节吃月饼和春节吃团圆饭，这是中华民族重要的仪式化活动。随着这种仪式化活动年复一年的进行，“家”的观念在中国人的心中根深蒂固。对于班歌传唱而言，唱国歌仪式有更加直接的借鉴意义，每当庄严的国歌唱响时，那令人热血澎湃的歌声就是最好的爱国精神熏陶。因此，要利用班歌传播班级精神并获得尽可能多的认同，首先要把唱班歌仪式化。在班级发展的重大活动、重要场合中，唱班歌要像唱国歌一样作为重要的仪式出现。通过这种方式，以一种比较庄重的氛围来强化班级精神。

2. 将班歌融进学生情感，胜战叩歌

如果只有传唱，不与班级发展的生动活泼的局面结合起来，班歌就不可能成为班级精神的有效载体，而只能成为一种普通的娱乐活动。因此，要强化班级精神，不仅在常规上要把唱班歌当作一种礼仪，而且善于创造和把握时机，积聚传播班级精神的势能，然后借势传唱。

班级精神实际上就是对取得班级优势和班级特色的优良传统的提炼，要使班级精神落到实处，而不是流于摆设，就要善于把握班级取得优势、彰显特色的有利时机，借着学生情绪高涨的有利态势，激发学生引吭高歌，从而把学生对班级的归属感和荣誉感与班歌结合起来。这种情况也就是古人所讲的“胜战之卒，

---

① 李镇西．班歌的诞生——我的从教之路(六)[J]．语文教学通讯，2003(17)：15．

② 陈小明．班歌悠扬：一次成功的校园歌曲引领尝试[J]．教师博览，2011(1)：31．

叩鞍而歌”。对于军队而言,“胜战”之后简单随意的“叩鞍”歌唱,不仅是一种喜悦之情的自然流露,更产生了一种激励士气、凝聚人心的强大气场。采取“胜战叩歌”的方式传唱班歌,不仅可以避免学生因认知饱和而产生厌烦心理,使嘹亮的班歌声绵延不衰,而且可以强化学生对班级精神的认同。这样,在以后遇到困难时,学生也许会情不自禁地想起班歌,甚至在潜意识里把班歌当作胜利的象征,将其作为激励自己的“法宝”。①

3. 对班歌进行适时解读,不断完善

班级文化是由精神文化、行为文化和物质文化三个子集构成的一个文化生态系统。班级精神作为班级文化的核心,也不是孤立的,而是与班级文化其他要素紧密联系而形成了一种有机形态。一般而言,班级精神的有机形态包括三个层面,即班级精神的符号象征、班级精神的内涵解读和班级精神的故事承载。(见图 5-3)

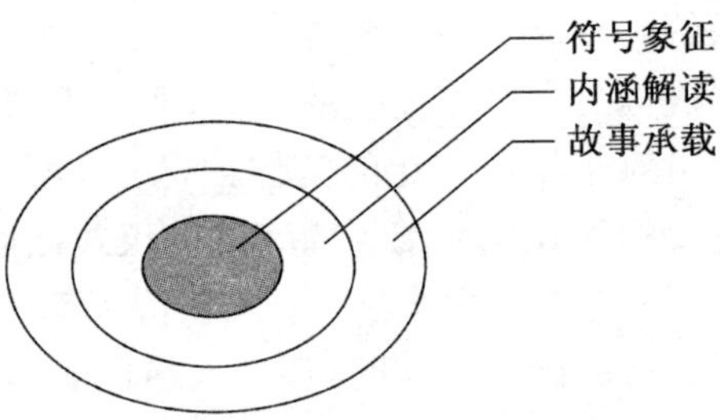

图 5-3　班级精神存在状态示意图②

班级精神的符号象征即平常所讲的班级精神,它往往被概括为一句很精炼的话。它是班级成员对班级精神产生集体记忆的标签,因而在很大程度上是象征班级精神的一种符号。班级精神的内涵解读则是对这种符号象征的完整诠释。对此,不妨以中国共产党的思想路线来做类比:“实事求是”是该思想路线的符号象征,其内涵解读是“一切从实际出发,理论联系实际,实事求是,在实践中检验真理和发展真理”,后者完整地诠释了前者。

班级精神的故事承载,实际上就是班级文化建设中能够体现班级精神的各种班级典故或者“班级传奇”。这大体上就是经典企业文化理论所主张的企业发展过程中的“story”,即蕴含了企业文化的、能够传播开来的关于企业的经典故事。③ 以

① 周勇.我是怎样建设班级文化的[M].成都:四川教育出版社,2010:88.

② 周勇.班级文化建设中班歌的创作与传播[J].教学与管理,2013(6):26-29.

③ 小阿瑟·A.托马森,A.J.斯特里克兰三世.战略管理学:概念与案例[M].北京:机械工业出版社,2002:408-410.

著名的海尔文化为例，“忠诚到永远”可以说是其企业精神的符号象征，而像“张瑞敏砸冰箱”“洗地瓜的洗衣机”“售后人员从青岛总部坐飞机赶赴维修现场”等故事，则从产品质量管理、消费者个性化需求满足和售后服务等方面，承载了“忠诚到永远”的企业精神。

同样，班级精神也可通过故事比较完美地展现出来。比如：某班以林依轮主唱的《步步高》为班歌的例子中，其班级精神的符号象征为歌词中的一句“要做就做最好”，其内涵被解读为“未雨绸缪、艰苦奋斗、力争上游、不断进步”，其故事承载为初一下学期排球比赛的精彩夺冠以及语数外三科统考全校第一、初二上学期开始的“物理回回第一”、初二上学期开始的数次期末考试全校第一和初二下学期的生物、地理会考全校第一等一系列学生在体育竞赛、学习成绩方面通过努力拼搏创造的班级故事。[①]（见图 5－4）班级精神的符号象征、内涵解读和故事承载就像是一朵花，符号象征是其中的花蕊，内涵解读是花萼，故事承载则是花瓣。一个班级的班级精神要真正光芒闪烁，除了花蕊是真正的精华以及花萼能起支撑作用之外，最引人注目的还是作为故事承载的花瓣要数量足够，且每一瓣都要鲜艳有形。

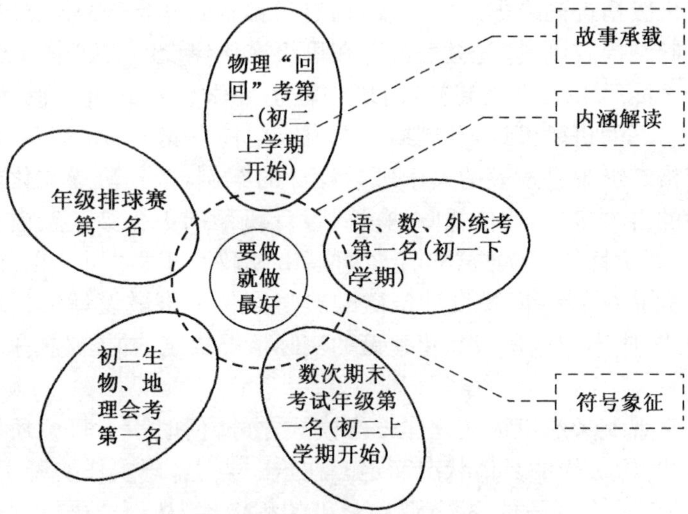

图 5－4　某班班级精神存在状态图解[②]

① 周勇. 浅谈班级文化建设的两种基本操作模式——兼评《教学与管理》刊载的两个典型案例[J]. 教学与管理，2007(6)：28－30.

② 周勇. 班级文化建设中班歌的创作与传播[J]. 教学与管理，2013(6)：26－29.

四、班徽的设计与使用

班徽是班级精神文化的物质载体，班主任开展班级文化建设不可不掌握班徽设计和使用的方法。班徽设计“何时说”，既要在宏观上考虑班级文化建设的基本模式，也要在微观上考虑某一时段的班级态势。班徽设计“说什么”，必须抓住班徽核心要素并控制好要素规模。班徽设计“如何说”，应遵循师生共创、巧妙构思和细工慢活三个原则。班徽的使用则应做到全方位、创造性和常态化。

（一）班徽设计“何时说”

什么时候为班级设计一个班徽，这个问题看似简单，实则关乎班级文化建设的基本模式。以班级精神的形成作为参照，按照班级文化建设中实体行为与符号行为的先后关系，即班级文化建设中“做”和“说”的关系，可以将班级文化建设的基本模式分为演绎模式和归纳模式两种。① 演绎模式可以概括为“先说后做”，班主任在深入了解班级特点的基础上，引导学生提出预设的班级精神，经过讨论后形成共识，并使其在学生的践行中逐渐发展成熟。演绎模式背景下，在班级文化建设之初就通过班徽设计来确定班级精神的基本概念，然后践行落实。其实质是在班级精神尚未形成的时候，通过班徽设计引导班级成员树立共同的精神追求。归纳模式则是“先做后说”，在班级文化建设的实践中，班级优势和特色通过长期积淀后形成班级精神，由班主任引导学生对其进行概括以后定型。归纳模式背景下的班徽设计，其实质是在班级精神事实上形成以后，再设计一个班徽将其定格。纵观已发表的关于班徽设计的案例，依托班级文化建设演绎模式设计班徽的占大多数，而依托归纳模式设计班徽的占少数。安徽省淮安市勺湖中心小学的“童怀松中队徽”②，江西南昌市邮政路小学“树文化”建设中的班徽设计③，都是依托归纳模式设计班徽的典型案例。班徽设计依托班级文化建设的何种模式，应当依据班级文化建设的实际情况决定，并无必要采取当前主流的演绎模式。

除了从宏观上考虑班级文化建设的模式之外，何时设计班徽还要做微观考虑，即视某一时段班级的具体状况而定。在这一点上，班主任要善于“谋势”“造势”④，寻找或创造有利条件，充分调动全班的积极性，从而产生一种班级文化的

---

① 周勇. 浅谈班级文化建设的两种基础操作模式——兼评《教学与管理》刊载的两个典型案例[J]. 教学与管理，2007(6)：28－30.

② 胡恒衡，顾根中. 闪光的童怀松中队徽[J]. 江苏教育，1988(7)：11.

③ 雷杰能. 一棵树摇动一片林——南昌市邮政路小学“树文化”育人写意[J]. 江西教育，2017(12A)：22－23.

④ 周勇. 班级文化建设操作纪实[J]. 教学与管理，2005(10)：29－31.

势能，并借势推出或推动班徽的设计。

（二）班徽设计"说什么"

班徽设计"说什么"，是指班徽设计中的要素选取问题，即班徽设计需要选用哪些信息。为了更加清楚地说明这个问题，本文对《班主任》杂志"班级文化之窗"栏目2007—2017年刊载的班徽设计做了统计分析，提炼出班徽设计中经常使用的十种要素，并将其划分为核心要素、常规要素和辅助要素三类。核心要素是直接体现班级精神文化的信息，包括班级价值观、班级个性、班级目标、班级精神等；常规要素是代表班徽归属的信息，主要包括班级名称和班级称号，前者是班级在学校的编号，后者是班级成员的自我命名，比如"童怀松中队""蚂蚁部落""尖尖小荷中队""小蜜蜂班"等；辅助要素是用来支撑核心要素的信息，主要包括班级特色、校园文化、校园环境以及对班徽设计的评价等。经验表明，优秀的班徽设计在选取班徽要素时应注意两点。第一要主抓住班徽的核心要素，班徽设计者要根据本班特点提炼出班级精神，并将其物化成为某种象征符号，从而建立起班徽设计的核心。第二要注意控制班徽要素的数量规模，班徽要素的构成数量不能太多，否则会因为信息芜杂而无法形成聚焦，不能有效地传递班级精神文化，导致学生对于班级精神文化的认知比较模糊甚至混乱。

（三）班徽设计"怎么说"

1. 班徽设计应当师生共创

在中小学班级文化建设的实践中，班徽的产生形式是多种多样的。可以是班主任根据班级文化发展需要，主动提出班徽设计的任务和要求，然后引导学生落实；可以是某个学生自发设计了班徽，由班主任做宣传和引导后获得全体学生认同；还可以是某门课程开展班徽设计教学活动的结果。不管班徽以何种形式产生，都必须坚持由师生共同创作，才能更好地体现班徽的本质并发挥其功能，因为班徽承载的是全体班级成员共同的心理契约。班主任或者学生个人"闭门造车"创作的班徽，不管其设计如何优秀，都难以与师生共同创作的班徽相媲美。因此，班主任要改变观念，善于放手让学生参与班徽设计，激发蕴藏在学生内心的创造潜力。

2. 班徽设计应当构思巧妙

班徽作为一种创意设计，必须构思巧妙才能产生"韵味"。这就好比敲钟，如果只是响一下就会索然无味，只有产生余音绕梁的效果才有"韵味"。对于班徽设计而言，如果没有好的创意，就算要素选取合理，班徽也会缺乏"韵味"，自然难以激发学生的兴趣。经验表明，优秀的班徽设计总是巧妙地把班名或班级称号信息融入班徽图案，并且其图形组合往往形成对班级精神文化的多维诠释，不仅拓展了想象空间，也利于聚焦班徽所表达的信息，令人印象深刻。

3. 班徽设计应当细工慢活

创意活动就像是戴着枷锁跳舞，需要在摆脱许许多多限制因素的过程中慢慢摸索出表达诉求的最佳方式。班徽作为一项规划和定格班级精神文化的创意活动，同样如此。因此，班徽要精准展示班级精神文化，需要细工慢活才能出效果。一般来说，班徽设计需要经过设定核心概念、酝酿主体图案和推敲解读文本等三个环节。无论班徽设计的具体过程采用何种形式，这三个环节都需要细工慢活。不仅如此，要使班徽设计在众多限制中照顾到各个细节，还需要一定的后期完善工作，即在班徽设计初步完成后对其细节做精益求精的修改。有时，这种后期完善工作所产生的效果有可能更加突出。

（四）班级文化建设中班主任如何使用班徽

1. 全方位地使用

在优质的班级文化当中，班级精神作为其核心，必然渗透于班级文化建设的方方面面。为此，承载班级精神文化的班徽，需要在班级文化建设中全方位地使用。据中国知网统计，班级文化建设中的班徽使用主要有以下五种情况：① 将班徽单独进行展示，以强化学生的认知。比如：单独将班徽进行醒目张贴、举行班徽的“挂牌”仪式。② 把班徽当作班级识别标志和精神图腾使用。比如：把班徽融进教室门口的班级名片、把班徽贴到班旗之上、将班徽印在校服上、将班徽登在班级文化墙上、将班徽画到班刊之中、将班徽制作成徽章让学生佩戴。[①] ③ 将班徽作为代币制评价的符号使用。④ 将班徽作为班级“公章”使用。⑤ 将班徽作为校园文化的纪念物保存，比如：学校将每个班的班徽嵌入“班徽广场”，学生毕业后无论多少年，回到母校还能看到当初的班级梦想[②]。班级文化建设中的班徽使用，不应该是“单打一”的策略，而应该一招衔接一招地“打组合拳”。班主任可以综合借鉴已有的经验，将班徽整合到班级文化建设的各个方面，对班级精神文化进行全方位的强化，从而在班级场域中形成文化浸润的合力。

2. 创造性地使用

正如班徽设计需要构思巧妙方才有“韵味”，班徽的使用同样需要有一定的创新。班徽是联结班级物质文化和班级精神文化的重要纽带，如果能将其使用与班级行为文化结合起来，则不失为一种较好的创新。比如：将班徽制作成徽章

---

① 崔敬之. 小小班徽作用大[J]. 中小学教师培训(小学版)，1998(6)：60.

② 本报记者. 思教育，看巴川，风景这边独好——重庆市巴川小班实验中学“自主教育”解码[N]. 中国教育报，2015-10-11(4).

由学生佩戴，不仅将班徽作为班级标志使用，而且将班徽与班级行为文化结合起来，实现了班级文化建设的动静结合，显得底蕴深厚。已有的班徽使用经验中还有两个比较典型的创新。第一个典型是把班徽当作班级"公章"使用，比如：陈丽云老师的"致远班"将班规、通知、公告、奖状、表扬信、手抄报等都盖上班徽图章，让学生随处可见"致远"二字，时刻提醒自己要做到"宁静而致远"，彰显了班级成员的共同意志。① 第二个典型是把班徽当作代币制评价的"币"使用。王田军老师把班徽做成小星星贴纸，根据学生的日常表现进行奖励或惩罚。比如，上课积极回答问题奖励一颗小星星，没有按时交作业扣掉一颗小星星。学生可根据贴纸数量兑换相应的奖品，期末将小星星贴纸数量作为评选三好学生的重要依据。②

3. 常态化地使用

"许多许多行为成为习惯，许多许多习惯成为文化"③，这是班级文化形成和发展的基本规律之一。班级文化建设中班徽的使用，正如班级文化建设中的许多其他事情一样，一旦被忽视或放弃，蕴含其中的文化也就随之消失。因此，班徽不仅要全方位地使用，创造性地使用，更要常态化地使用。班主任和全体学生都要深刻理解，班徽使用事虽小，但其与班级文化的关联较大，应当注意在点点滴滴使用班徽的行为中积淀班级精神文化。当然，这并不意味着动不动就拿班徽出来说事。恰恰相反，班徽的常态化使用是有原则的。对于一些仪式化的活动中需要使用班徽的情形，可以在班级制度中做出具体规定。对于那些在班级文化建设实践中随机产生的需要使用班徽的情形，则需要依势而为，选择最能调动学生积极性的时机，水到渠成地使用班徽。无原则地高频率使用班徽，不仅不能获得积淀班级文化的效果，反而容易引起学生的反感。

第三节　班级文化建设的质量评价

要切实有效地开展班级文化建设，首先就必须对班级文化的基本状况进行正确的"把脉"，只有这样班主任才能在班级文化建设中对症下药。为此，结合作者的实践经验和当前的相关理论成果，本书对班级文化质量评价的基本概念、主要手段和操作原则进行了论述。

---

① 陈丽云. 取名制徽　悟静致远[J]. 班主任，2015(10)：38－39.

② 王田军. 培养野性而高贵的孩子[J]. 新教育，2014(4)：95－96.

③ 周勇. 班级文化建设中的班歌创作与传播[J]. 教学与管理，2013(6)：26－29.

一、班级文化的质量评价

(一) 班级文化诊断是班级文化评价的重要手段

近年来,班级文化研究发展迅速。1996—2007 年中国知网共收录以“班级文化”为题的文章 123 篇,而 2008—2017 年猛增至 1 765 篇,增长 13.3 倍。1996—2005 年间国内班级文化建设“尚无成熟的理论体系”指导、“班主任‘无法可依’”的整体状况,在 2008—2017 的十年间已随着研究的深入而逐步解决。然而,这二十年来研究班级文化的 1 888 篇文章中,关于班级文化评价的仅 5 篇,占比为 0.26%。从宏观视野考察,班级文化的理论体系包括“班级文化建设”和“班级文化评价”两个部分,对班级文化质量进行有效评价,是推动班级文化建设不可或缺的手段。以上研究状况表明,当前中小学班级文化建设已经遍地开花,关于班级文化质量评价的研究已严重滞后于教育实践,因而亟待完善。

在班级文化的定性评价中,对班级文化的状况进行诊断是一种重要手段,班级文化诊断属于班级文化质量评价中的诊断性评价。由于关于班级文化评价的研究的不足,目前还未出现关于班级文化评价的量化指标体系,因此本书关于班级文化评价的内容主要基于定性评价展开,而且主要集中于班级文化的诊断性评价。

班级文化建设是一门操作性很强的管理科学,因此,了解班级的基本情况,并针对班情对症下药是班级文化建设的应有之义。大体上说,班级文化的理论渊源是曾经让日本企业取得辉煌成就的企业文化。目前,企业文化诊断的理论和实践已经非常成熟,从演绎逻辑来看,与企业文化同属组织文化理论范畴的班级文化应该具有进行班级文化诊断的理论研究和实践操作的较大的可能性。其次,目前班级文化建设的普及为班级文化诊断的推行提供了较好的外部条件。一方面,班级文化的理念不断得到推广,另一方面,因为目前还没有成熟的理论模型,使班级文化建设因缺乏有效的参照而出现了种种误区,因此,班级文化诊断的理论和实践也成为一种现实的需要。再次,目前关于班级文化建设的理论研究已经取得了一些相关的成果,初步揭示了班级文化建设的内部规律,这为探讨班级文化诊断问题提供了一定的理论基础。

对班级文化诊断概念的把握,首先就要搞清“班级的文化”和“班级文化”的区别。任何一个组织都有自身的组织文化,只要这个组织确实存在。这种自然存在的班级组织文化,就是班级的文化。与此不同的是,班级文化建设是有目的、有计划地构建班级组织文化管理活动,因此,班级文化是班级成员在班主任的主导下有意识建造的班级组织文化。当一个班主任要开展班级文化建设的时候,他就需要把业已存在的班级的文化搞清楚,以便将其改造成为与班级目标发展要求相匹配的班级文化。这是班级文化建设开始时的班级文化诊断,我们可以称之为初始诊断。此外,班级文化建设是一个动态的管理过程,需要班主任不断的反馈和调整。因此,在把班级文化建设由一个阶段向下一阶段推进的时候,就需要班主任对现阶段的班级文化状况进行分析和判断,以决定相应的发展策略。这是班级文化建设过程中的阶段性班级文化诊断,我们可以称之为进程诊断。

(二) 班级文化诊断的基本框架

1. 班级文化的基本类型判断

对班级文化(或班级的文化)的基本类型及其相应特征的把握是正确开展班级文化建设的前提,也是班级文化诊断的基本内涵。如果进行校级的班级文化建设评比活动,可以考虑以"虚—实"和"刚—柔",即班级文化的匹配作用(Function)和班级文化的构造强度(Structure)两个维度,建立班级文化 F-S 二维矩阵分析模型(见图 5－5)。班级文化的构造强度是指班级文化自身内涵的完整性及构造紧密程度,班级文化的匹配作用是指班级文化对班级目标的支撑和促进作用,这两个维度的组织可以衍生出四种类型的班级文化。班级文化构造的衡量因子主要有:班级文化要素层次的完整性、班级文化各层次要素之间的整合程度、班级文化要素的稳定性、班级文化的渗透性(在班级成员中的覆盖率)。班级文化匹配作用的衡量标准:凝聚力、导向力、规范力、感染力等。一般而言,匹配性不强主要有以下原因:班级文化的内核与班级发展目标不符;班级文化核心要素表述不准确;对班级文化传播不够。

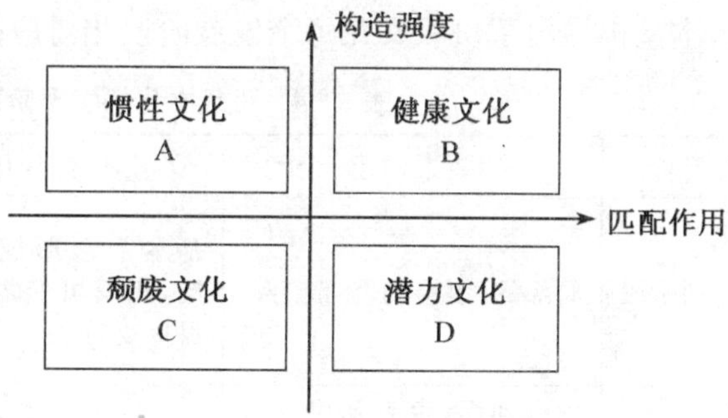

图 5－5　F-S 二维矩阵分析模型

在班情分析的基础上确定班级文化的类型,然后依据其特点决定班级文化建设的方略。A 区间代表的是惯性班级文化,其主要特征是:构造力强,对班级目标的战略匹配力弱;其管理方略应该是对班级精神文化进行适当的调整,但可能因为其构造力强而存在一定的难度,因此也存在重新建构班级文化的可能性。B 区间代表的是健康型班级文化,其构造力和匹配性指标双高,因而是理想的班级文化目标,其管理方略应该是认真维护和积极创新。C 区间代表的是颓废型班级文化,其基本特征是:构造力和匹配性指标双低,因而是最需要改造的班级组织文化。尽管如此,但因为其文化构造力弱,所以改造的努力可能相对于惯性文化来说要容易些,只要对班级文化的发展方向进行正确的定位,调整是比较容易的。D区间代表的是潜力型班级文化，该类型的班级文化尽管构造力弱，但因其匹配性强而代表了健康的发展方向，只要在保持这种趋势的基础上，着力加强班级文化的构造力，夯实班级文化的基础就行了。

2. 班级文化的发展阶段

班级文化建设是一项长期的系统工程，既要求有其内部复杂的有机体系，也要求有一定时期的发展过程，因此，班级文化的发展必然表现出某种阶段性。对班级文化发展阶段的分析是解决"班级文化应该如何向前推进"这个问题的重要前提。然而，当前关于班级文化的研究大多是关于班级文化"为什么、是什么、怎么做"横向的理论论述，实践中的例子被摆在为说明理论服务的地位，因而既不详细也不系统。另外，期刊和网络上出现的少数班级文化建设的案例也几乎清一色静态地按照班级文化的要素组合进行描述，从而割裂了班级文化形成、发展、成熟过程中的内在联系。把握班级文化建设纵向发展的阶段性作为班级文化诊断的重要内涵，不仅具有明显的现实意义，而且具有较强的理论意义。

如表5-4所示，以要素构建、匹配作用等为标准可将班级文化建设纵向发展的阶段性做如下划分：启动阶段、积淀阶段、定型阶段、变革阶段。在此基础上，本文推导出了班级文化每个发展阶段相对应的管理方略。

表5-4　班级文化的发展阶段及特征

发展阶段	要素构建	匹配作用	管理方略
启动阶段	局部的，表层的，零散的。	基本上未形成匹配作用，相反可能需要班级目标支持。	寻找突破口，确立目标班级形象；确立班主任形象；要做好面对挫折的准备。
积淀阶段	由点到面，由表及里地推进；良好的班级形象基本确立；良好的班风传统或班级精神已经形成，但尚未定型。	开始形成匹配作用，但不明显，也不稳定。	完成班级形象塑造并积极巩固；积淀优势，积极传播，培育内核。
定型阶段	班级精神表达形式被定格，并开始落实到细节之中。从构造力角度来讲已经是一种强势文化。	模式化地发挥作用，并形成惯性。	在巩固班级形象的基础上，重视宏观调控，适时、恰当地提炼或定格内核。
变革阶段	随着班级内外环境的变迁，在保持班级文化基本要素一致性的前提下，学生进行自发的创新，班主任做适当的调整。	惯性作用比较明显，但同时可能产生一些负面效应，需要变革。	打破定势，以与班级目标相匹配为诉求，实事求是地求变求新。

3. 班级精神形成模式判断

对班级文化的基本类型的分析，可以算作是对班级文化特征的横向考察，而对班级文化发展阶段的定位则是对班级文化的纵向考察。这些都是静态的分析，在此基础上，我们还应该对班级文化的发展趋势进行动态地分析，即通对作为班级文化核心要素的班级精神的现状和发展趋势进行判断，可以比较准确有效地推动班级文化建设的向前发展。

班级精神的形成有两种基本模式：演绎式和归纳式。这两种班级文化建设操作模式的根本差别是：在班级文化建设的实体行为(Substantive Action)和符号行为(Symbolic Action)之间先后关系的不同选择。实体行为指的是为取得班级优势和特色所采取的行动，如：学习、考试、文体竞赛等；符号行为指的是在班级取得优势和特色之后(或者是为了取得这种优势和特色)对班级文化要素进行的传播行为。班级文化作为一种组织文化，如果只有对班级价值观、班级精神以及班级个性等班级精神文化要素进行表达和传播的符号行为，而没有体现这些班级文化核心要素的实体行为，那这种班级文化就很可能是空洞无力的，尽管从设计上看它有较为完整的体系结构。类似的现象在中国企业界的企业文化建设中很普遍，学术界称之为"核心价值空洞化"。相反，只有实体行为创造优势和特色而没有符号行为进行提炼和表达，那么这种班级文化就很可能是一种没有灵魂的班级文化。因此，健康的班级文化产生的条件是：取得优势和概念表达二者俱全，也就是实体行为和符号行为共同发挥作用，这样班级精神才能落到实处，班级文化的匹配作用才能真正发生。通俗地讲就是要处理好"做"与"说"的关系：先创造扎实的班级优势和特色，然后提炼班级精神，既"先做后说"，是归纳模式；先提出班级精神，然后依此创造班级优势和特色，即"先说后做"，是演绎模式。

在概括这两种模式各自特点和比较其差异的基础上，可以为班级文化建设的操作提供一个参照标准。从整个班级文化的发展历程来看"做"与"说"之间存在先后关系，因此，通过对班级文化现状的判断，我们可以在宏观上为班级精神的形成选择一条路径。但是，我们不能将其绝对化，因为"做"和"说"在班级文化建设具体操作的战术动作上，是相辅相成的，不可偏废。由此，在操作模式的选择和执行问题上，班级文化建设更多地表现为一种班级管理艺术，因为这两种班级文化建设的操作模式在执行的过程中可能会出现某种交叉。在宏观上确定"做"和"说"的先后关系的同时，可能在微观层面会遇到相反的局面，这就需要班主任"运用之妙，存乎一心"的努力。

4. 班级文化的舒适度判断

自古以来，处理宽与严的关系就是管理中的一个重要主题。中国古代为人处世的经典读物《菜根谭》中就有“恩宜自淡而浓，先浓后淡者，人忘其惠；威宜自严而宽，先宽后严者，人怨其酷”的名句。后人用来纪念诸葛亮的成都武侯祠，也有“能攻心则反侧自消，从古知兵非好战；不审势即宽严皆误，后来治蜀要深思”的名联。我们的古人不仅概括出“宽严相济”的基本原则，也总结了“先严后宽”的具体经验。这些思想对于判断班级文化质量的基本状况有很好的借鉴作用。

通过对班级文化建设的宽严辩证，可以考察班级文化的舒适度。班级文化实现其功能的重要方式之一就是创造舒适的班级心理环境，让学生轻松、愉快地成长。班级文化的舒适度是反映班级文化质量的重要标志。实践经验表明，学生最喜欢“玩又玩得开心，学也学得扎实”的班级环境，这应是班级文化建设比较理想的境界。在这种状态下，班主任和学生都比较轻松，也学有所成。相反，需要班主任的强力措施才能维持班级秩序的班级，虽然形成比较好的班级管理秩序，但班规严厉，学生不敢越雷池一步，便会形成一种令人感到压抑的心理环境。在这种班级环境中，不仅老师觉得累，学生也会觉得烦。通过对班级文化的宽严辩证，不仅可以考察班级文化的舒适度，还可以借此判断班级文化的发展阶段。一般而言，在班级文化建设的启动阶段，班级环境“严”的特点突出，随着班级文化的发展，“严”的特征会越来越少，“宽”的特征会越来越多。最后，从宽严关系可以考察班级文化的运转机制。班级文化运转机制可以从自律与他律的比重关系进行考察，“宽”的背后是自律多而他律少，“严”的背后是自律少而他律多。

5. 班级文化的同异辩证

好的班级文化必然是科学性与艺术性的有机结合，二者中任何一项的缺失都将导致班级文化建设的不足。其科学性体现班级文化建设的一般规律，即班级文化的“同”；其艺术性体现班级文化的特殊性，即班级文化的“异”。从“异”的视角考察，班级文化就是班级全体成员在成长过程积淀起来的班级优势和特色。班级文化就是班级特色，世界上没有两种完全相同的班级文化。同异辩证的分析模式不同于虚实辩证和刚柔辩证的“非此即彼”，而同于宽严辩证的“此消彼长”。通过同异辩证可以综合考察班级文化建设的科学性和艺术性，能够有效反映班级文化建设水平。班级文化的同异辩证主要包含以下三个方面：第一，分析学习与创新的关系。班级文化建设的起因不外乎两种情况，即学习运用班级文化的理论或学习班级文化建设的成功经验。如果班级文化建设只是照搬一般理论或者成功经验，而缺乏依据班情进行的创新，没有积淀本班的特色，其班级文化建设的艺术性就必然有所缺失，从而其质量就有待提高。以学习魏书生管理模式为例，成功者少，失败者多，其中的原因就是没有吃透魏书生管理模式的实质，因而只学其形，未能与班级的特点结合起来。第二，考察班与班之间的文化差异。实践经验表明，班级文化建设容易受到同年级其他班级文化的影响，它们会在一些具体举措上形成相互模仿。因此，衡量班级文化的质量需要透过同年级班级的相似举措去考察其班级精神文化的差异。如果所学习的外班管理措施未能与本班班级文化的内核结合起来，那么，该班的班级文化建设显然是欠火候的。第三，深入了解班主任管理模式的演变。实践表明，有经验的班主任都会有自己比较成熟的管理套路，在其前后所带不同届的班级中，这些套路应根据不同届学生的特点去“求同存异”。既要保持已有套路的基本内容，又要根据新学生的特点进行创新。这是分析班级文化质量的比较深层次的手段，其分析方法也相较于其他方法特殊，需要对班主任进行访谈或者对班级管理的相关文献做深度分析。

（三）班级文化诊断的基本原则

中医诊断是科学性与艺术性的有机结合，科学性是指要按照相关规律来办事，体现的是一种理性；艺术性体现的则是一种感性的因素。一个好的中医师，他的“妙手回春”更多是建立上多年经验之上的，是艺术性的体现。班级文化诊断也有类似的情况，然而，正像上一节讲到的那样，“无招之中实际上是有招的”，班级文化诊断因人而异的艺术性，还是有一定的原则可以遵循的。

1．预防为主原则

扁鹊见蔡桓公的故事是很多人都熟悉的，蔡桓公讳疾忌医，不肯听从良医扁鹊的忠告，致使自己的病情一误再误，最后病入骨髓，无药可救。对班级文化进行诊断与给人看病的道理是一样的，不能在问题已经很严重了再去进行诊治，而是要将病症消灭在萌芽状态。中国有句俗话：“病来如山倒”。“病来”了，普通人都能够感觉到了，那就说明病得很严重了，这个时候再去医治就很麻烦了。在班级文化建设中，当班主任能够很明显地感觉到班风变坏时，其实问题已经很严重了。对于具体问题的处理也是这样的，曾有一位同事向笔者请教，班上有个男生早恋，应该怎么办？而此时这个问题不仅班上的同学基本上都知道了，而且连家长都知道了。尽管当时这位同事对我的建议寄予了很大的期望，但我只能告诉她，这个时候再处理已经迟了，只能以控制影响为主了，要想实现预期的转变是非常困难的事情。

2．系统整合原则

庄子笔下的庖丁是解牛的高手，他是做分解动作的，因此，他的“目无全牛”使他游刃有余。对班级文化的诊断却不同，它是要做组合动作的。班级文化建设是一项系统工程，包含了班级精神文化、班级行为文化和班级物质文化三个层次，各个层次的班级文化要素又有各自丰富的内涵且相互之间具有密切的有机联系。班级文化建设的任何一个动作，几乎都可以包含班级文化要素的三个层次。因此，在对班级文化进行诊断的时候，要坚持系统整合的原则。不能头痛医头，脚痛医脚。要以班级精神文化为核心将各个层次的班级文化要素相互结合考察，将各个方面的诊断相结合。比如：对班级文化发展阶段的定位就可以和对班级精神的形成路径的判断相结合，这样对班级文化建设的把握会更加生动、准确。

此外，还要处理好传统的班级管理手段与班级文化管理的关系。一般而言，传统的班级管理手段可以为班级文化建设创造优势和特色，但这种传统手段的简单组合并不意味着一种健康的班级文化的产生。因此，班主任在进行班级文化诊断的过程中一定要将传统的班级管理手段纳入目标的班级文化概念框架中进行考虑，并将其创造优势的行为整合到班级文化建设的具体实践中去。

3. 辨证施治原则

中医里辨证施治的原则实际上就是具体问题具体分析的原则。本文提出的班级文化诊断的概念和方法，只是一种认识班级文化发展状况的参照体系，不能绝对化，更不能机械地化用。班级文化建设是一个不断发展变化的过程，因此，班主任进行班级文化诊断要坚持用发展的观点看问题。

班级文化诊断的道理是一样的，也要注意考虑班级文化自身的发展变化和环境的发展变化。在运用相关的手段对班级文化的状况进行分析之后，班主任还需要在实践中证实、修正和丰富自己之前对班级文化状况的认识。这样，班主任就必须把握好对班级文化状况的判断中“变”与“不变”的关系，也就是说班主任要具有在动态适应中综合平衡的班级管理艺术。

以前面讲到的班级文化基本类型为例，同样是班风差，“惯性文化”与“颓废文化”的处理方式就不一样。这两种文化的共同特点是对班级目标的匹配作用不强，这是它们“班风差”的基础，然而，因为它们各自的结构力不同，所以处理方法又不同。“惯性文化”因为结构力强，比较顽固，可以考虑适当地采取严厉的管理措施，也就是打“降龙十八掌”。“颓废文化”因为结构力不强，可塑性却比较强，可以采取以引导为主的方法改造，可以说是打“太极拳”。同样，对于不读书、不守纪律的后进生，相同的症状，改造的方式方法也可以是不同的。

4. 长期观察原则

班级文化建设是一个长期的班级管理过程。国外相关的研究经验表明，一个良好的组织文化的形成一般需要两年的时间。美国很多的企业管理高手在接手一个新的公司的时候，所做的第一件事便是花上几个月的时间，深入到企业中去对其经营状况进行系统周密的了解。我国著名的公关专家王力，在其创造的经典公关案例——亚都公司的公关策划项目实施之前，就做了40多天的调研和策划。同样，很多时候班主任也不可能凭一次“望、闻、问、切”，就能解决班级文化诊断问题，那样很可能会导致“误诊”，反而会延误班级文化建设的时间。因此，班主任要真正了解班级文化的状况并找到解决问题的正确途径，就必须对班级文化的发展状况进行深入细致的调查研究，要以极大的耐心收集最全面的资料，理清班级文化的发展脉络。这一点在班级文化建设的宏观诊断上表现得尤为明显。

二、班级文化建设的反思

（一）案例制作是班主任反思班级文化的重要手段

案例制作是班级文化建设反思的重要手段，通过案例制作班主任不仅可以更加清晰和深刻地了解自己班级文化建设的细节和脉络，更可以提升自己对于班级文化的理解。总结并分析班级文化建设的实践经验，适当地给予科学的理论概括，从而更有效地指导班级文化建设，是班级文化研究的重要内容。

案例研究最早源于医学领域。医学界对具体病例和医案的诊断和治疗进行记录，以供进一步治疗或推广于其他病例和医案的诊治，这种案例的研究几乎与医学的发展有同样悠久的历史。此后，案例研究方法被法学、教育学、管理学的研究采用，并占有重要的地位，成为这些学科研究的重要方法。美国哈佛大学工商管理学院对案例教学的成功运用，开创了案例研究的先河。在两年的时间里，该院用 1 000 多个案例作为培养硕士研究生的教材，美国 500 多个大型企业的中，五分之一领导人是用这种方法培养出来的学生。学生的惊人业绩，使案例研究的方法在管理学领域获得了空前的发展。

班级文化建设作为一项长期的系统工程，既是一门科学，也是一门艺术。制作相关的案例，总结其中由不成熟到成熟的发展脉络以及构建和积淀班级文化要素的“运用之妙，存乎一心”的管理策略，是很有价值的。一方面，班主任可以通过这种方式总结自己的班级文化建设经验，提高自身操作能力，并将其上升到理论的高度；另一方面，案例的发表或汇编，也为其他班主任或教育研究人员，提供了很好的研究和学习的资料。

需要指出的是，本文所指的班级文化案例制作主要是指作为班级文化操盘手的班主任对自己的班级文化建设活动的描述与反思。

（二）班级文化案例的基本特征

1. 班级文化案例基本构成

（1）班级文化的基本要素。

班级文化一般由班级精神文化、班级行为文化和班级物质文化三个部分构成，其中，班级精神文化是整个班级文化的核心，班级文化对班级目标的匹配作用集中地体现在班级精神文化上。与班级文化建设一样，班级文化案例制作首先就要明确所写的班级文化中有些什么内容。在此基础上，案例制作人还要明白班级文化各个要素之间的关系。做到这一点，班级文化案例制作才会有明确的目标。在班级文化基本要素问题上，目前国内的研究已经比较成熟，尽管对班级文化要素的划分方式有所不同，但基本上都能按照各自的标准，把班级文化的内涵说明白。制作人只要选择适合自己的班级文化活动的划分标准就行。

(2) 班级文化的发展脉络。

班级文化是一项长期的系统工程，需要一定的发展时间才能成熟和定型。美国企业界的研究表明，一个大型公司的企业文化的成熟，一般需要两年左右的时间。与企业文化同属组织文化范畴的班级文化，其成熟自然也需要经历一定的发展过程，因此，班级文化案例一定要反映班级文化的纵向发展的脉络，要反映班级文化的演变以及对班级目标的匹配作用的形成过程。目前，国内发表的关于班级文化案例的文章在这个问题上做得不是很好，很少有文章能反映班级文化发展中的纵向联系。这与目前教育界对班级文化的认识尚不成熟有关。

(3) 班级文化的构建策略。

如果班级文化案例只有对班级文化基本要素的描述和班级文化发展脉络的分析，那它对班主任的实践指导意义是不明显的。有上述两项内容的叙述而没有班主任的管理策略分析，也就是说，只有对班级文化"怎么样"这个问题上进行了纵横坐标描述，而没有"为什么会这样"的分析。这样的案例会让人感觉"知其然，而不知所以然"。班主任的班级文化管理措施，是班级文化案例的"画龙点睛"之笔，是班级文化案例的核心价值所在。因此，班级文化案例要结合背景条件分析，对班主任管理策略的来龙去脉和成败得失进行深入的分析。

2. 班级文化案例的基本类型

案例学研究中一般用篇幅、内容和结构三种方式来划分案例的类型。本文采用以内容为标准的划分方式，将其划分为专题性案例和综合性案例。采取这种划分方式理由，一是这样做与实践最接近，也最实用；再者按内容划分可以涵盖按篇幅划分的方式，因为专题案例一般篇幅较小，而综合案例则篇幅较大，而按功能划分的案例，其内容更多的是讲体例问题，本文将在下一节讨论。

(1) 专题性案例。

一般是针对班级文化建设活动的某个方面的专题操作的班级文化案例，比如，《班级日志》在班级文化建设中的作用，班级文化建设中的"小花招"，班级文化建设中某一阶段性任务的完成，等等。这类案例的手段运用比较单一，活动目标比较简单，说明的问题也比较的专题化，对班主任如何有效开展班级文化建设中的某一专项活动有一定的借鉴作用。目前，真正从班级文化的角度来写的专题案例很少见，但从传统的班级管理角度来写专题活动（事实上的班级文化建设)的案例很多。在分析其策略价值的基础上,明确该项活动的成功对于班级文化建设的意义,就能把它们转化为丰富的班级文化案例资源。

(2) 综合性案例。

一般是以班级整体作为对象来描述班级文化建设中的全局性的问题。比如,班级形象的矫正或建立,班级精神的培育和提炼,班级重大事件的描述和分析,等等,典型的代表作是《乐我所乐——班级文化系列活动》(《班主任之友》2005 年第 4 期)。这类问题往往包含了许多相关因素,不但需要尽数罗列,而且要理清线索,抓住关键,这对案例制作人员的要求比较高,制作案例花费的时间和精力也比较多。不过,一旦这种案例制作成功,对于"自演自编"的班主任来说,其专业成长价值是非常丰富的。尤其是第一次制作这样的案例的班主任,往往因为对许多相关的问题都进行了系统思考而"一发不可收",由此迈进班主任工作反思的"广阔天空"。目前发表的这类班级文化的案例还有一定的数目,但大多数在编写体例上存在"切片式"研究的倾向,忽略了班级文化发展过程中的纵向联系。

3. 班级文化案例的基本体例

班级文化案例的体例问题指的是班级文化案例按照什么方式来组织材料的问题,依据班级文化案例制作的特殊规律,本文提出了两种班级文化案例编写的体例。

(1) 横向编排。

班级文化案例的横向编排是指在案例编写过程中按照班级文化要素构成的某种划分方式,对班级文化建设的内容进行说明,而不考虑班级文化要素构建的发展过程,但有可能讨论各要素之间的相互联系。从编写的角度来说,这类案例相对容易制作一些。只要找准划分方式,然后按照分类标准对特定的班级文化"有什么"进行说明就行了。其特点是"理在事先",一方面,具体事例通常放在一定的理论框架下用来说明理论,有助于对班级文化内容的定性分析,另一方面,很多时候班级文化的"内容"就是班级管理的"策略",可当作为"操作手册"来对待,具有一定的实践指导意义。典型的代表作有《对一个优秀班级文化的个案研究》(《中小学管理》2005 年第 4 期)、《班级文化建设例谈》(《教学与管理〈小学版〉》2004 年第 2 期)、《导入 CIS,创设班级文化》(《班主任之友》2004 年第 6 期)。不过,这类编排忽视了班级文化的发展脉络,呈现出来的往往是静态的结果,因而读者很难看到背后的"所以然"。正是因为缺乏对发展脉络的梳理,导致了对班级文化建设决策过程的忽视,因而表现出了"重台前,轻幕后"倾向。

(2) 纵向编排。

班级文化案例的纵向编排是指在案例编写过程中按照班级文化建设的发展脉络组织材料,不但要讲到班级文化各层次的要素,更要描述和分析其由不成熟到成熟的发展过程以及班主任管理策略的同步分析。典型的代表作有《班级文化建设操作纪实》(《教学与管理》2005年第10期)、《塑造班级品牌的灵魂——班级精神的提出及落实例说》(《教学与管理》2006年第8期)。这类案例的编写相对来说要复杂些,有时为了照顾全局,可能会达到斟字酌句的程度。正因为如此,这类案例给读者的感觉是非常生动的,启发作用自然也非常深刻。与横向编排相比,这类案例的特点可以概括为"事在理先"。尽管有清晰的理论架构,但重点是在描述班级文化的来龙去脉,强调事实,读者的启示更多地来自看完案例之后的感悟。也就是说这类案例的启示作用主要表现为一种艺术性,别人不能简单地模仿,因为世界上没有两片相同的树叶;而横向编排的案例则表现出更多的理性色彩,大体上是可以"照葫芦画瓢"的。

(二) 班级文化案例的制作

1. 班级文化案例的制作原则

本书所讲的班级文化的制作是指什么样的班级文化建设活动才能制作班级文化案例,以及班级文化案例要写成什么样子。

(1) 真实性。

班级文化案例必须是对客观发生过的班级文化建设活动的真实记载,也就是说,案例是写实的。编写班级文化案例要实事求是,不能随意杜撰或夸大其词,也不能随机取舍或文过饰非。要真实、全面地把班级文化建设的过程再现出来,让读者自己去评判。

(2) 有效性。

构成班级文化案例的材料反映的必须是在班级文化建设过程中卓有成效的班级文化建设活动。班级文化案例要记载班主任在班级文化建设活动的创新,要通过朴素而又可读的语言,展现班主任管理策略中思维的闪光点。古人云:以史为鉴,可以知兴替。班级文化案例就是班级文化建设的史书。如果它记载的不是有效的班级文化建设,那么它的存在是没有意义的。当然,有时候对班级文化建设活动中出现的失误的描述和分析,也是有借鉴价值的。

(3) 典型性。

构成班级文化案例的活动应该具有揭示班级文化本质的典型性,因此,班级文化案例是对众多的班级文化活动材料的精选和提炼,使其成为具体的班级文化活动中现象与本质、共性与个性的统一体。要能引起读者的思考,并从研究和分析案例的过程中得出一些带有规律性的结论。

2. 班级文化案例的制作程序

(1) 案例材料的来源与收集。

班级文化案例的材料主要有几种来源,第一种是案例制作人在平时的班主任工作中积累的一些书面材料，如《班级日志》《班主任工作手册》，以及班上学生的成绩册等。第二种是班主任对自己工作思路的回顾，这可能是最重要和最有挖掘价值的材料来源。第三种是与学生的交流中的反馈信息，如学生的一句话，学生给老师的字条或信件等。第四种是与同事交流时的口头信息，这类信息虽然不一定“旁观者清”，但有一定的参考价值。案例制作人事先要注意收集和保存好班级文化建设的各种资料，以保证案例反映的是班级文化建设客观真实的全景。

(2) 案例材料的选取与加工。

在收集材料的工作基本完成之后，制作人要按照上述真实性、有效性和典型性的三大原则，对其进行去伪存真、去粗取精的筛选和加工。首先，要依据“活动自身的策略价值”和“在班级文化整体框架中的地位”两个维度来判断，选取其中综合价值最大的。其次，要考虑到材料所反映的内容是否适合书面表达的问题，因为有些材料可能具有重要的价值，但不一定适合用书面语言来表达。最后，要从篇幅的角度对材料进行取舍或增减，原始的材料反映的问题不一定能很好地反映主题，要依据主题的需要对其进行调整。

(3) 案例文稿的构思与写作。

案例文稿的制作一般按照以下步骤进行：第一步，综合分析材料，提炼主题；第二步，理清班级文化的发展脉络，并打好提纲；第三步，按照提纲的要求将材料重新组合，并对材料做适当的修整；第四步，撰写文稿。需要指出的是，在实际的创作过程中，很有可能会打乱这四个步骤的次序，因为好的创意需要在不断地反馈中完善。

(4) 案例文稿的审校与修正。

初步完成的文稿就像是陶器的毛坯，只有大致的形状，不能体现艺术的美妙。所以，制作人要将其与现实进行对照，发现问题，并进行修正。有时候，可以与当事人如当时的学生、任课老师、学校领导交流，进行印证。在此基础上，要在文字上进行润色，以增强案例的可读性。事实上，文稿的修改，不仅会使其结构越来越清晰，语言越来越流畅，而且会让制作人发现一些自己在班级文化建设中做得好但当时尚未意识到的一些“金矿”。

课后练习

1. 阅读《班级文化建设操作纪实》(《教学与管理》2005年第10期)一文，写一篇300字以内的评论。

2. 根据教材第一节呈现的案例“实践改变了我的班级文化观”，为该班设计班歌一首、班徽一枚。

第六章　小学班级制度建设

微信扫一扫

获取本章拓展资源

学习目标

1. 理解班规在小学班级管理中的意义。

2. 掌握班规制定的基本原则、方法，熟悉小学班规内容的特点。

3. 掌握有效执行小学班规的主要策略，能够简单评价班级制度建设的案例。

资料链接

神奇的数字指令[①]

学生最讨厌班主任整天唠唠叨叨，可是作为班主任，常规工作又不得不抓。说实在的，老师每天对学生说的基本上都是类似的话——不能骂人、不能打架、好好学习、遵守纪律、坐姿端正……别说学生烦，就连老师自己也烦。

通过不断的探索和实践我终于发现，可以用神奇的数字指令代替自己的唠叨言行，每次只要发出前半句指令，学生就会立即执行指令，可以说是事半功倍，水到渠成！

一二三四五——各扫门前土。（听到前半句，学生们会立刻拿起笤帚，自己扫自己的分担区。）

五四三二一——不要笑嘻嘻。（听到前半句，学生们会立刻集中精力，投入到学习中去。）

六七八九十——身体要坐直。（听到前半句，学生们会立刻调整坐姿，不再东倒西歪。）

十九八七六——自我批评喽。（听到前半句，发生争执的双方会停止争吵，彼此进行检讨。）

一三五七九——不能随地走。（听到前半句，走动的学生会引起高度注

---

① 李继伟. 神奇的数字指令[J]. 黑龙江教育，2012(12)：48.

意，回到原位上去。）

二四六八十——做人要诚实。（听到前半句，说谎的同学立刻会满脸通红，展开自我批评。）

第一节 班规的概念及意义

很多班主任曾经抱怨学生难管，也有很多班主任整天忙于和学生“斗智斗勇”，陷入与学生的“猫鼠游戏”之泥潭而无法自拔，因而其班主任工作充满了心酸和疲惫。在这个问题上，被誉为“中国的苏霍姆林斯基”的李镇西老师曾这样说：“1999 年 3 月 26 日至 4 月 10 日，我到华东整整半个月，班风良好，秩序井然。学生在我不在的情况下自己管理自己，班级各项工作和活动照常开展——其间，我班还参加了学校的广播操比赛，获初中部第一名，学校二等奖。其实，这样的情况，在我和我班学生看来太平常不过了。我每次外出开会，哪一次不是这样呢？”[①]李镇西老师的班级管理实现了大庆精神中主张的“领导在场和不在场一样”的效果，是学生自主管理水平较高的体现。对此，李镇西老师也给出了自己的答案：这一切都是制度决定的，而这个制度就是班规。

一、班规的概念

班规是班级的基本管理制度，包括班级成员共同承诺遵守的行为规范及其评价规定。在中小学的教育实践中，班规又被称之为班级公约、班级权利公约、班级守则。有些班主任会根据班级的实际情况和自己的习惯，赋予班规比较比较独特的称呼，比如：魏书生老师将其班规称为“班规班法”。

二、班规的意义

（一）增强班级管理的科学性、规范性

班级管理的科学性主要表现在两个方面，一是班主任的管理行为要符合学生身心发展的规律，这需要班主任具有一定的教育学、心理学的专业知识；二是班级管理要摆脱随意性，建立规范性。通常情况下，人办事都是“三分情感，七分

---

① 李镇西. 做最好的班主任[M]，桂林：漓江出版社，2008：73.

理智”。从某种意义上看，班级管理的绩效如何，不在于班主任如何的正确，而在于班主任如何少出错。班主任常见的错误就是管理措施随意，致使班级运营缺乏章法，从而缺乏长效机制。“科学管理的实现形式之一，就是要研究规律而后制定制度，制定‘班规’‘班法’，从而使班级摆脱‘人治’的不规则轨道，走上‘法治’的轨道。”[①]只有建立了行之有效的班规，树立了班规在班内的权威，在班级内部包括班主任和全体学生都照章办事，才能出现良好的班级秩序和班级氛围。

（二）确保班主任有时间进行战略统筹

由于工作岗位的特殊性，班主任经常陷入事务性工作和纠正学生违纪行为的任务当中而应接不暇。因此，常常有班主任会发出“我的时间去哪里了”这样疑问。古人讲，人无远虑，必有近忧。班主任日复一日地陷入眼前事务性工作的循环，必然无法从班级发展的全局进行战略统筹，因而无法从整体上把握班级发展的态势。如果班主任能够组织建立起行之有效的班规，将有助于班主任从烦琐的事务性工作中解放出来，从而有足够的时间去思考班级发展战略层面的问题。这样，班主任就能做到李镇西所主张的那样，将时间“投入更有价值的教育领域：研究学生，走进学生的心灵”[②]。

（三）营造良好的班级学习环境

良好的班风是良好的学风的重要保障，只有建立了良好的班级秩序和班级氛围，才能为学生学习营造支持性的学习环境。行之有效的班规是建立良好班级秩序和班级氛围的基础，因此，班级制度建设看似没有为学生的学习成绩提高服务，而实际上是在为学生成绩提高提供有利的外部条件。班主任之所以与班上的“熊孩子”进行“不屈不挠的斗争”，除了有日常思想道德教育的目的之外，建立良好的班级秩序以维护良好的学习环境，是另一个重要的考虑。在现实中也有少数班主任不太重视班规的制定与落实，只要学生不严重影响教学秩序，一般都不会太管。殊不知，水滴石穿，小隙沉舟，学生不规范行为的点点滴滴的积累一旦达到一定程度，不良的班风一旦形成，最终将会对学习环境造成严重的破坏。

（四）潜移默化地培养学生的规则意识

著名教育家陶行知曾指出：“今日的学生，就是将来的公民。将来所需要的公民，即今日所应当养成的学生。”[③]公民的重要特征就是社会参与和规则意识，

---

① 魏书生. 教育改革与素质教育[M]. 沈阳：沈阳出版社，2000：310.

② 李镇西. 做最好的班主任[M]. 桂林：漓江出版社，2008：84.

③ 陶行知. 学生自治问题之研究. 陶行知文集(上)修订本[M]. 南京：江苏教育出版社，2008：55.

这也是新时代中国学生核心素养发展的重要要求之一。在中国学生核心素养体系中关于社会责任担当的描述，即“能主动作为，履职尽责，对自我和他人负责；能明辨是非，具有规则与法治意识，积极履行公民义务，理性行使公民权利”①。班规作为班级成员共同承诺遵守的行为规范及其评价规定，让学生以班规作为其班级内学习和生活的行为准则，有助于潜移默化地培养学生的规则意识。

（五）提升小学生的自主发展能力

“自主发展”是中国学生核心素养发展的三大维度之一，它要求学生不仅“乐学善学”“勤于反思”，而且要求学生拥有“健全人格”和“自我管理”。前者的内涵重点是“具有积极的心理品质，自信自爱，坚韧乐观，有自制力，能调节和管理自己的情绪，具有抗挫折能力等”；后者的重点是“能正确认识与评估自我，依据自身个性和潜质选择适合的发展方向；合理分配和使用时间与精力，具有达成目标的持续行动力等”。② 不难发现，上述几个方面的核心素养方面的要求，通过学生在班级制度化的生活中能够直接或间接地得到实现。

第二节　小学班级管理中的班规制定

一、班规的条款构成

（一）核心规则与常规程序

班规是班级成员共同承诺遵守的行为规范及其评价规定，因此从班规的概念出发，完整的班规应该包括“导向”和“程序”两个维度的内涵。班规核心规则的存在很好地反映了班规的本质，是班规价值性的重要体现。

1. 核心规则

核心规则是班级成员共同遵守的最高行为准则，是班级核心价值观的体现。在班规中设置核心规则，或者在班规中体现班级核心价值观，是班级文化在班级制度层面的体现，一般概括为 3—5 条学生为人处事的基本原则。

2. 常规程序

常规程序是关于学生在班级内学习生活各项事务的具体规定，常见的做法

① 林崇德. 构建中国化的学生发展核心素养[J]. 北京师范大学学报(社会科学版)，2017(1)：66 - 73.

② 林崇德. 构建中国化的学生发展核心素养[J]. 北京师范大学学报(社会科学版)，2017(1)：66 - 73.

是按照班干部的分工进行分类规定，比如：卫生常规、学习常规、体育活动常规、纪律常规等；也有的按照区域进行分类，比如：课堂常规、寝室常规、课间常规等。

由于之前师范生班主任教育的缺失，目前的小学班规普遍存在的问题是只有"程序"，没有"导向"，即有一系列关于常规程序的规定，而没有体现班级核心价值观的核心规则，将班级文化建设与班级制度建设割裂开来。

(二) 规范条款与奖惩条款

规范性条款是对学生行为的期望或规范，属于班规"导向"维度的内容，是对班级核心规则的进一步细化。奖惩性条款顾名思义就是关于学生各种奖励或惩罚的规定，它设定了奖励或惩罚的条件、措施以及执行的程序，属于班规"程序"维度的内涵。规范性条款不一定要与奖惩性条款一一对应。

尽管与核心规则同属班规"导向"维度的内涵，同样在班规建设中普遍缺失，但在规范条款与奖惩条款这一具体操作层面的规定中，问题最突出的还不是缺少规范性条款，而是奖惩条款之间的比例失谐。有调查显示，大多数班规里，罚的项目关乎每一个学生从校内到校外方方面面，全方位地约束着学生的言行举止，具体而详尽；奖的方面相对狭窄很多，主要奖的内容有：学习成绩出色或进步很大，为集体做出贡献或带来荣誉，或有着怎样突出的表现。相对来说，这些奖的内容只是涉及了少量学生的少量行为。而且，从分量上看，罚得重而奖得轻。① 在很多人的记忆中，中小学的班规就等同于一系列的惩戒规定，从罚抄作业、罚站到请家长来学校，不一而足。班规实际上起到了一个对学生日常行为进行规训和惩罚的作用。这一系列惩戒性的规定就构成了学生对学校生活特有的情感体验，导致很多学生害怕上学、不喜欢学校。②

班规条款出现奖惩失谐现象，说明班规的协调性出了问题。这种状况几乎在过去的中小学教育管理中形成了一个悖论，一方面我们在大力提倡赏识教育，反对惩戒教育，但中小班规却随处可见关于惩罚的规定，而较少关于奖励的规定。缺乏对赏识教育与惩戒教育之间关系的科学认识，是其中深层次的原因。

(三) 既有条款与生成条款

既有条款是已经在班级中运用的班规条款，生成条款是在班级运用过程中根据形势发展的需要而临时形成的班规条款。事实上，班规应该是一个开放的制度体系，需要随着形势的发展而不断调整和完善。无数的教育实践表明，生成条款往往成为班规中最有活力、最有特色的规定，因为生成条款是直接针对班级

---

① 贺亮. 从班规看当前班级制度文化的发展与不足[J]. 教学与管理，2006(3)：26－28.

② 齐学红. 规矩与方圆——重新解读"班规"[J]. 班主任，2015(3)：49－50.

发展形势的需要而建立的。美国著名教师罗恩·克拉克的"五十五条班规"就是在实践中一条一条逐步完善起来的,这一点无论是在其专著,还是在好莱坞以其为原型拍摄的电影《热血教师》中都有很好的体现。班规的完善不仅可以体现在班规条款的增减,还可以体现在某一班规条款内容的逐步完善,魏书生的班规班法中关于《班级日报》的规定也是在实践中逐步完善的。生成条款的数量及其有效性,能够反映衡量班规质量的一种重要指标,即班规的开放性。墨守一成不变的班规,培养不出优秀的班级,班主任在班规建设中要适当做到随需而变。

(四) 成文条款与口头条款

成文条款是经过比较规范的程序明确写进班规的条款,属于比较正式的既有条款。口头条款是暂时未写进班规的条款,由班主任根据班级发展形势的需要临时做出的口头决定,因而更多属于生成条款的形态。口头条款并不能完全等同于生成条款,因为有很多既有条款也具有口头条款的性质。在小学低年段的班级管理实践中,由于学生年龄尚小,设计过于复杂的班级制度体系不太现实,因而班主任一般采用口头规定几条班规来规范学生的行为。此外,在实践中也时常出现这类情况,班主任一开始曾经组织设计成文的班规,但随着时间的推移,班规中的成文条款在班级运行中的地位可能不再突出,因为学生的纪律性有明显改观,原有的一些规定发挥作用的频率明显降低。这个时候,往往是一些新生成的口头条款在发挥主导作用。当然,有一些经验比较丰富而又行事作风严谨的班主任,则会建立比较严格的班规修订制度,定期召开班规议事会议,讨论通过新的班规,或者将班规的口头条款完善为成文条款。与生成条款的情况类似,口头条款能够反映出班规质量的灵活性维度。在班规体系中拥有一定数量的口头条款并且能够发挥较好的运行效率,说明班规具有较强的活力。

二、班规内容的表述

(一) 班规应该内容全面

班规作为班级全体成员的行为准则,应当尽量让学生在学习生活的方面做到"有法可依"。班规内容尽量做到全面,从发展的维度考察是促进学生全面发展的需要;从维护班级秩序的视角考察,则是要力求让违纪的学生"无空子可钻"。然而,班规条款不可能因为追求全面而无限度地扩大容量,那样只会给班主任和学生带来沉重的负担而最终陷入无效的结局。因此,班规只能在主要的和常见的问题上做出规定,这样就留下的所谓的班规的"法律空白",从而为学生留下了很多"钻空子"的机会。

关于如何解决班规中的"法律空白"问题,近几年来一线班主任进行了一些有益的探索。比如:某班主任设计的班规体系中,对学生的处罚不符合班规中任何一条,学生还有"班级人大"可以申诉并且胜诉。这是非常值得肯定的做法,有利于增强学生自我管理的意识,提升班级民主自治的氛围。班规确实无法穷尽所有班级问题,遇到"班规空白"难题时,有以下两种应对方法:(1) 依据班规中最贴近的条款来进行处理,注意方式和方法,让涉事学生心服口服;(2) 运用班级议事,充分发动学生智慧,对现有班规进行修改和完善。当然,这其中的过程离不开班主任的指导和引领。① 上述两种实践中产生的临时补救性的办法,其实可以在班规制定之初就进行明确规定,将其内容整合到班规的"其他事项"栏目或版块之中。第一种方法实际上是对于"法律空白"问题采取就近适应条款的原则,一般适合处理相对比较小的问题;第二种办法实际上是通过建立临时合议机制来处理"法律空白"问题,一般适用于相对比较重大的问题,或者第一条无法适用的问题。在班规中设定了上述两个内容,就等于建立了一个"篮子条款",几乎所有未明确规定的问题都可以放进去,据此酌情处理,这样班规就实现了全面覆盖。

(二)班规应具体明确、容易理解

小学班规有着不同于中学班规的鲜明特点,比如:成文的少,不成文的多;具体明确,容易理解等。由于前者属于班规条款构成方面的内容,在上一节已经有详细阐述,因此本节只阐述班规"具体明确,容易理解"这一特点。由于小学生年龄小,其认知特点以具体形象为主,所以小学班规只有做到明确、形象,小学生才容易记忆和理解,才便于小学生掌握和执行。正因为如此,在小学班规制定中才会时常出现"童谣班规""拍手歌安全规则""数字班规""漫画班规"等符合小学生认知特点的班规形式。

案例呈现

童谣让班规的记忆活起来②

童谣是中华民族文化宝库中的一颗明珠,自古以来就受到人们尤其是孩子们的喜欢,许多人都是说着童谣、唱着儿歌长大的。在一代代人的口耳传诵中,简洁明快,朴实风趣、朗朗上口的童谣已成为孩子们最初的快乐体验和相伴一生的温馨记忆。用童谣编写班规,往往很容易地让孩子喜闻乐见。这样,班规的记忆、推广也就轻松自如了。比如,我编了以下几个童谣段子:

① 郑光启.当违纪行为遭遇"法律空白"时[J].班主任之友,2018(1):29.

② 温爱娟.让低年级的班规"活"起来[J].班主任之友,2008(2):20-21.

(1) 节约用水篇:水龙头,哗哗哗,小朋友们爱惜它,不用水时关掉它。

(2) 上下楼梯篇:上楼梯来靠右走,下楼梯来靠左走,遵守规则好队友。

(3) 课堂纪律篇:铃声一响,要进课堂,身体坐直,眼看前方,学习用品,摆放桌上,老师来了,问候响亮,不吃零食,专心听讲,可爱玩具,不进课堂,回家以后,再去赏玩。

(4) 读书写字姿势篇:坐时身挺脚踏地,读书写字三个一:眼离书本一尺远,胸离书桌一拳远,手离笔尖一寸远。

这些班规编好之后,我利用课前5分钟、班会队会、早读、课间休息时间带领孩子们朗读背诵,还让孩子们说说是什么意思,应该怎么做,等等。我发现,孩子们对这些童谣很喜欢,往往在入学两三个星期内,就能够接受一些基本班规了。

为了让这些童谣式的班规深入人心,我还把这些童谣式的班规印成一张张小卡片,过塑之后用绳子穿起来,发给孩子们。因为读起来有趣味,小朋友们在课余时间都喜欢拿出来背诵。童谣式的班规内容使学生明白了班规里的每一个小要求,老师心中有了底后,执行班规再也不是"盲人摸象"了。

(三) 班规应该合法、合理

班规从其属性上讲属于团体规约,是班级成员之间的共同约定。无论从团体规约的属性和地位来分析,还是从依法治教的视角来考察,班规上应与国家关于教育的相关法律法规相符,下应与《小学生守则》《小学生日常行为规范》等守则规范以及学校规章等一致。与此同时,班规应适应小学生的年龄特点,合情合理。在中小学班级管理的实践中,合情合理的问题并不十分突出,尽管对于一些比较"另类"的班规,教育界和学术界可能有不同的观点。班规制定中值得关注的问题是合不合法的问题,惩戒措施存在体罚风险、关于没收的规定、关于罚款的规定等,是班规制定中常见的问题。为了保证班规的合理合法,班主任在组织班规制定之前,应当对相关法律法规做专题研究,做到心中有数以后,再引导学生设计班规。

三、班规制定的基本原则

(一) 民主性

班规作为班级成员共同遵守的行为规范,应该是师生之间、生生之间的一种共同约定,而不应该是班主任"独断专行"的产物。只有让学生成为班规制定的主体,制定出来的条款才会得到学生的认同,很多时候学生拒绝接受班规,或者在依照班规受到惩罚时产生逆反心理,并不是因为学生不愿意接受惩戒和教育,而是因为他们对惩戒措施的不理解、不认同。以班规中关于教育惩戒的规定为例，魏书生的“依‘法’治班”、郑州二七实验小学的“温馨班规”、山东郑立平老师的“弹性惩戒”，都是由师生共同制定出的具体的惩戒规定，也就是班规中的惩戒条款。不仅如此，其中的“温馨班规”和“弹性惩戒”还邀请了家长参与班规的制定，从而进一步扩大了班规制定的民主性。

在班规设计中发挥学生的主体作用，是很多班主任既向往又担心的事情。向往是因为学生的主体作用，不仅可以减轻班主任的负担，而且是学生自主发展态势良好的表现。担心是因为班主任害怕学生做不成或做不好班规制定这件事。“做不成”是指学生无法有效完成班规的制定，这就需要班主任返工，既费时又耗力。“做不好”是指如果学生把持班规的制定，使班规在某种程度上成为他们违纪的庇护，或者让班规减少他们违纪的成本，班规制定就成了南辕北辙的事。事实上，学生中间蕴藏着超乎老师想象的潜力，班主任应该以大度的心态放手让学生自主地制定班规，即使出现上述两种情况，那也是一种教育学生的过程。尽管会稍微麻烦一点儿，但却有可能获得更好的育人效果。

案例呈现

班规议事也“意外”①

转眼就到了新学期开学第三周的班会课。各个小组征集上来的班规条款已经汇总成草案，正在逐条付诸全班最高权力机构“全体同学代表大会”讨论，一旦通过，将形成正式的具有“法律”效力的条文。

其他班规的表决基本顺利，虽然有的条款也有些许争论，但很快都达成了一致意见，均获得了通过。但当讨论到“如若迟到，扣除该同学量化分1分；一周有两次或两次以上迟到情况时，加倍扣分；小组成员一周无迟到情况，每名成员加1分……”这一条时卡壳了。

班长刚刚宣读完这一条款，“迟到大王”峰率先发言：“我认为这条班规不合理，我不同意。因为很多同学迟到都不是故意的。比如说有的同学可能因为闹钟坏了迟到，有的同学可能因为公交误点了而迟到，所以迟到扣分是不合理的。”

我觉得他的理由很苍白，肯定会招来大家的讪笑。谁知让我意外的是，他的话音刚落，就一石激起千层浪，立即引起了一片附和的声音，甚至还有几个学生鼓掌起哄。

① 陈光明. 班规议事也“意外”[J]. 班主任之友，2015(7)：33－34.

学习委员颖立即站起来反驳说："你不能因为你开学两周迟到了五次，就否定这条班规的合理性，哪个班级能够允许迟到？在社会上又有哪个单位能够纵容迟到？"英语课代表丽也跟着表达了意见："班级制度是对事不对人的，我们表达观点的时候不能带有太多的个人因素，总不能把迟到说成是合理的吧？"

峰站起来梗着脖子说："我不认为迟到是对的，但我们总会有遇上刮大风、下暴雨等恶劣天气的时候，也会有身体不舒服等特殊情况。没有谁愿意迟到，所以，只要迟到就扣分，这样太不人性化了，我坚决反对。"他这次发言引发了更大的躁动，获得了更多的掌声……

看着场面越来越混乱，主持讨论的班长说："这样吧，咱们对这一条进行表决吧，请同意的同学举手！"结果让我很是意外，全班五十六人，支持的仅有二十二人，三十四票反对。班长和全班同学的眼光齐刷刷地向坐在教室后排的我看来，其中有几个用颇为得意的眼神看着我，好像在说，老师，你不是说充分尊重我们的民意吗？看你怎么办？

尽管我对这一常规的条款未能通过大感意外，但还是尽量稳定好情绪，走上讲台，坦诚地表达了我的想法，"其实我是非常希望这一条班规能够被通过的，也觉得大家肯定会同意，因为一个纪律严明的班级就必须有严格的考勤制度。但既然多数人不同意这一条，我们就不将它写入班规。老师决不会把自己的想法强加给你们"。

峰用眼睛瞄着颖，脸上露出了得意的微笑。这时，丽又提出了新的想法："老师，要不把这一条修改一下再表决行吗，如每月迟到一次不扣分，因特殊情况迟到也不扣分？"

体委强立即提出了反对意见："这样改肯定不行，因为所有迟到的同学都会说自己是因为特殊原因而迟到的，而我们没有办法界定什么是特殊原因。"

学生们在下面七嘴八舌地议论，但看他们的表情，不同意的还真是不少。我观察了一下形势，表了态："我尊重大家的意见，这一条没有被通过，时间不早了，请同学们继续表决其他条款吧！"

"老师……"丽还想说什么，我制止了她。

一下课，颖和丽就跑到了我的办公室。"老师，他们太过分了，故意起哄。"颖说。我笑着安慰她们："其实，大家不支持这一条班规也是能够理解的，主要不是反对制度，而是担心自己一不小心迟到了，被扣分，另一方面，也证明了我们的考虑还不成熟，工作还没做到位，没能完全考虑到大家的需求。时间久了，大家就会理解的，下次还有机会嘛！"

我知道，如果大家不太同意，而我想方设法强行让班规通过，只会让同学们反感，不能让他们从心底里认同，甚至会适得其反。

正如预料的一样，班级有了班规以后，各方面明显规范多了。尽管迟到的现象在班级还是时有发生，但我惊奇地发现峰迟到的次数明显减少了。

日子过得真快，期中考试后的班规修订班会又到了，全班同学对班规的部分条款进行了修正和增补。最后，班长问，还有什么补充的吗？这时，峰站了起来。又是他，他又要反对什么呢？

峰说："我承认上次讨论的时候我有私心，我怕自己迟到被扣分。这段时间，我们班量化扣分就是迟到这部分。我提议将那条班规加进去。"

又是一个意外！全班响起了长时间的热烈的掌声。这一条班规高票通过。

(二) 独特性

每一个班级都有自己独特的个性，每一个班的班级文化也都具有自己独特的魅力。班规作为班级文化在制度层面的体现，必然也要体现出自己的独特性，否则班规就难以真正做到匹配班级发展目标的需要。如果一个班的班规只是简单地从网上下载一个班规文本，稍做修改以后再交给学生讨论或投票，或者是机械地照搬某知名班主任制度建设的方案，那么，其所建立的班规必然是低效的，因为没有建立在班情的基础之上，既没有特色，更无实效。20 世纪 90 年代以来，国内有很多班主任在学习魏书生的"依'法'治班"，但其中多数是失败的。在众多学习魏书生班级管理模式的一线班主任中，也不乏少数成功的案例，他们之所以成功，关键是将魏书生的班级管理模式与班级的特点，与班主任的风格有效结合起来，形成了自己的特色。再好的班级管理模式，如果不能和班级特点结合起来，都将是低效的。

四、班规制定的具体方式

在坚持民主性和独特性两个原则的基础上，班规制定的具体方式是多种多样的，可以因时(有利时机)、因人(班主任特点)、因班(学生的特点)而异，有时也需要综合考虑以上因素。

(一) 班规制定的时机选择

班规的制定与班级精神的提炼、班歌的创作、班徽的设计等一样，都是涉及班级成员共同约定的事项，因此，需要班主任选择有利时机进行，以便获得势能，顺流而下。这主要需要从两个方面进行考虑。

1. 班主任权威需要达到一定高度

制定班规需要班主任在学生心目中具备初步的权威，或者说班主任初步树立了自己的形象。一般来说，班主任确立在学生心目中的形象或者树立在学生心目中的权威，大体会有三个层次。第一层次是"信任"，即学生相信班主任能够胜任班级管理工作，学生认为班主任能够镇住班上那些"熊孩子"，也能带领班级取得好的成绩。这个时候，班主任的角色还主要停留在班级管理者层面，学生对班主任的心态是"你办事，我放心"。第二层次是"依赖"，经过一段时间的相处以后，尤其在班主任的带领下，班级在多方面或者某方面取得了比较可喜的成绩，班主任的能力得到了学生的进一步认同，以至于学生遇到困难的时候，会很自然地跑到班主任那儿去寻求帮助。这个时候，班主任的角色处于由班级管理者向班级领导者过渡的阶段，学生对班主任的心态是"有困难，找老师"。第三层次是"趋同"，经过进一步的接触，学生对班主任的认同会进一步加深，从而在价值取向、思维模式和行为习惯方面，会慢慢地接受并模仿班主任。这个时候，班主任已经进入完全进入到班级领导者的状态，学生对班主任的心态是"好老师，我榜样"。一般情况下，班主任组织学生开展班规制定的工作，在"信任"阶段比较适合。没有建立学生的信任，班规制定会难以获得学生的配合和认同。如果等到了"依赖"阶段再去制定班规，则显得有点儿迟，会错过制定班规的最佳时机。

2. 需要学生形成制定班规的共同愿望

班规是班级成员的共同约定，因此，班级成员中有制定班规愿望的人数越多，制定班规的整体期望值就越高，从而产生的势能就越大。如何让学生产生制定班规的共同愿望呢？班主任既可以选择有利的外部条件，比如班级在某项活动或者某次考试取得了好的成绩，欣喜之下班级成员的归属感大增，这时班主任就顺势引导学生开展制定班规的工作。如果没有这样外部条件，只要班主任的权威或者形象达到了"信任"的层次，班主任可以通过讲道理、摆事实、做比较等方法，引导学生对于班规制定的兴趣，征得大多数同学的同意以后，顺势组织班规制定的工作。

(二) 班规制定模式的选择

班规的制定没有一成不变的模式，班主任在时机成熟以后，通过综合考虑小学生所处的年段、班级基本情况以及班主任自身的风格特点以后，处理好以下两对关系。

(1) 班规制定是一步到位，还是逐步积累？一般而言，小学低年段的班级，尤其是新生班级，其班规的制定应当更多地采取逐步积累的方式。班主任可以先口头制定几条班规，然后随着时间的推移，班主任可以根据班级发展形势的需要，逐步地增加一些有针对性的班规条款。等到班级发展比较成熟以后，班规也就比较成型了。对于中高年段的班级，则可以一步到位地制定一套班规体系，然后再根据情况需要适当做出微调。

(2) 班规制定是以学生为主，还是以教师为主？这个问题实际上是学生主体性发挥程度的问题，它不仅考虑学生的年段特征，而且需要考虑班风状况。一般情况下，低年段的班级，应当使班主任的主体性多一点儿，学生的主体性相对少一点儿。随着学生年段的提升，可以逐步提高学生在班规制定中的主体性作用，而适当降低班主任主体性作用，实现从“扶着走”到“带着走”的转变。对于不同班风的班级，也需要考虑学生主体性发挥作用的问题，对于学生自觉性较好的班级，可以适当提高学生主体性作用；学生自觉性较差的班级，则需要提高班主任的主体性作用。

第三节　小学班级管理中的班规执行

一、班规的执行

班规的执行从广义的视角而言，表现为通过讲解、讨论、操练等形式加深学生对班规的理解，通过醒目张贴、签约宣誓、行为塑造等强化学生对班规的履行。其中，履行强化中的行为塑造又包括正向强化、负向强化、惩戒和忽视，等等。惩戒就是对学生违规行为的处理，也就是狭义的班规执行。在中小学班级管理的实践中，对于违规学生的处理，在班规执行中的比例占有绝对优势。事实上，中小学班规的主要内容也是关于教育惩戒的规定。因此，本书主要从学生违规行为处理来阐述班规执行问题。

(一) 以教育为宗旨

班级的目标是培养全面发展的人，任何班级制度的设计以及执行这一制度的举措，都必须守住这一教育的初心。因此，在面对违纪违规学生时，班主任要将教育学生作为最终目标。处理违纪违规学生，换一种说法就是教育惩戒，惩戒与赏识一样都是一种手段，教育学生，促进学生成长才是目的。

如果一味地对违纪违规学生进行惩罚，而忽视其中的教育诉求，必然会给学生的全面发展带来负面影响。国外有研究表明，长期依赖“惩罚”等手段来执行班规，会使学生的行为负责、行为选择能力减弱，也会对教师自身带来不利影响，如引发犯罪感、恐惧感、愤怒感等。杜威曾说，“把重点放在纠正错误行为而不是放在养成积极有用的习惯上”的训练，是一种病态的训练，因为它无法唤起学生遵守班规的自觉性。① 因此，班主任在处理学生违纪违规行为时，要像著名教育家徐特立曾经指出的那样，教育学生“不是压抑学生的坚强意志，而是增加对问题进一步的了解，以正确的知识来克服无知的盲动”。② 同样的道理，在著名的“陶行知的四颗糖果”教育案例中，通过春风化雨般地感化学生，帮助学生认识到自己行为的错误，并主动承担相关责任，也值得众多班主任在处理违纪违规学生时深思和借鉴。

（二）以班规为尺度

班主任对违纪违规学生的处理，不能带有情绪，也不能随意实施惩罚。班主任随意实施惩罚往往使教育惩戒越界而异化为体罚，而班规存在的一个重要功能就是杜绝这种现象。只有在处理违纪违规学生的过程中切实树立班规的权威，而不是依据和维护教师权威，班规的执行才能真正做到科学化。对此，徐特立曾有过专门的论述，他指出，“教师应该严格，不要严厉；严厉是封建的，如体罚等，那使教师变成了统治者，而学生则变成了被统治者。教师要严格，要学生尊敬，教师要把学生弄好”。③ 班规是包括班主任在内的全体班级成员的共同约定，因此，班主任与学生都需要遵守班规。正如皮亚杰所说：“任何强加于学生的纪律仅能停留在学生精神之外，基于相互合作和尊重的纪律才能植根于学生的心灵。”④

（三）注重学生自省

对于违纪违规学生的改造，只有通过内心的觉悟或觉醒，才能真正实现。对此，中外著名教育家都曾有过明确的论述。苏联著名教育家苏霍姆林斯基曾经指出，“孩子做了不体面的事，受到责备主要不是来自年长的人，而是来自孩子本人……惩罚的存在就为了使一个人能检点自己和反思自己”⑤。我国著名教育家徐特立也曾指出，对待有缺点和错误的学生，教师应“用教育批评的方式和他谈话，采取亲切的态度帮助他、教育他”；而“如果学生真正了解自己的错误，那就是自己在精神上受了惩戒”。⑥ 钱穆先生晚年曾回忆起在常州中学读高中时的情景。一次历史考试，三道题他只做出一道，结果吕思勉老师却给了他 100 分，

---

① 刘文军. 班规制定中的四组关系辨析[J]. 班主任，2015(3)：38－39.
② 喻琼. 徐特立德育方法探微[J]. 六盘水师范学院学报，2014(1)：73－76.
③ 喻琼. 徐特立德育方法探微[J]. 六盘水师范学院学报，2014(1)：73－76.
④ 刘文军. 班规制定中的四组关系辨析[J]. 班主任，2015(3)：38－39.
⑤ [苏联]苏霍姆林斯基. 怎样培养真正的人[M]. 蔡汀，译. 北京：教育科学出版社，1992：161，203.
⑥ 喻琼. 徐特立德育方法探微[J]. 六盘水师范学院学报，2014(1)：73－76.

吕老师写下的评语字数竟然比他的答题字数还多。这让钱穆流下了感激的眼泪,此事改变了他的人生,影响了他的终身。像这样的美好故事,我们总会在优秀班主任那里轻易寻找到。美好的故事,对于学生来说如春风化雨,滋润心灵。①

案例呈现

苏霍姆林斯基教学生约束自己②

苏霍姆林斯基正是一个十分善于运用教育这根“指挥棒”的人。令我印象非常深刻的是他对一个任性的、胡闹的、管束不住自己的男孩子罗曼的教育。罗曼会无缘无故地打同学,会故意把女孩的裙子弄脏。有一天,他又把小女孩扎小辫子的丝带扯去了。苏霍姆林斯基把罗曼叫来,用绷带把罗曼右手的手掌和手腕缠住,牢牢捆在衣袋里,然后,苏霍姆林斯基又请学生也把他的右手用同样的方式扎起来。这一整天,苏霍姆林斯基都与罗曼在一起。在这种体验中,苏霍姆林斯基要让这个孩子体会到失去了自由是一种什么滋味,从而明白,做一个人要懂得明智地限制自己的自由和愿望。我想,如果每一个教师都能够有这样的意识,去教会学生约束自己、控制自己,那也许正是解决教育中诸多难题的一个重要途径。

苦口婆心地说教固然重要,但教会学生进行自我约束,这是一种更高的教育智慧。

(四)方法灵活多样

在课程与教学论中有一句名言:教学有法,教无定法。班规作为一种典型的潜在课程,在其履行的过程中可以从以上这句名言中引申出一句类似的话:教育有法,教无定法。班级管理是走进学生心灵的艺术,不同的班主任,不同的学生,甚至同一个班主任面对同一个学生,在不同的场景下,都需要因人、因事而异,采取不同的策略和措施。班主任在处理违纪违规学生的问题上要做到方法灵活多样,不仅需要丰富的教育学、心理学的专业知识,更需要广泛涉猎管理学、军事学等学科的专业知识,甚至还可以从相关的历史故事、电影、电视剧或者文学作品中获得启发。总之,班主任要想成为一位足智多谋的管理者,必须要广泛涉猎各种知识,并逐渐将其与班级管理的实践相磨合,最终形成自己独特的管理风格。

---

① 胡金波.优秀班主任的三大境界[J].人民教育,2014(23):8-9.

② 闫学.跟苏霍姆林斯基学当班主任[M].北京:教育科学出版社,2010:18.

（五）在期待中收获

学生的成长就如同现代战斗机飞控软件的设计和编制，本身就是一个不断尝试和不断纠错的过程。西方有句名言，“孩子犯了错，上帝都会原谅”。[①] 尤其对小学生而言，他们更应该是允许犯错误的人群，班主任不允许小学生犯错误，是在以成人的标准甚至是高标准来要求他们，这本身就是大错特错的。

在班主任教育的实践中，无论是杂志、专著上的班主任工作案例，还是课堂教学、专家讲座中的案例分析，都在一定程度上对信息进行了抽象和优化，因此，在人们看来一个好的策略一经提出，似乎就能起到立竿见影的效果，违纪违规的“熊孩子”就能被一招搞定。事实上，学生违纪违规多半是因为行为习惯与班规要求不符，因此，成功完成对他们的转化工作需要一个过程，有时，这个过程可能会持续很长的时间。

对待屡戒不悛的学生，徐特立指出：“在这种情形下，可以和当事人共同商量惩戒的办法，以示爱护他和转变他的诚意，却不宜抱敌对的态度。”[②]应把关爱撒向每一位学生的心田，让教师的关怀伴随学生走好每一步。

二、班规执行效果的评估维度

对班规执行效果进行评估，是班主任了解班级发展状况的重要途径，也是促进班规建设的重要手段。班主任对班规执行效果的评估，可以通过自我评价、与学生及科任教师的谈话进行，也可以通过召开专门的班规诊断与修订的专门会议进行。不论采取哪种形式的班规执行效果评估，都必须掌握评估标准。

（一）自觉性

班规执行效果的自觉性维度，是指班规执行以后学生在遵守班级行为准则和完成学习任务的自觉性程度。自觉性是从学生个体层面考察班规执行效果的评估指标，它仅能够说明学生个体遵守班规的状况，考察的是班规执行效果中比较基础的指标。自觉性指标通过观察法就可以比较直观地了解到，通过访谈法和资料分析法，则可以深入的了解。

（二）有序性

班规执行效果的有序性维度，是指班规执行以后班级整体的凝聚力与活力。班规执行效果的有序性维度与班级整体状况的评价因子有关，属于中级的评价指标。在现实中有时会出现这种状况，某个班级中几乎每一个学生都不会违反

① 魏薇，路书红. 王红艳等中外教育经典案例评析[M]. 济南：山东人民出版社，2005：161.

② 喻琼. 徐特立德育方法探微[J]. 六盘水师范学院学报，2014(1)：73－76.

班规，因为违反班规会受到惩罚，还会损失相关的利益，并且该班的学生学习都是很自觉的。然而，一到要参加校级的集体项目时，这个班很可能人数都凑不齐。这样的班级就是典型的自觉性较好而有序性较差。虽然，这种现象在学段较高的学校，比如高中、大学比较常见，但在小学的各个年段也或多或少的存在。尤其，在当前城镇化进程加速，教育资源涌向城市的过程中，一些省会城市和重要的地级市及其周边城区的小学，往往出现班主任和科任教师频繁变换的现象。有的小学班级一年换一轮老师，几乎是常态。在这种背景下，如果衔接不到位，班风就很有可能变坏，虽然在班主任和班规的约束下，学生会相对比较自觉，但有序性却往往在不知不觉中下降。

（三）舒适性

舒适性维度是指在班级制度的规范下，班级形成了良好的班风以后，在班级自觉性和有序性都比较高的情况下，学生在班级的学习生活中处于一种轻松、愉悦的成长状态。在学习魏书生班级管理模式的班主任中有这样一种现象：某班主任似乎颇得魏书生“依‘法’治班”的精髓，将“人人有事做，事事有人做”的管理模式落到了实处。尽管该班学生遵守纪律和学习的自觉性都比较高，而且班级整体的有序性也比较高，学生很关心集体荣誉，但是该班学生让人感觉总是处于一种精神紧张的状态之中，缺少轻松、愉悦的成长氛围。魏书生的班级管理模式，表面上看是一种“法家路线”，实际上确是一种“德治为体，法治为用”的班级治理机制。只有真正领会了魏书生用班级制度将点点滴滴的德育效果固定下来的真谛，才能够在学习魏书生班级管理模式的过程中让学生愉快的、自由的成长。正因为如此，班规执行效果的舒适性维度，才堪称是评价班规执行效果的高级指标，它是衡量班级是否发展到一种比较成熟状态的重要评价依据。

课后练习

1. 从网上收集10份小学班规文本，分析一下它们的特点，并提出相应的建议。

2. 小学班主任应当怎样有针对性地设计班规？

第七章　小学班队活动管理

微信扫一扫

获取本章拓展资源

学习目标

1. 理解班队活动的教育意义，深化对班队活动价值的认识。

2. 明确班队活动的类型与主要方式，能够在班级管理中灵活运用主要方式。

3. 了解班队活动的组织和实施，学会设计和开展班队活动，能够正确及时地处理活动过程中遇到的问题。

第一节　班队活动概述

儿童是喜欢活动的，班级活动不但使学生们身心愉悦，同时也有助于学生身心的发展。班级活动和课堂教学是学校教育的两个重要途径，它们相辅相成，又相对独立。课堂教学主要是以学科知识的教与学为中心的教学活动，而班队活动主要是以更广泛的育人为核心。班队活动能够为学生提供更多的独立机遇和实践机会，是学生认识世界、认识他人与自我，适应班级、学校生活以及社会生活的重要途径，同时，也是建设良好班集体不可替代的途径，是班集体建设的重要组成部分。

一、开展班队活动的教育意义

班主任是班级教育的主任教师，是负责组织、教育、管理班级学生，引导、帮助，促进班级学生全面发展的主要责任人。作为一名小学班主任，除了传授学生基本的文化知识外，还要兼顾对学生的思想、价值观、道德心理的引导，科学素养的养成、基本生活能力的辅导等。小学阶段教育的主要着眼点是培养学生全面发展，为学生的一生发展奠基。班队活动有着形式多样、趣味性强的特点，对于情感发展不完善，认知水平不高的小学生开展多维度的教育无疑是极好的方式。

（一）班队活动对班集体的建设具有重要作用①

组织和培养班集体是班主任工作的中心环节，也是班主任最基本的任务。班集体是指经过以班主任为主的各种教育力量的培养和引导而形成的具有正确的奋斗方向，坚强的领导核心与骨干力量，以及良好的纪律、舆论和班风的高层次的班级群体。因此，班级不等于班集体，班级只是一个有组织的学生的正式群体，班级是班集体形成的组织基础，而班集体则是班级群体的高级形式。班级与班集体在社会性质上具有根本性的区别。

1. 班队活动有利于班级凝聚力的提升

班级凝聚力是衡量班级建设质量的重要指标。班队活动是全员参与的一项集体活动，它要求的是集体合作，每个人都参与其中；班队活动丰富多彩，不同的学生都有展示自己才能的机会，都能看到自己对活动的贡献，体会到成就感，有利于学生形成班级向心力。而这种高度向心力凝聚下的班集体的领导核心和众多积极分子之间，以及他们与同学之间会产生极大的影响力，这种影响力不仅有利于学生的成长，而且会形成一种合力，推进全班各项工作的开展。

2. 班队活动有利于班级良好人际关系的建立和良好学生个性的形成

班级是学生发展成社会人的重要环境。优秀班主任魏书生老师说过：班级像一个小社会，社会上有什么，一个班级便可能有什么。学生们走出家庭，通过在这个小社会实习，才具有了一定的适应大社会的能力。个体要生存发展，首先必须适应社会，实现个体的社会化。一个良好的班级，作为一个小社会，对学生个体社会化起着重要的促进作用，班队活动会为学生提供提高“做事”能力，学习“做人”之道，获得“价值”启蒙的场所和机会推动个体社会化的日趋成熟，为以后适应真正的社会生活打下基础。

良好的班级生活、丰富多彩的班队活动还会促进学生个体不同能力、不同兴趣爱好的发展；同时，各种形式的人际交往能够促进学生自我意识的发展和健康个性品质的形成，从而形成个体的独特个性。有经验的老师都有这样的体会：在缺少活动的班级里，人与人之间的关系往往比较疏远，而每一次成功的班队活动之后，生生之间，师生之间的关系都会更加亲密。活动中师生间、生生间进行着激烈的交流碰撞，在这个过程中无处不在、无时不有的是信息的传递、加工、储存、反馈，这些信息承载着师生多方面特征，展示着丰富的个人品格，增进大家的认识和了解，为良好的人际关系奠定了坚实基础。

---

① 杨冬冬. 小学班主任管理中班队活动建设的策略研究[J]. 课程教育研究，2013(12)：197.

对于正处于发展期的少年儿童来说，同伴的友谊和认同是非常重要的。而通过班集体活动的组织，可以为学生创造更多彼此接触和交往的机会，让他们一起设计活动，一起准备活动，一起参与活动，在活动中彼此有更多的接触、交流，彼此更为了解。

3. 班队活动有利于良好的集体舆论和班风的形成

集体舆论是在班集体中形成并占优势的、为多数人所赞同的言论或思维取向。它以议论或褒贬等形式肯定或否定集体的动向或集体成员的言行，成为控制个人或集体发展的一种力量。正确的集体舆论能够弘扬正气，鼓励上进，同时又能遏制错误思想和不道德现象对班级产生的影响。一个班级有了正确的舆论，这种道德舆论和文化影响具有强大的感召力和影响力，班级有了正确的舆论导向，这种舆论导向下的个人就会受集体舆论的影响，自动的调节个人与集体的关系，改变与之不相适应的思想和行为，使学生能够明辨是非、分清好坏，成为学生发展的巨大精神力量，并内化为学生的行为规范和准则。

积极向上的集体舆论对班级建设产生极大的约束力，同时，有利于培养健康进取的良好班风。班风体现在班级独具特点的整个风气，是班级成员的思想、道德、人际关系、舆论力量等方面的精神风貌的综合反映。良好的班风是指班集体成员中普遍具有符合道德标准的行为习惯、团结协作的人际关系、积极进取的精神，也是较高综合素质的反映。良好的班风形成后，它可以潜移默化地对集体内的个人产生影响，影响学生积极思想和进取行为的产生，同时也能约束不良行为和现象的发生。

正确的集体舆论和良好的班风不能单凭简单的说教而形成，必须依靠开展一系列有益的集体活动而形成。因此，班主任要善于设计和组织学生开展各类健康有益的集体活动，并有意识地在活动中培育和引导正确的、积极的集体舆论和优良班风。

（二）班队活动是班主任进行德育教育的有效途径

赞可夫说："儿童的全面发展，在孤独和隔离中是不可能的，只有在具体的内容丰富而形式多样的活动中才有可能。"苏霍姆林斯基也曾明确指出活动的重大意义："学生在积极的活动过程中认清真理并深深倾注了理性、道德和审美情感时，便形成信念……积极地活动、行为、劳动及克服困难的斗争——都是坚定信念的最重要的先决条件。"他还说："要让孩子尽可能多地去体验良好行为的快乐，要让那种由这此行为而产生的道德和审美的满足之情去充实他的精神生活，是学校集体生活的主要原则之一。"

实施素质教育是我国应对 21 世纪挑战，提高国民素质，培养新世纪人才的重大战略举措。素质教育就是要促进学生德、智、体、美、劳全面发展，把学生培养成有理想、有道德、有文化、守纪律、富于创造精神的一代好公民。其中，德育是素质教育的基础，是重中之重。德育过程即思想品德教育过程，它是以一定的思想品德为目标，由教育者和受教育者共同参与的活动。活动是德育的生命。小学班主任的德育教育是十分重要的一部分教育内容，通过班队活动的开展可以身临其境地让小学生体验到德育教育的意义，比如结合节日纪念日开展班队活动：九一八爱国书画展；母亲节"送妈妈一枝康乃馨"板报征集等。通过班队活动的组织策划，深入了解活动的主题，动手动脑集结力量搞活动，将德育教育贯穿始终，意义深刻。

（三）班队活动是提升班主任专业素养的有效途径

随着小学班主任的专业化发展的需求，对小学班主任专业素养的要求越来越高。班队活动的有效开展，需要小学班主任有敏锐的教育眼光、先进的教育理念、广博的专业知识和多样的教育智慧以及富有魅力的教育人格品质。班主任在开展班队活动时，需要对班队活动进行理性的思考。班队活动中所承载的师生情感、知识拓展、行业了解、文化传承等因素越多元，越能满足不同层次学生的成长需要。班主任要据此设计不同主题的班级活动，实现不同的教育目标。而且，教师的视野是丰富而立体的，可以从一个活动中挖掘出很多意义，让学生有多元的收获，在班队活动过程中师生得到共同的成长。

同时，因为开展班队活动前需要明确的策划书、活动中的影像资料、活动后的师生反思都可以让班主任在过程得到专业的提升。这一点我建议班主任们读读李镇西老师的书，看看他是怎样用文字和黑白镜头定格自己年轻时代与学生相处的点点滴滴的。以图文资料积累为例，班主任可以亲自动手，也可以把这件事情安排给专门的学生负责记录和管理；可以运用"博客""简书""美篇"等编辑软件进行整理加工存档，也可以申请班级公众号，自己发布或者委派学生进行发布。积累班主任工作资料，反思班队活动开展的经验教训，是班主任专业发展的重要途径。因此，可以看到一场班级活动可以充分考量班主任的专业素养①，也能更好地提升班主任的专业能力，是小学班主任实现专业发展的必经之路。

二、开展班队活动的原则

学校是小学生每天所在的时间最长的地方，而班队活动应该是最吸引学生的魅力舞台。充满趣味性、建设性、教育性的班队活动是儿童身心发展的需要，

① 曹春梅.班级活动考量新班主任的专业素养[J].江苏教育，2017(10)：13.

也是学校教育的一个新的亮点，是班主任教育的重要方式。一个优秀的小学班主任一定是一个乐于实践、善于通过班队活动进行班级管理与教育的教师。

（一）主体性原则

班主任管理班级的出发点是学生主体的发展，不能让任何一个学生掉队。开展班队活动是抓班级整体发展的最好机会，班队活动的开展要求学生的全员参与，有必要的情况下，要求家庭、社会和学校的三方配合。

班级活动的教育意义是多方面的，活动中班主任只应做指导，绝不包办代替。学生只有在亲自做的过程中，才会获得有利于其形成思想认识和道德习惯的感受和体验。因此，在制定班级活动目标时，寓教于乐，最大限度地发挥班级活动的教育作用。如召开"我们小队能人多"的班会，活动目标是：一、通过展示各小队制作的一期专题墙报，使大家体验合作创造的愉快；二、夸奖对集体献计献策的能人，促进大家为集体贡献才华。这样定位，展示的是小队集体创作，受夸奖的面广，有利于调动全班每位学生的积极性。组织"电脑与人脑"的讲座，展开讨论疏导，会使一些人改变沉迷玩游戏，忽视学习的做法；开展选"爱心大使"活动，夸奖给他人送温暖的言行，会培养学生的爱心；娱乐性的"笑话大赛"、动手自理的"野炊"、增强体力的"跳绳比赛"等活动，都能从不同侧面使学生受到教育。活动过程是教育主体性的具体体现。首先活动的名称要有感染力，如"救救地球妈妈""我眼中的中关村""假想旅游""星空探秘"等。其次活动准备的场地要有教育氛围，会场布置要体现教育情境、活动气氛，标题的书写、展板的摆放、桌椅的形式都要去做整体设计。在活动进行中，要最大限度地调动学生动口、动手、动脑能力，在亲身实践中受到教育，同时要注意电脑课件、实物投影等物品的教育作用。活动总结不容忽视。可以是班主任总结，也可发动学生自己总结收获和体会，以利于以后活动的开展。

案例呈现

魏老师（魏书生）在组织学生缴纳基本学习费用时，把收费任务交给了一个学生。接到任务的学生拿着纸和笔，准备按座位顺序依次开始收费。这时，魏老师叫住了他，说："用手表收。"学生不解地问："老师，用手表怎么收啊？"魏老师笑着说："别急，先站在一边，思考思考。"过了一会儿，学生说："老师，您真高明，我知道了，您是想让我组织一个'收费比赛'。"在魏老师的点拨下，负责收费的学生组织了一次小组收费比赛，以卫生小组为单位，委托每个小组的组长下去收费，收费快、过程不出差错的小组获得比赛的胜利（具体比赛细则在这里就不详述了）。这样一来，最快的小组只用了 10 分钟就把钱收齐了。小组长用写有姓名和钱数的白纸把钱包好，交给了负责收费的学生。当负责收费的学生正要把纸包交给魏老师时，魏老师又启发他说："再想想，收费过程结束了吗?"在魏老师再一次点拨下，负责收费的学生监督、陪同各个小组的组长，一起把钱送到了会计室。经会计清点，证实各小组交上来的钱数准确无误，收费完毕，比赛也分出了"胜负"。一项看似简单甚至容易引发学生反感的收费工作，就这样在愉快的气氛中顺利完成了。

教育反思：这个教育案例，充分体现了魏老师提出的"学生能做的事就让学生做"的教育理念。通过组织收费比赛，调动了学生参与班集体工作的积极性，培养了学生关注细节、不断寻找解决问题的办法的能力，激发了学生的创新精神，提高了学生的实践能力。魏老师却把这件事放手让学生去做，同时在收费的过程中不失时机地对学生进行点拨和指导。反思我们的教育，怕"出事"而不让学生去做事的现象有多少？限制学生做事不是好办法，明智的做法是让学生做力所能及的事，做能锻炼自身能力的事，教师做好协调和指导工作就可以了。可以说，现在恰恰是呼唤和实践"让学生亲自动手，让学生亲自观察，让学生亲自表达，让学生亲自总结"的时候了。

（二）时代性原则

1. 从时事热点中抓题材

班级活动要善于从时事中抓住有教育意义的题材。如针对 2008 年汶川大地震，可以开展爱心募捐、科普知识问答、安全常识教育等一系列活动；日本前首相参拜靖国神社伤害了中国人民和其他亚洲国家人民的感情后，有的班主任及时抓住这一事态，组织全班同学自制批判日本军国主义手抄报，控诉日本政府对亚洲人民感情的危害，收到很好的效果。又如当同学们知道清华大学生泼硫酸伤熊事件后，班里立即展开当代学生如何保护动物的演讲会，这会有力地激发学生的爱国心和保护大自然的意识，会让学生在事实中受到综合教育，并且记忆深刻。

2. 从科技发展中抓题材

当今，科技的迅猛发展深深地影响着学生的生活。如有的班级开展"我眼中的中关村"主题班会，学生们发言中有调查、有访问、有畅想、有决心，大大激发了学习热情。再如学生家里已普遍有电脑，班主任如能组织一些电脑水平高的学生向大家讲解、演示自己制作的网页，就会鼓励更多的人在网页制作中学习新知识。又如新近出现的博客，学生大可利用自己的博客，班级的博客，以及同学朋友的博客来进行一次生动的“我的博客”展示会，与同学和老师共同分享自己生活学习的点点滴滴。

3. 从身边榜样中抓题材

如成立组织学生投入环保活动，少儿环保志愿军，召开“救救地球妈妈”主题班会等，在这些活动中学生们上缴了旧电池，还分别被评上环保志愿军的“上尉连长”“中尉副连长”等职，从此，把环保活动做成了班级一大特色。在西部开发的潮流中，有的班级开始了与西部少数民族学生的通信活动。在“同年龄、同年级、同进步、同成长”的主题班会上，学生交流了通信带来的收获和体会，家长也分享了学生在通信中的成长。这些活动促进了学生努力学习的自觉性。

（三）多样性原则

班队活动的多样性是其最为显著的特点，正是因为班队活动的灵活多样，才使其成为班主任进行素质教育培养学生会面发展的首选方式。班队活动的多样性源于学生活泼好动的天性特点，来自德、智、体、美、劳全面发展的人生目标。苏联教育家苏霍姆林斯基曾说过：“孩子只有生活在游戏，童话、音乐、幻想、创作世界中时，他的精神生活才有充分价值。没有了这些，他就是一朵枯萎的花。”

首先，活动内容应具备多样性的特点。开展班级活动要兼顾学生德、智、体、美、劳各方面的素质，使活动既有教育性，又有趣味性。其次，活动形式应具备多样化的特点。小学生喜欢求知、求新、求实、求乐。因此，班级活动形式要丰富多彩，变化新奇。如班级活动内容是“心中有他人”，形式上可多种多样：可以开故事会，讲英雄模范的事迹；可以用文艺演出的形式，把本班同学的好事编成小节目演出来；还可以给退休老人送温暖。在单个活动中也可运用多种富于变化的形式，如中秋佳节，可以安排化装晚会，有歌舞表演、民间传说介绍、即兴演讲、谜语竞猜、点蜡烛、吃月饼等多种形式。让所有参加活动的学生都感受团圆，体验快乐。最后，活动的组织方式也应具备多样化特点。除了集体活动，还可以有小组活动、社团活动、甚至是三五个人自由结合活动。兼顾学生的兴趣、爱好和发展需要，让活动更有实效性。

（四）创造性原则

班主任的班级管理应是一项不断创新的工作，要求与时俱进。培养学生的创造性思维、创新能力是时代发展的需要，也是学生自身发展的需要。班队活动的开展只有与时俱进才有意义。只有不断地创新，班队活动才具有吸引力。在活动的开展中要注重培养学生的创造力和创新思维。

（五）易操作性原则

首先，要注意班级活动的规模。从规模上看，有日常的活动，也有主题突出的活动。日常活动基本上是每天要进行的，因此，要“短、小、实”。短，即时间短，一般三五分钟。小，即解决小问题，或针对班里的情况一事一议，或对一种行为展开评价，或背诵一首古诗，或表扬一个同学。实，即解决问题要实际，一次集中解决一个问题。形式上也要保证实效，可以有全班、小组、同桌活动几种形式。主题班会一般是全体参加，一星期搞一次。要做到：(1) 目标适宜，即一次活动要达到的目的不要定得太多，1—2 个即可。(2) 主题集中，即一次确定一个主题，力图给学生留下深刻的印象。(3) 过程简洁，即班会的程序要清楚、明了，场面不宜过大，容量以一课时为宜。

其次，要注意活动的频率。一学期里，班级主题活动的次数不能过多，也不能没有。活动过多，学生花很大精力在活动上，必然会影响学习，会造成一些人静不下心来学习。活动过少，学生会感到枯燥、乏味，滋生的一些不健康思想得不到有效的控制，班主任会疲于应付偶发事件。至于活动多少为宜，要依据具体情况具体分析。

最后，班级日常活动要形成自动化操作。如上操、查卫生、主持“每日一说”、读“班级光荣簿”等，每天有专人负责，固定时间进行，操作就简单了。每一次大的班级活动，事前要制定详细的方案，谁主持、谁发言、谁表演、谁负责录音、谁负责投影、谁总结都要事先安排，这样，操作起来才能有条不紊，使活动顺利进行。

(六) 整体性原则

整体性是指班级活动的内容、活动的全过程、活动的教育力量都要成为一个系统，用整体的教育思想指导整体的教育活动，达到教育目标的整体性和学生身心发展整体性的最高境界。从活动内容看，要有整体教育的考虑，要包含德、智、体、美、劳诸方面活动，形成全面的信息网络，使学生得到多方面的教育和发展。从活动的全过程看，整体活动和个别活动是辩证统一的。就一次活动来说，只有从酝酿、设计、准备阶段发动学生全身心地投入进来，活动实施时才会有激情，教育性也就蕴含其中了。从整体活动看，活动之间也应有一个系统性和连贯性的安排。在这个系列活动中，每一个活动的结束成为后一个活动的起点，后一个活动巩固、强化前一个活动的教育。这样，一环套一环，循序渐进地进行活动，整体教育效果就显露出来了。从教育力量看，班级活动要尽可能地发挥学校、家庭、社会的整体教育功能。要争取任课教师的支持，向他们咨询，请他们协作。还可以经常请家长参加班级活动，做报告，出竞赛题，给学生写信，班会中发言等。外出活动，也可以请家长委员会来参与准备、管理，创设开展活动的条件。在争取社会力量配合时，可采取请进来，走出去的方法，如邀请解放军、科学家、先进青年等到班里来座谈；走访革命老前辈、科技园区的创业人士；和退休的老人联欢；参观博物馆；进行环保小调查等。教育力量的整体性，使班级活动由封闭转为开放，家庭、社会教育力量的介入，能有效地提高教育的效果。

三、班队活动的要求

班队活动是对学生进行思想、道德、综合素质、心理教育的基本形式，是通过班集体来教育和影响学生个体的较为普遍采用的教育形式，也是学生个体进行自我教育行之有效的方式。因此，只有符合学生身心发展特点和需求的班队活动，活动的内容和形式灵活多样，让学生行动起来，才能走进学生心里，融入学生脑里，进而促进学生健康全面和谐的发展。

（一）班队活动的主题内容选择和形式要“活”

第一，主题的选择要“活”。主题是班队活动的源头，也是活动最终要达到的教育目的。班队活动不能是玩玩闹闹，一定要有教育目的或期望。所以，主题的选择直接影响甚至决定了班队活动开展会否成功。因此，班队活动的主题选择要“活”，可以从“小”和“巧”着手作为选择的标准。要“大题小做”，小中见大。比如，以往班主任把“爱国”这个教育主题针对小学生的年龄特征缩小为“爱家乡”，但“爱家乡”仍过于宽泛，继而聚焦到“北京的名人故居”。学生分别从“名人与北京”“北京的建筑特色”“名人故居游”等几个方面进行挖掘，用DV、评书、图片展、知识竞赛、小品、相声、情景剧等不同形式予以展现，切实增强了“爱家乡”的情感。同时，主题的名称要设计得巧妙，不要过于老套。例如革命传统教育是学校重要的教育主题，也是当代小学生难以理解的主题。一位上海的小学班主任引导学生以“卢沟桥—泸定桥—南浦大桥”的历史发展线索组织活动材料，并将主题活动命名为“桥”，可谓构思巧妙。

第二，班队活动的形式要“活”。小学生喜欢求知、求新、求实、求乐。因此，班队活动形式要丰富多彩，变化新奇。如班队活动内容是“心中有他人”，形式上可多样：可以故事会，讲英雄模范事迹；可用文艺汇演、情景剧、小品等形式，把本班同学做的好事编成小节目进行表演；还可以给离退休老人、清洁工人等送温暖。在一个活动中也可以运用多种富于变化的形式，如中秋佳节，可安排化装晚会，有歌舞表演，民间传说介绍、即兴演讲、谜语竞猜、点蜡烛、吃月饼等多种形式。让所有参加活动的学生都感受团圆，体验快乐。除了集体活动，还可以有小组活动、社团活动，甚至是三五个人自由结合的活动。兼顾学生的兴趣、爱好、发展需要，让活动更有实效。

（二）班队活动要学生全员参与，要“动”起来

坚持全员参与，即要让全班每一位同学都意识到自己是班级的一员。实际上，小学生都十分向往参加班级活动，一旦有了展现自己的机会，通常会全力以

赴，即便有些看似“一无所长”的学生也拥有很大的潜力，同时，他们也正是需要班主任提供机会予以锻炼、指导提高的对象。因此，设计活动时一定要把每位学生都考虑进去，不能总是形成少数几个学生表现而多数人旁观的局面。只有每个学生都在班队活动中找到自己的位置，在这个平台上有机会去展示自己，才能更好地彰显班队的价值。尤其是班主任要注意给成绩不是很好、平时可能被忽视的学生提供更多的机会表现，这样他们在活动中就能感受到集体的归属感，获得成就感。

例如，有位班主任出人意料地选择了班上一个不善言语的男孩表演相声。老师不但为他的每一个动作、每一个表情提供建议，而且为了帮他克服怯场的毛病，带着他先去一年级表演，再到隔壁班表演，最后在午休的时候带他到教师休息室给老师们表演。后来在正式演出时，这个男孩表演的相声获得的掌声最热烈。他激动地给老师写了一封信，其中写道：“老师，这段相声我一共练了 40 多遍，现在我明白了什么叫‘台上一分钟，台下十年功’。谢谢您！老师给予我的信任让我发现了自己的潜力。”

（三）班队活动要力求展现班级特色

在选择班队活动的内容和形式时，要充分展现本班的特色。班级里的每个同学都有不同的爱好、兴趣和个性等，爱好或个性便形成了一个班的特色。选择能展现本班特长的班级活动内容和形式，有利于培养学生的归属感和集体荣誉感。实际上，班队活动是充分展现本班特色的过程，也是有意培养班级独特个性的过程。

（四）班队活动应充分调动学生的积极主动性和创造性

学生、班主任是班级活动的共同主体。班主任要与班干部密切配合，并最大可能地调动全班学生的积极性，集思广益，共同行动，这样才能使活动设计得更精彩、实施得更到位。班主任在活动中的角色应是协调者、组织者、指导者，不能包办代替、独断专行。

要让班级活动吸引学生，必须不断创新。小学生思维活跃，想象力丰富，蕴藏着很强的创新性，班主任应充分信任学生，为学生提供更多的创造机会和空间。例如，某班开展“爱中华文化，读古典名著”的活动，老师要求学生用 4 周的时间准备汇报，形式不限。结果，学生“八仙过海、各显其能”：有说评书的，有用《水浒传》中的绣像猜谜的，还有绘制《西游记》路线图的……五花八门，非常精彩，大大超出班主任的预料。

第二节　班队活动的类型与组织

一、班队活动的类型

班队活动根据分类标准的不同而有不同的类型。依据班队活动的途径，可以分为校内活动和校外活动；依据班队活动的规模，可以分为班集体活动、小组活动和个人活动；依据班队活动的复杂性，可以分为专题性班队活动和综合性班队活动；依据班队活动的主题身份，可以分为班级活动和少先队活动；依据班队活动的内容，可以分为教学活动、保健活动、道德教育活动以及文体、科技活动。

（一）班级例会

班级例会是在小学班主任的领导下，由班主任或者班委会成员定期召开会议，对班级中的全体小学生进行常规教育的一种班级活动形式。它的形式主要有：周会和晨会（夕会）。

1. 周会

按照教育部中小学教育教学大纲的要求，班级例会是在课程表中专门设置的一节课。班级例会一般是每周一次，由班主任或班干部主持，也可以根据班级管理和建设的需要临时召开。主要的目的是：贯彻落实学校计划，研究部署班级工作；对学生进行日常行为规范教育；学习动机教育；选举或调整班级干部；表彰好人好事，优秀评选；处理班级突发事件，听取犯错误学生的自我批评和反思；总结上周的工作；布置本周的工作，突出重点工作的安排；强调班级需要改进的方面等。

2. 晨会（夕会）

晨会（夕会）已经成为小学班级较为普遍开展的一种班级活动。班级晨会（夕会）是在每天早晨上课前或下午放学前召开的班级例会，时间控制在10—20分钟以内，也称之为晨间谈话。班级晨会（夕会）的内容可以是：解决前一天出现的问题，安排布置当天的学习、劳动等方面的任务；向小学生提出学习、生活上的希望和要求；针对班级近期出现的普遍性问题和重点问题进行教育引导等。

同时，晨会课主题内容也要丰富多彩，可根据各班学生特点，结合一些时事内容和节日节点，因材施教，因地制宜，灵活安排晨会主题内容。如：可以布置本周工作（星期一）；学生安全教育（冬季安全教育、夏季安全教育、课间安全教育、假期安全教育、往返家校安全教育、饮食安全教育、防寒保暖教育等)；学习习惯养成教育；个人行为习惯教育；文明礼仪教育；诚信教育；励志教育(学期初)；卫生习惯教育；心理健康教育；劳动技能教育；校纪班规教育；环境保护教育；爱护动物教育；勤俭节约教育；爱护公物教育；正确与人交往的教育；尊老爱幼教育(重阳节、儿童节)；感恩教育(清明祭祖、父亲节、母亲节、教师节、感恩节)；家庭和睦教育；珍爱生命教育；古诗文诵读；新闻大家谈；今天我演讲；赠送名言等。

资料链接

让晨会课"说话"①

晨会，向来被教师誉为思想教育的前沿阵地。如何提高晨会教育的效果呢？几年来，我们尝试用"说话"取代"训话"，改进晨会教育，取得了令人满意的效果。

所谓"说话"，即确立学生在晨会中的主体地位，把学生与教师摆在平等的位置上，通过集体参与的"大家谈"的方式，互相启发，受到教育。根据"说话"的主题不同，我们把每周的晨会分成若干栏目。如：以介绍国内外大事为主的"今日世界"；以评论班上各种现象为主的"哈哈镜"；以长知识谈趣味为主的"海阔天空"；以"两史一情"教育为中心的"让历史告诉未来"等若干栏目。

每天晨会，班干部走上讲台，围绕当天的主题，组织同学即席评说，教师与学生一同参与。这样，同学们一改往日晨会时拘谨之态，踊跃上台，从控诉美国的霸权主义到我国特区的发展，从班上的常规管理到虎门销烟……都成了大家的话题。

开始时，有的学生说话胆怯、语言杂乱、表述不清，有的选材欠妥。这时，教师在一旁及时评议纠正，教给方法。经过一段时间的训练，如今学生大都已能大方、有条理地说上一段话了。"说话"方式使学生变被动为主动。它不仅提高了学生对晨会的兴趣，激发了学生的积极性，而且给学生提供了更多的锻炼机会，提高了学生的组织能力、表达能力和辨别是非的能力。

(二) 主题教育活动

主题教育活动是根据教育目的与任务的要求，在教师的指导下，以学生为主体，针对班级大多数学生的思想状况，紧紧围绕某一主题召开的具有教育意义的班队活动。它是学生自我教育的一种集体活动，也是班主任通过学生集体教育、影响学生的重要形式。它以解决学生发展问题及提升发展需要为目标，其目的

① 邵雪梅，张霞. 让晨会课"说话"[J]. 黑龙江教育，2001(11)：24.

是让学生在主动参与策划、实施、反思的过程中学会自我教育、自主发展。

主题教育活动比一般性的活动更富有教育价值，是因为主题教育活动更能体现素质教育的综合性，更能发挥学生的创造精神。在某种意义上讲，主题教育活动是学生展现潜能和才华的一个重要舞台，也是学生锻炼能力的机会。因此，主题教育活动富有研究价值和实践价值。在学校教育中，开展主题教育活动是班队管理者的一项非常重要的工作。

与其他班队活动比较，小学班队主题教育活动有两个显著特点：一是主题鲜明、选材集中、教育目标明确、针对性强。二是形式活泼多样，富有时代气息和童年情趣，而且内容开放，贴近小学生的真实生活，深受小学生的喜爱，教育性强。因而主题教育活动已经成为小学班主任对学生进行思想品德、行为规范、人际交往等某一方面教育的有效形式。它是小学班主任组织和开展班队活动的主要类型。

活动主题内容的选择可以参照以下几点。①

(1) 以学生的困惑为载体。

一是学生的自我成长过程中的困惑。受各种因素的影响，当今学生的道德观念和过去相比，已发生很大变化，相当部分学生的道德观念和道德行为有弱化的倾向。越来越多的农民工子女在城市就读，出现了一些新的不适应的现象，不少学生迷恋网络甚至沉迷网络而不能自拔。教师可以设计班队活动，通过同伴互助的教育方式，实现教育的目的。二是学生的好奇心。学生对生活中的各种现象具有广泛的好奇心，在设计和实施班队活动中，教师常常以学生的问题为载体创设情境，引导学生“亲历”问题。使学生对班队活动产生强烈的真实任务驱动效应，让学生在问题冲突中反思，从而找到解决问题的途径和方法。

(2) 以学生关心的热点和焦点为载体。

学生关心的热点焦点问题是设计班队活动的策略之一。小学生一方面喜欢盲从，一方面又渴求不同。这些热点焦点背后有着学生强烈的情感，承载着学生的价值取向。如何因势利导，将学生的情感，态度、价值观引导到正确的方向上来，是设计这类班队活动的目的。比如前几年，“超女现象”席卷中国，广大的中小学生被卷入这股狂热的浪潮之中。在追逐浪潮的背后，隐藏着中小学生追求时尚，标新立异的追求个性化的心理，同时也折射出追名逐利的世俗化、功利化的社会价值观，对中小学生的成长产生很大的影响，一些有敏锐观察力的班主任就以此设计班队活动，进行正面引导。

(3) 以学科课程学习延伸为载体。

一是跨学科的综合性学习；二是影响学科学习的方法，方式和策略等。目前

① 张永明，宋彩琴. 小学班级管理[M]. 北京：北京大学出版社，2014：165 - 166.

学科课程的设置以分科教学为主，跨学科教学没有专门设置，导致学生没有专门的学习时间和空间。那些具有综合性学习的主题，就可以成为设计班队活动的资源，比如主题“我和茶花同成长”就综合了茶花种植（劳动技术）、茶花诗词欣赏与创作、观察日记写作（语文）、茶花贺卡的制作（信息技术）、学习茶花品种（品德），以及茶花销售等多种活动。

(4) 以本地资源为载本。

以本地名胜古迹、人文特色作为设计班队活动的载体。例如，文化古迹，历史古迹，革命遗址，风景名胜等。大理白族自治州有大理古城、美山古城等历史文化名城，西洱河梯级电站，南方丝绸之路，古建筑群崇圣寺三塔……教师可以根据本班的实际情况确立设计的目标和内容。

(5) 以传统节日为载体。

我国有56个民族，每个民族都有自己的传统节日，教师要以学生关注的传统节日为载体设计班级主题活动，使学生在班队活动中，加深对传统节日的了解和认识，增强学生的民族精神、文化素养以及人文情怀。以白族的火把节为例，教师可以组织一个班级火把节，让学生了解火把节的来历和现在的新意，再讲讲火把节的民族历史知识，让学生收集一些有关火把节的逸闻趣事，让学生对火把节有个大致了解，提高民族自豪感和荣誉感，对于班队活动的设计，教师要审时度势，敏锐地发现活动资源，捕捉教育契机，及时开展班队活动。

(三) 科技活动

科技活动是提高学生科学文化素质的重要途径，它可以培养学生的科学素养，发展学生的观察能力和思维能力，培养学生对科学的兴趣，提高学生科学素养。班级科技活动的内容包括开展阅读科技书画，讲科学家的故事，看科技录像，看电影，参观博物馆、科技作品展，以及科技游艺，等等。班主任组织学生开展科技活动的形式与方法是多种多样的，常用的活动类型有探究型、实践型、专题型、展示型等。常用的方法包括观察法、实践法、操作法、发现法、交流法、创造法、解疑法、辅导法、展示法等。

班主任组织学生开展科技活动，首先，要注意激发学生的科学兴趣。兴趣是参与活动的动力，只有充分激发学生的兴趣，才可能使活动的开展得到学生的认可与欢迎，这样，活动的开展才能取得比较好的效果。其次，科技活动内容应该符合学生的知识水平和年龄特征，使之成为课堂教学活动的延伸和补充。再次，活动的操作性、实践性要强。班主任要尽可能给学生提供一个动手操作的场所，一个参与科技活动的机会。（通过科技活动，学生不仅学到了知识，还锻炼了操作的技能技巧。）最后，要因材施教。在活动中要尊重学生的个性和爱好，不能要求全班统一，要针对学生的特点，选择合适的活动内容。

(四) 文体活动

文体活动包括文艺活动与体育活动。

1. 文艺活动

班级文艺活动对于陶冶学生情操、净化学生心灵、养成学生审美素质、形成班级合力等方面具有重要的作用,因此有效的开展班级文艺活动是建设班级文化的重要措施。班主任是活动组织者,在组织文艺活动过程中,要善于发现学生特长,激发学生兴趣,培养学生爱好,组织学生从实际出发,帮助学生选择活动项目,为学生参加活动提供条件。在这一过程中,班主任要坚持下面几条原则:

首先,要坚持思想性和文艺性的统一。对文艺活动的选择,应注意内容的思想性,要选择健康、先进、鼓舞青少年积极向上的文艺作品,要有利于年轻人树立正确的人生观、世界观、价值观,同时也要求作品内容形象生动、鲜明、有感染力和说服力,能激发审美者的情感和想象。其次,要坚持情感体验和道德判断相结合。艺术的特点是以情动人、以美感人,是情感与思维交织的过程。班主任要投入,还要有逻辑思维,特别是要有正确的道德标准来衡量是非和善恶。最后,要坚持知识传授与技能训练相协调。艺术不仅是一种知识,更是一种技巧、能力,文艺活动中更多的技能要通过反反复复的训练才能学好。班主任要根据文艺作品的特点和活动者的特点,把传授知识、训练、欣赏安排好,协调好,争取获得最佳效果。

2. 体育活动

体育活动是班级活动中比较常见的,也是深受学生欢迎的一项活动类型。组织好班级体育活动,对于促进学生身体发展,增强体质,巩固和提高体育课中所学的知识技能,提高运动技术水平,培养学生自觉锻炼身体的习惯,丰富学生的课余生活,调剂身心健康,都具有重要作用。在学校教育中,除了日常的体育课程以外,还有许多其他形式的活动,譬如长跑、游泳、跳绳、跳橡皮筋、踢毽子、旅行、野营等,甚至许多民间体育项目,也可纳入班级体育活动之中,它们一同构成了班级体育活动的内容。

2006 年,我国教育部、国家体育总局、共青团中央发布的《关于开展全国亿万学生阳光体育运动的决定》指出,充分利用广播操和课间操时间,有效利用自由活动时间,增设游戏活动时间,全面推动阳光体育运动在全国的深入实施。

(五) 少先队活动

《中国少年先锋队章程》第十四条明确规定,“我们的活动:举行队会,组织参观、访问、野营、旅行、故事会,开展文化科学、娱乐游戏、军事体育等各种有意义有趣味的活动,以及参加力所能及的公益劳动和社会实践”。

1. 少先队的含义与特点①

中国少年先锋队，简称“少先队”，是中国少年儿童的群众组织，是少年儿童学习中国特色社会主义和共产主义的学校，是建设社会主义和共产主义的预备队。少先队的基本特征有：

(1) 鲜活的儿童性。

少先队是由 6 至 14 周岁的少年儿童组成的组织。少年儿童天性活泼、单纯、率真，既与成人有许多相同的需求，又有其独特的精神世界。少先队开展的各项教育活动应适合这一阶段少年儿童的年龄特点，尊重和保护少年儿童的天性。

(2) 广泛的群众性。

团结教育少年儿童，共同为实现革命理想而努力，这是中国共产党创建少先队的根本目的。新中国成立后建立了人民民主政权，通过少先队团结教育整个少年儿童一代，更加明确地成为少先队的基本原则。因而，队章规定，“我们的队员：凡是 6 周岁到 14 周岁的少年儿童，愿意参加少先队，愿意遵守队章，向所在学校少先队组织提出申请，经批准，就成为队员”。把全体少年儿童都组织起来，让大家都来受教育，少先队的组织目的才能得以实现。团结教育全体少年儿童，也符合少年儿童的心理需求。少年儿童喜欢与同伴交往，集体生活有助于满足他们安全的需要；少年儿童都有上进心，愿意追求进步，把全体少先队员吸收到少先队组织中，有助于满足他们实现自我价值的需要。因此，少先队开展的各项活动应面向全体少先队员。

(3) 独特的教育性。

少先队是一所特别的“学校”。它通过丰富的少先队活动和少先队组织生活，对少年儿童进行政治启蒙，教育他们具有革命精神、学会过集体生活、理解并献身于共产主义事业，这也是建队的根本宗旨。少先队特有的活动仪式和组织建设工作等，都渗透着教育的意义。当然，要实现共产主义，少先队员们首先要理解现阶段走中国特色社会主义道路的必要性，并用人类创造的文化科学知识武装自己的头脑，努力成长为德、智、体等方面全面发展的，社会主义现代化建设需要的合格人才。因此，少先队要努力提高少年儿童的综合素质，成为少年儿童“学习中国特色社会主义和共产主义的学校”。

(4) 鲜明的政治性。

中国少年先锋队是一个具有鲜明政治性的少年儿童组织。首先，中国少年

---

① 邓艳红. 小学班级管理[M]. 上海：华东师范大学出版社，2016：207 - 210.

先锋队是中国共产党创立和领导下的少年儿童组织。从少先队的建立与发展来看，少先队因中国共产党的革命斗争需要而产生，其发展历程与中国共产党的革命历史息息相关。党、团、队是命的一家人，共产党是革命的“先锋队”，共青团是革命的“突击队”，少先队是革命的“预备队”。其次，少先队的各种标识都饱含着政治意蕴；少先队的队旗是五角星加火炬的红旗，其中五角星代表着中国共产党的领导，火炬象征光明，红旗象征革命胜利；红领巾是红旗的一角，由革命先烈的鲜血染成，少先队员佩戴它体现了以先辈为楷模、继承革命业的决心；少先队员以右手五指并拢高举头上的队礼，表示人民的利益高于一切；少先队的呼号：“准备着，为共产主义事业而奋斗！”回答：“时刻准备着！”表达了实现崇高革命理想坚定决心，可见，政治性也是少先队的突出特征，少先队是“建设社会主义和共产主义预备队”。

(5) 突出的自主性。

少先队是少年儿童自己的组织，少先队员是少先队组织的主人。每一个少先队员在队里都有选举权和被选举权，可以对队的工作和队的活动提出意见和要求；小队长和中队、大队委员会都由队员选举产生，全国和地方少先队经常性工作的领导机构——全国和地方各级少先队工作委员会，也是由同级少先队代表大会选举产生的。少先队的各项活动应由队员自主决定，通过行使权利，逐步形成自我管理和自我教育的能力，树立主人翁意识、民主意识，为将来成为社会主义建设的主力军、当好国家未来的主人翁而做好准备。

2. 少先队活动的含义与特点

少先队活动是以少先队中队为单位，在辅导员的指导和帮助下，由少先队队员自己组织的活动。少先队活动是少先队教育和自我教育的基本途径和方法。因此，与班级活动相比，少先队中队活动一般有以下特点：

少先队组织作为一个相对独立的社会组织，有相对的独立性。少先队活动需要辅导员的指导，但不能由辅导员包办代替。因此，少先队活动是在活动委员会组织领导、中队长指挥、辅导员指导下进行的，是以少先队队员的主体精神为目的的。与班级活动相比，它更强调学生的自我教育，自立、自主、自动、自律是少先队正确的工作基本原则。

少先队是“中国少年儿童的群众组织，是少年儿童学习中国特色社会主义和共产主义的学校，是建设社会主义和共产主义的预备队”。因此，从活动目标来讲，它更侧重理想教育和集体主义教育。热爱组织、争当主人是少先队活动的重点。从活动组织形式来看，以中队的组织形式开展，而且在开展活动时要配合使用中队所特有的组织形式——少先队中队队会仪式。

(1) 组织管理活动。少先队组织管理活动，是指通过少先队组织日常的自身特有的事务管理工作向队员进行教育的活动。它包括入队、低年级建队(编队)、队长(委)选举、奖励批评、离队、少先队代表会议(或代表大会)、队长学校等。少先队教育活动内容中的"热爱组织、学当主人",多是采用这种方法进行的。组织管理活动具有培养组织性、民主性、规定性和教育性等特征,具有培养组织观念和民主精神、锻炼队长(委)的管理才能等功能。

(2) 阵地教育活动。利用由少先队组织参与建设和管理的教育场所和工具、向队员进行教育和自我教育的活动。阵地教育活动又可以分为五类:组织教育类,有队室光荣榜、民主信箱、值日中队及其监督岗和鼓号队等;宣传教育类,有壁报、黑板报、广播台、红领巾电台、红领巾角、小型橱窗展览等;兴趣教育类,有科学技术趣社团、文化艺术兴趣社团和体育游戏兴趣社团等;劳动实践教育类,有种植、饲养类阵地,红领巾小事业,工艺技能小组和公益活动阵地等;综合性教育类,有夏令营、假期乐阵地等。教育活动具有实践性、经常性和多样性诸特征,它是少先队教育基本手段之一,能促进少先队教育常态化和队员的个性发展,某些阵地活动还具有创造经济价值的功能。

资料链接

热血沸腾话"阅兵",我与祖国共奋进

2019 年恰逢新中国成立 70 周年,通许县实验小学以此为教育契机,开展"热血沸腾话'阅兵',我与祖国共奋进"活动,让爱国主义精神在学生心中牢牢扎根。

学校少先大队根据学生不同学段的特点,提前制定了班会课教案。班会课上,各班通过观看视频、讲英雄故事、回看阅兵典礼等不同形式对学生进行了爱国主义教育。

低年级的学生认识了国旗、党旗、军旗、国徽的内涵,明白了现在的美好生活都是无数革命先烈用生命换来的;中年级的学生了解了中国人民解放军的军史,明白了落后就要挨打,应努力学习,为中华之崛起而读书的道理;高年级的学生在视频中看到了中国先进的军事设备及大阅兵中军人的英姿飒爽,激发了强烈的民族自豪感。一(1)班和五(2)班集体唱起了红歌,用嘹亮的歌声向新中国成立 70 周年献礼。

(3) 队日活动。即在中小学统一规定的队日活动时间,以及其他课余时间,少先队大、中、小队举行的以主题活动为主的一种少先队活动。

这一类活动针对性很强,根据全国少工委提出的活动方向,结合队员的思想、道德、学习、生活实际确定主题,有的放矢地开展活动。

(六) 社会实践活动

社会实践活动是学生接触社会，观察了解社会，增长知识、适应社会的有效途径。班主任有计划、适当地组织学生走出校门，走上社会，培养学生的社会责任感和义务感。主要可以参观访问、社会调查和社区服务的形式开展此类活动。参观访问的项目有重点建设工程、英模事迹展览馆、著名文物古迹、纪念馆、博物馆等。社会调查活动需要班主任从学生感兴趣、有助于学生成长的话题里找到适合小学生调查的内容，可以针对学生在思想认识上的问题，确定调查主题。调查之前要做充分准备，制订调查计划，列出调查提纲，对调查所得的数据和资料进行认真的统计、分析，并在家长参与帮助下，指导学生写出调查报告。社区服务主要由学校所在的社区联系适合学生服务的项目，在确保学生安全的基础上参与社区服务，提升学生服务社会的意识和能力。

(七) 劳动活动

树立劳动的观念，培养劳动的习惯，是开展劳动活动的重要目的。

1. 自我服务型劳动

一是家务劳动，要求学生在家中自己的事情自己做，学会并承担收拾房间、洗衣、洗刷餐具、做饭等家务。二是学校内的自我服务性劳动，如班上值日、饭厅值日、宿舍值日以及建校劳动等。

2. 社会公益劳动

班主任根据学生年龄特点和社会需要，组织宣传遵守交通秩序，节假日帮助社区整理环境，帮助军烈属、孤寡老人、病残人打扫卫生等。

3. 组织服务性劳动小组

如学雷锋小组、立法组、种植组、木工维修组、自行车修理组、修鞋组等。至于学校根据有关规定安排的生产劳动和社会实践活动，班主任要坚持组织学生积极参加，并达到规定的要求。班级活动的形式灵活多样，重要的是班主任要充分发挥自己和学生的创造性，使班级活动丰富多彩。

资料链接

儿童劳动时间国际比较①

有关方面曾对各国小学生每天劳动时间做过统计，美国孩子每天的家务劳动时间是1.2小时，韩国孩子每天0.7小时，英国孩子每天0.6小时，日本

① 古人伏.小学班队工作:原理与实践(第2版)[M].上海:华东师范大学出版社,2010:184－185.

0.4 小时，中国孩子每天家务劳动时间约为 0.2 小时。哈佛大学学者在进行了二十多年的跟踪研究后，得出一个结论：爱干家务的孩子与不爱干家务的孩子相比，成人后失业率比为 1∶15，犯罪率比为 1∶10，离婚率与心理患病率也有明显差别。由此可见，参加家务劳动不仅仅是孩子为父母分忧的权宜之计，更重要的是它关系到孩子今后的就业成才和生活幸福。

在德国，孩子们的劳动义务写进法律，6 岁以上的孩子必须帮助父母做家务。孩子们常常为家中花园浇水、翻地和除草，还要帮助父母洗餐具，收拾房间、擦洗鞋子。每逢暑假，一些孩子还要顶着炎炎烈日，骑着自行车挨家挨户地送报纸。一些家长认为："与其让孩子坐着享受，不如教给他们劳动的技能。"德国的学校也开设劳动课程。小学每周有两节手工课，内容包括纸工、木工、缝纫等。德国中小学都设有劳动专用教室，分为金属加工、木加工、烹饪、缝纫、编织五大类。

二、班队活动的设计与组织

（一）活动准备

班级活动准备得越充分、越细致，活动实施就会越顺利，活动效果就会越好。其实，准备阶段也是班队活动的一部分。班队活动的准备可以分为思想准备、人员准备和物质准备。

1. 思想准备

第一，班主任在开展一项活动之前应明确最终要达到什么目的，预计可能出现的问题和障碍。班主任对活动的高度重视是激发学生参与热情的重要因素，是对同学最大的激励。第二，班主任应发动班级学生认真准备。通过引导学生对活动意义进行充分认识，及其积极参与活动的心理倾向。

2. 人员准备

人员准备包括：班级活动的每一项具体任务应落实到人；根据不同的任务要求和学生特点分配不同的工作，使每一位学生都有机会发挥自己的作用；同时，要定时督促、检查，并及时帮助学生解决困难。

3. 物质准备

物质准备主要指环境布置（如板报、会场布置、桌椅摆放等）、道具准备（参与者的服装道具、音乐等）。班主任一方面要鼓励学生自己动手、动脑，另一方面要及时了解所需，帮助学生解决困难。

（二）活动设计与组织

1. 确定清晰的目标和鲜明的主题

目标是班队活动开展是否成功的核心元素，也是衡量活动效果的关键因素。班队活动的目标一般从对班集体建设、班级同学人际交往、团队协作等方面进行确定。主题是班队活动的源头，也是活动教育目的能够实现的主要因素，与目标相辅相成，相互促进，共同影响学生的成长和发展。

2. 制订周密的计划

要能使活动丰富儿童的精神生活，还必须从实践安排上、组织形式上、活动内容上精心设计，即班主任应做好班队活动计划。详细的计划可以避免活动中的随意性，减少突发事件的产生，保证活动完成的质量。

班级活动计划可以分为学期活动计划、系列活动计划和某项具体活动的计划等不同层次。活动计划的内容一般包括活动目的、内容安排、时间安排、场地准备、人员安排及辅助手段等几个方面。不同层次的计划详略程度可有所不同，具体的某项活动计划应有较强的可操作性。主要可以从以下几方面制订计划：

（1）给活动起一个好名称；

（2）确定活动的形式；

（3）确定活动的时间和活动的场所；

（4）确定参与人员的不同角色。

3. 做好充分的活动准备

见本章第二节下设的第二小节中的活动准备部分。

4. 设计班队活动

班队活动的设计是否科学合理，是否符合学生身心发展的需要，直接关系到活动开展的效果好坏，同时也直接影响着学生的成长和发展。活动设计一般包括主题、背景、目的、准备、过程、反思等方面，有些活动可以根据需要和发展设计活动延伸，拓宽学生的视野和思维等。设计班队活动时，要尽量做到主题小一点儿；针对性强一点儿；构思巧一点儿；工作深一点儿。在设计队活动的过程中，遵循了这四个“一点儿”，就是遵循了队活动的规律，我们的辅导就会很出色。

（三）总结巩固成果

班会教育活动结束以后，应与学生一起对活动的实施情况和结果进行分析、总结和评估，肯定成绩，找出不足，巩固班队活动的成果。有的班主任要求学生将主题班会写成日记和作文，或以出墙报、手抄报等形式，加深学生的印象。这些都是比较好的可供借鉴的成果巩固形式。

总结是理性的反思过程，是认识过程的又一次飞跃，也是学生得以形成正确的观念的必要途径。因此，班集体活动开展后，不论成功与否，都应当进行总结。在总结活动成效时，应当注意以下几点。

1. 具体、中肯地评价活动的质量

班集体活动是全班同学都参与的，评价活动的质量当然也为全班同学所关心。评价切忌泛泛而谈，仅仅一句“总的来说不错，还需要继续努力”是远远不够的，因这样可能会使学生对今后的活动失去兴趣；也不能只说好话，不说坏话，否则，久而久之会导致学生的盲目自傲。因此，评价应尽可能具体和中肯，让学生在活动后既得到了付出努力后的赞扬，又清楚了自己的弱点或班级中存在的问题。

2. 充分显示学生的感受

班级活动开展之后，班主任不仅要充分评价活动的质量，更要让学生充分表达自己的感受，总结活动的得与失。这种学生之间的相互教育，往往会收到非常好的效果。例如，对于某个纪律比较涣散的班级，班主任抓住冬季长跑这个契机，对学生进行了集体主义精神的教育。

最后，这个年年长跑比赛倒数第一的班级，竟然获得了第一。在活动总结时，体育委员一边捧着奖状，一边流着泪对全班喊道：“比赛前老师说只要我们尽力而为就是好样的，但现在我敢说，我们所有人都做到了竭尽全力！”同学们纷纷表达自己的感受，在总结、反思中，教育的主题得到升华。

三、活动中问题的解决策略[①]

（一）活动中可能出现的问题

在搞活动之前要未雨绸缪，对于可能出现的问题要进行充分预设，并尽可能地设计多种解决方案。这样，若真的发生问题，也能做到临危不乱。班主任可以从以下几方面考虑可能遇到的问题。

1. 安全问题

安全问题是最重要的。比如春游，首先就要考虑行车安全问题，其次是活动地点、自然环境的安全问题，如是否靠近水边，是否需要登山，等等。

2. 学生问题

学生问题除了包括学生的身体问题，如外出乘车时的晕车问题外，还包括组

① 邓艳红. 小学班级管理[M]. 上海：华东师范大学出版社. 2016：116－117.

织活动时人员的搭配问题，个别有困难的学生如何帮助的问题，等等。

3. 环境问题

环境问题如外出活动如遇天气突变怎么办，搞活动时突然停电怎么办，等等。

4. 组织问题

在活动没有真正开展起来时，谁也无法保证肯定会成功。很多时候设计得很好，但真正实施的时候，因为各种原因没有达到预期的效果，甚至会失败。所以，活动前要充分考虑如果失败应该怎么办。

(二) 突发事件的应对

突发事件最能考验教师的智慧、胆量和人品。班主任在应对突发事件时要注意几点。

(1) 班主任自己要镇定。一旦发生突发事件，所有的学生都会期待教师帮助妥善决。作为成年人，教师的镇定会给孩子们带来安全感，减少骚乱的发生。

(2) 一切决定要以保护和尊重学生为出发点。当学生出现失误或做出不适宜的事情时，班主任不能简单、粗暴地训斥，而要用宽容的态度对待学生。一方面及时反思：为什么会这样？是哪方面教育的缺失造成的？另一方面注意尽量大事化小。

(3) 从不好的现象中寻找好的因素，因势利导，使事情向好的方面发展。

(4) 及时寻求领导、同事等人的帮助。活动前预设可能出现的问题，如果需要他人的帮助，班主任应提前找到相关人员加以说明。

课后练习

1. 少先队活动具有什么样的特点？小学班主任应怎样有效组织开展少先队活动？

2. 小学班主任应怎样做好班队活动设计？

第八章　小学各年段学生的管理

微信扫一扫

获取本章拓展资源

学习目标

1. 了解小学各年段学生身心发展的特点及引导重点。
2. 初步掌握不同年段学生管理的重点，管理方法和措施。
3. 能够大胆尝试不同方法解决不同年段学生问题的意识。

第一节　小学低年段学生的管理

一、小学低年级学生发展特点

（一）小学生低年级生理发展特点

低年级学生骨骼肌肉茁壮成长，特别是下肢骨骼的生长，比身体骨骼的增长速度要快。肌肉发育尚不完全，关节的牢固性较差，容易发生脱臼，因此在体育活动和锻炼时不易进行剧烈运动。神经系统调节心脏活动额功能已发育完成，血液循环比较快，心跳较快，应防止心脏负担过重和体力活动过度。

（二）小学生低年级心理发展特点

1. 自制力差，注意力保持时间短

在注意和意志上，低年级学生的无意注意占主导，注意范围小、不稳定，容易分心；他们的注意力有强烈的兴趣性、直观性和感情色彩；他们不善于调节和控制自己的注意力；意志力薄弱，自制力差。

认知活动上，此时的学生对事物的感知性、意识性都在发展中，但是水平有限；他们的思维方式开始从具体形象向抽象逻辑过渡，但形象思维仍占优势；记忆形式也仍以机械记忆为主，并慢慢向随意记忆、意义记忆发展。教师应注意学生的发展关键期，及时对学生加以引导并鼓励表扬，形成良性学习管理机制。小学低年级学生是活泼好动的，课堂的后半段就会出现注意力不集中，搞小动作的情况，他们的注意力能维持的时间为在二十分钟左右。因此，班主任如何利用好小学生的自制力和注意力发展特点，就需要班主任更智慧地分析班级，琢磨学生，合理地安排好班级的每一个环节，把握好重难点出现的时机。

2. 具有明显的"向师性"，对教师特别崇拜和依赖

在情感特点上，低段的学生往往表现为对教师极为信任和依赖；情感的实践性和坚持性较差，过分依赖成人的监督和管理，自我意识没有觉醒。这就要求教师要注意给学生做出榜样，相较于中、高年段，对学生要更关心爱护。作为一名"学生"，小学儿童有着一种共同的心理状态，即对教师怀有特殊的信赖感。他不仅从责任和义务的角度，视教师为自己当然的教导者和指挥者，而且，在小学生的幼小心灵看来，教师的形象是非常高大的。他把教师看作无所不晓、无所不能的人，同时，教师出现在小学生面前时总是正面活动的形象，因此，钦佩崇敬、爱戴之心油然而生。愿意听从老师的教导，成为小学生自然的心理倾向。这就是小学生的"向师性"。

小学生的"向师性"为老师的教育活动提供了特别有利的条件，教师应充分利用这一条件，主动关心学生，热爱学生，了解学生。平时多和学生交流，谈谈心，对学生的身体和心理都应多多关心，让孩子觉得你是个可以谈心的人，是一个可靠的朋友、信得过的朋友，让他们愿意和你说话，愿意和你一起玩耍。而教师呢，对学生的思想和行为给予充分的教育和指导，只要看到学生哪怕只有一丝进步，都应加以肯定，以此确保学生沿着正确的方向健康成长。

但是，小学生的"向师性"并非无条件的，不发生变化的。它取决于教师在教育实践中，是否真正履践了教师的职责，如果教师不关心、爱护学生，如果他不能在学识和行为方面起到示范作用，那么，小学生的"向师性"就会淡薄，以致消失。

3. 自我意识快速上升发展

自我意识是个体对自我及其周围关系的意识，包括对自己本身、对自己与他人、自己与社会关系的认识。小学阶段，儿童的自我意识处于客观化时期，是获得社会自我的时期。在此期间，小学生的自我意识随年龄的增长从低水平向高水平不断发展，小学一年级到小学三年级处于自我意识的上升时期，小学一年级到小学二年级上升幅度最大，是上升中的主要发展期。

二、低年级学生入学适应的引导①

一年级新生刚脱离熟悉的幼儿园环境和家庭环境，需要认识和适应新的校园环境，如果他们不能快速融入新的人际交往圈子，那么就很容易产生退缩、厌学、孤僻、焦虑、羡妒甚至攻击等行为偏差。

一年级新生的人际适应内容，主要包括适应小学教师、乐于与同伴交往和逐渐摆脱对父母的依赖。为让一年级新生更好地适应小学生活，教师应该时刻关注新生入学后的人际适应情况，采取多种措施，培养学生自立自强的意识，增强他们对新集体的认同感与归属感，从而消除新生的人际适应障碍。

（一）换位思考，给予关怀，树立亲切育人形象

学生在进入小学之前，习惯了父母和幼儿园教师无微不至的呵护。如果一年级教师表现得过于严厉、不近人情，那么学生就可能产生畏惧感，难以适应新的校园生活。因此，一年级教师要学会换位思考，理解学生在小学之前所接受的教育方式，尊重和接纳他们的语言表达习惯，给予一年级新生更多关怀。

美国著名心理学者汉恩·吉诺特在《接受我的爱：老师如何跟学生说话》一书中指出，要建立良好的师生关系，树立亲切育人的形象，教师不仅应当具备仁慈、善良、公平等品格，而且应对学生进行正确的表达。良好的沟通是一种成就，正确的表达是一种能力。正确的表达可以缔造良好的沟通，良好的沟通可以加快学生的入学适应速度。它像所有的技能一样需要练习。因此，每位教师和家长，都应该不断修习这项技能。

（二）多管齐下，创设机会，促进新生同伴之间交往

同伴交往是学生小学生活中最主要的人际交往，有助于他们更好地适应小学生活，从而发挥出学习的潜能。因此，教师应该采取多种方法，促进新生同伴之间的交往。如，班主任可以利用团体心理辅导成果，消除儿童交往的胆怯心理；利用主题班会，整合课程资源进行指导，让学生掌握交友技能；营造班级互爱互助的氛围，让学生产生集体归属感和认同感。

（三）家校协作，消除学生依赖心理

上小学之后，家长和教师都会对儿童给予新的期望和压力，表现在学业上的要求增加了，游戏、玩耍的时间减少了，等等。如果家长一方面对儿童入学后的期望过高，另一方面又想完全掌控儿童，那么造成的结果是新生在学习上越来越焦虑，在行为上越来越依赖父母。《语文课程标准》指出："学生是学习和发展的

① 黄淑梅，赖志平．小学一年级新生入学人际适应的策略研究[J]．教育观察 2018：7(14)，49－50.

主体。”这就要求小学生对比幼儿时期必须更加自主自立，因此，家长必须逐渐放开对儿童的控制与照顾。如果家长继续沿用对待幼儿的行为方式对待一年级新生，继续事事包办，处处过多维护，而不是以引导者的身份逐步培养儿童独立办事的能力，那么一年级新生将无法适应小学乃至更高年级的学习和生活。

因此，一年级教师应该充分利用QQ、微信、电话等渠道和家长沟通，向家长阐明家长角色转换的必要性，并教授家长对儿童一步步放权的技能。同时，教师也要在日常教学中，时刻提醒新生：“对比幼儿园，你已经长大了。可以独立做更多的事情了！”还要给予一年级新生锻炼的机会和缓冲的时间，让他们渐渐从“家长指导劳动”变成“自己独立劳动”。如果学生感受到了自己能力的变化，就会变得更加自信，从而消除对父母的依赖。

三、主抓常规教育，培育良好习惯

奥维德说：“没有什么比习惯的力量更强大。”习惯是一个思想与行为的真正领导者。孩子的很多学习习惯都是在小学低年级形成的，以后如果不给予特别的引导教育，形成的习惯则很难得以改进。因此，低年级班主任的工作重点应放在常规教育上，养成良好的学校学习习惯和行为习惯。

（一）低年级阶段重点培养的习惯

1. 学会倾听

养成课上认真听讲的习惯，要专心、精神集中（注意教师的眼睛、黑板、课本），还要认真听取其他同学的发言。不东张西望，能听懂老师的每一句话，养成举手回答问题、不懂就问的好习惯。

2. 学会思考

学会开动脑筋积极思考，不懂就问。要求孩子读书、听讲、阅读时要善于动脑思考，不但要知其然，还要知其所以然。对于书中的知识和道理，能够由此及彼，由表及里，举一反三，触类旁通。

3. 敢于提问

在学习中，鼓励学生要善于发现问题，有不懂、不明白的问题要敢于提问，有新的看法能够大胆提出自己的疑问。爱因斯坦曾提出：提出一个问题远比解决一个问题要重要得多。

4. 正确书写

养成正确的写字姿势，做到“三个一”（手离笔一寸，眼距书一尺，胸隔桌一拳）。写字要专心、认真，作业要干净、整洁。

5. 团队合作

人们常说,“人心齐,泰山移”“众人拾柴火焰高”。现在无论做什么工作都离不开与人合作。学习也是一样,从小培养团结合作的习惯是一项非常重要的习惯。

6. 自查自改

每天完成作业不拖拉,不开小差,做完作业能够先进行自我检查,然后请家长和老师检查,对家长和老师检查出的错题、错字、错句要认真思考并加以改正。

(二) 养成良好习惯的策略

我国古代教育家孔子曾说过:“少若成天性,习惯成自然。”也就是说,从小养成怎样的习惯,成人后就会形成怎样的品性。叶圣陶先生也曾说过:“教育是什么,简单说,只有一句话,就是养成良好的习惯……”因此,一个人自幼就应该通过教育形成一种良好的行为习惯,良好的行为习惯对人的一生具有深远的影响,这种影响将伴随我们的学习、生活、做人、处世,从而主宰我们的人生。

1. 抓好过渡,学生明确班级管理要求①

对于低年级新生来说,从幼儿园跨进小学的大门,是他们人生道路上的一个新的起点。其间他们将经历从游戏活动到课堂学习,从教师、家长的看护到自觉遵守学校、班级的各项规章制度和日常行为规范的转变。在这个过程中,培养学生自主管理的意识,让学生学会自我管理,就可以使学生更顺利地适应这个变化,并在这种适应变化的过程中不断体验到学校生活的乐趣。学校对学生的常规管理作为学生管理的重要方面和核心内容,在培养学生管理意识方面是一个较好的切入口,为此,班主任要定期召开自主管理小班会,通过班会活动使小学生明确班级管理的总体目标及要求,从而自觉地学习与落实。班级管理的要求主要包括:小学生日常规范、学习习惯和班级环境卫生三个方面,每个方面都进行了细化要求,例如日常规范细化为个人佩戴、个人卫生、个人备品摆放、课间纪律、两操纪律等方面的内容;学习方面主要针对预习、课前诵读、课堂学习、午读、课后作业等方面的内容。学生明确了细化后的管理要求和内容,就会自觉地规范自己的日常行为。

2. 细节切入,强化训练,培养良好习惯

小学低年段学生是以培养学生良好行为习惯为基础的,而行为习惯养成是“知”与“行”的统一体,在“知”向“行”转化的过程中,始终需要意志力做保障。学生良好行为习惯的养成要经过长期反复的学习与实践,并经历的体验与感悟,才

---

① 寇红.浅谈小学低年级学生自主管理能力的培养[J].延边教育学院学报,2015(2):108-112.

能达到熟练的程度，进而内化为自觉的行为。因此，培养小学生的良好行为习惯，要围绕训练目标一以贯之、持之以恒地常抓不懈，才能取得实效。虽然制定了管理的内容与要求，小学生对此也比较明确，但由于小学生受心理和生理发展水平的限制，注意力、自制力不会长时间持续，往往半途而废。如有的小学生上课了还不进教室，等看见老师来了，才急忙进来，才知道应该拿出什么书来；等要写字了，铅笔还没有准备好，于是又忙着找铅笔，这一找一拿不知道又浪费了多少时间，常使学习内容难以在预设的时间内完成。所以，要帮助学生养成良好的学习的习惯，单凭班主任的几句简单的要求是绝对不行的，小学生根本不去想什么叫"课前准备""该怎么准备"，什么叫"轻声快步、少言低语"，前脚答应，后脚就疯狂地出去活动了。所以必须通过实际演练，才能使小学生形成条件反射，并按规则去做，进而养成习惯。

针对学生课前准备不及时，走廊行走不规范，站队时打闹队形不整齐的现象，在班级可以提出"摆、理、推、齐、清、排"六字要求，即下课后先摆学习用具、整理书桌，再将凳子推到桌子下，并把桌椅摆齐，最后清理自己的地面垃圾，排队走出班级。在走廊里要做到"轻声快步、少言低语"，并自动排成一队靠窗户一侧行走。一开始总有个别学桌椅摆放不齐就急于出去玩，等到老师发现，孩子们都已经出去了，为了能让全班学生都把学习用具摆放整齐再出去，班主任每节课下课后可以站到班级前面有节奏地喊出"六字"口令，并以小组为单位比较哪个小组最先按口令完成要求，让完成得慢的学生利用课下时间反复训练，以提高完成速度。经过一个星期的训练，学生只要听到老师说出"下课"就会自动按黑板上的口令对进行学习用具摆放。而对课间的行走，班主任或班主任指派班长、班级干部轮流站到班级门口进行监督，毫不留情地让在走廊里跑跳说话的学生回到跑跳说话的位置重新按要求行走，监督一段时间后，学生已经在脑海里深深地烙下规则的印记，自觉遵守走廊行走的要求。为了让学生在课间操能够整齐划一的站队，可以向学生提出"快、静、齐"的三字要求。快，指快速到操场找到自己的位置站好；静，指期间不说话、不打闹；齐，指要时刻注意和前后左右的人看齐。经过一段时间的训练后，大部分学生都能按要求站队，对于个别出问题的学生，等回到班级后再进行单独训练，直到他们明确站队要求为止。

3. 合理分工，适度奖惩，助力良好习惯养成

没有竞争就没有发展，没有发展就没有创新。对班级学生进行小组内的合理分工，对助力小学生良好习惯的养成具有良好的推动作用，可以说是一种行之有效的途径。培养习惯的措施实施一段时间后，要逐步把监督权放手给学生，并根据小学生的个性特点、学习成绩、守纪状况等方面的差异，把全班学生分成小组，每个小组 4—6 人，然后结合各项事宜对小组成员进行合理的分工，并进行培

训。每个小组设有课前准备监督员、地面卫生监督员，课前诵读监督员、书包备品监督员、坐姿及纪律监督员等。各监督员按所负责内容对小组成员进行监督，以督促小组成员在规定时间内做好自主管理工作。另外每个小组设立一个小组长，从整体上协调小组成员的自我管理和监督组员的工作。各监督岗位设置使学生"人人参与班级管理"成为可能、落到了实处。对班级来说，小岗位能保证班级日常生活的有序开展；对学生而言，通过在小岗位上为班级服务、出力，能强化自身"我为人人，人人为我"的思想，不仅锻炼能力，增强责任意识、小主人意识，还有利于学会团结协作。小岗位就是学生成长的舞台，也是班级凝聚力建设的一项有效措施。

同时由学习部长、纪律部长、卫生部长等班级干部对班级各小组进行统一监督考核，以此来增强小组间的竞争意识，提高管理的实效性。对于表现突出，成绩优异的学生或小组，进行适时、适度地表扬，以进一步激发和调动小学生自主管理的积极性、主动性。表扬对于低年级的孩子来说尤为重要，俗话说：好孩子是夸出来的，就是这个道理。因此要对小学生每天在各项活动中的表现进行公正恰当的评价，表现好的小学生及时给予表扬，同时配合发放小旗进行奖励，并根据小旗多少评出一周自主管理小标兵。另外结合各部长对小组的考核记录每周选出自主管理模范小组，进行额外的小旗奖励。有了荣誉的激励，学生良好习惯自然就能养成。

第二节　小学中年段学生的管理

一、中年级实施自主管理的意义

（一）中年级学生身心发展特点

1. 生理发育

中年级阶段的小学生进入第二次成长期，身高、体重、运动能力均有较快增长，处于一个浑身充满活力、充满朝气的阶段。

2. 同伴交往

低年级阶段的孩子对老师有着特殊的依赖和信任，随着年龄的增长，对老师的依赖感减弱，同伴交往成为孩子人际交往的主要群体。但孩子与同伴的友谊进入了一个双向帮助，但还不能共同患难的阶段。他们对友谊的认识有了提高，但还具有明显的功利性特点。他们的择友标准也在发生着变化，开始寻找精神层面的朋友。孩子会不断经历“尝试——失败——改变——再尝试”的过程，所以情绪十分不稳定，会出现烦躁和彷徨的情绪。孩子们之间分化并且形成了若干个同伴团体，出现了小团体中的领袖人物，并且在同伴接纳方面逐渐表现为受欢迎、被拒绝、受忽视和有争议四种不同的社会地位。

3. 与成人交往

（1）师生之间的人际关系受到影响。小学生对老师的态度从完全崇拜到有自己的独立评价，这一转折大约出现在中年级，这是小学生的道德判断开始出现可逆性的阶段。

（2）矛盾与代沟开始出现。二年级以前，儿童愿意将所见、所闻、所行讲给家长听，但进入中年级就开始发生变化——一部分孩子不愿意把在外面发生的事或自己经历的事告诉家长，想要显示其独立的个性。而此时父母对子女的要求也从“听话”标准上升到“学习好、能力强”的标准，而对他们的照料和关注则比以前减少许多。因此，亲子之间的沟通常被忽视。

4. 自我意识

（1）中年级是小学生个体形成自信心的关键期。有的在接受别人的评价中发现自身的价值，产生兴奋感、自豪感，对自己充满信心；有的还表现出强烈的自我确定、自我主张，对自己评价偏高，甚至有时“目空一切”，容易导致自负的心理。相反，有的由于成绩不良或某方面的缺失，受到班级同学的重视也不够，往往对自己评价过低，对自己失去信心。

（2）中年级的小学生自我尊重、获取他人尊重的需要比较强烈。

（3）中年级的小学生开始从活动的效果、动机等多方面评价自己和他人。

（4）中年级的小学生开始学会独立地将自己与他人比较。

5. 自我控制

（1）情绪变化大，自我调节能力差。中年级学生由于生活经验不足，在陌生、严肃、冲突、被约束、被指责等情况下容易产生紧张的情绪，自我调节能力差，难以释放心理压力，容易使心情变坏。他们喜欢与伙伴共同游戏、学习，但情绪很不稳定，极易激动、冲动，常为一点小事面红耳赤。他们情绪的变化一般都表露在外，心情的好坏大多从脸上一望便知。

（2）中年级的小学生自制力和坚持性出现下降趋势。大约从中年级开始，学生进入少年期，此时会出现一种强烈要求独立和摆脱成人控制的欲望，因此他们的性格特征中会表现出明显的独立性。同时，随着年龄的增长，他们对外部控制的依赖性逐渐减少，但其内部的自控能力又尚未发展起来，还不能有效地调节和控制自己的日常行为。所以，学生在意志特征上表现出一种自制力和坚持性的下降趋势。

6. 学习特点

(1) 中年级的小学生开始了解学习活动的社会意义。

(2) 中年级是形象思维向抽象思维过渡的关键时期，这个时期抽象逻辑思维逐渐增强，认知活动的随意性、目的性均有明显的增长。

(二) 中年级实施自主管理的意义

英国教育家斯宾塞说过："记住你的教育目的应该是培养一个能够自治的人，而不是一个要别人来管的人。"在小学中年级，逐步开始引导班级和学生个体学会自我管理，不仅适合于他们的年龄特征——即已经有了一定的自我管理的能力，而且自我管理能力的不断完善对于班级的发展和学生个体的发展具有重要意义。

1. 引导学生自我管理是班级组织形式的必然要求

班级组织形式下的教育教学可以提高工作效率，但其不足之处是难以估计到集体中每一位成员的具体情况。数十名学生组成的班级，仅靠班主任、科任教师等几个人的力量，是无法取得较好的管理效果的。引导全班的每一位同学，发扬主人翁精神，个个都成为班集体管理工作的积极参与者，班集体方能成为健康、完整的有机体。

2. 引导学生自我管理可以提高其自我教育能力

从根本上说，儿童能否受到良好的教育，有内外两方面因素的影响。而引导小学生自我管理正是使其内部因素发挥积极作用的重要途径，这样可使学生在更好的环境中接受教育。

3. 引导自我管理可以培养儿童独立的个性

"独立"不仅指不依赖父母，有较强的生活自理能力，更重要的是指具有开拓创新的思维能力，在班级管理中有效地实行自我管理，有利于儿童认识自我，了解他人，明确人与人之间的合作关系，培养其独立分析问题、解决问题的能力。

二、中年级实施自主管理模式构建的策略①

(一) 培养干部，实现学生自主管理的人力保障

大家都知道班干部是一个班级的核心，从班干部的身上能看出班级的凝聚

① 庞燕.小学生自我管理能力培养之我见——以小学中年级学生为例[J].科普童话，2016(23)：9.

力，更能看出班主任的能力。通过老师的精心挑选和培养，组织一支班干部力量，不仅能调动学生管理班级的积极性，让班级活动开展得有声有色，增进班集体的凝聚力，还能让班主任在班级管理的工作中省心、省力。

班干部是一个班级的骨干，精心选拔、培养干部是实现学生自我管理的最佳途径。班干部的管理能力不是天生就有的，都是从实践中逐步锻炼、培养出来的。一是班主任要耐心指导。如告诉早读课的领读班干部早上要提前 10 分钟到教室，把早读的内容和要求写在黑板上，早读时发现不认真的同学要进行适当提醒等。二是班主任要当好参谋。如组织文艺活动，先让文艺委员说说活动的方案及流程，然后再指出活动方案的不足之处：活动需要分几个环节？怎样合理编排节目顺序？三是班主任要及时总结。班干部有了一定的工作能力后，班主任应放手让他们大胆地工作。但班主任要定期召开班干部例会，大力表扬敢于管理、独当一面的干部，在班干部中形成比、学、赶、帮、超的局面。此外，引导班干部积极发挥榜样作用。班主任要主动热情地帮小干部树立威信，要教育学生尊重班干部，服从干部的领导。班主任应使学生认识到，尊重干部就是尊重集体，服从干部，就是服从集体。

（二）活动引领，助推学生自主管理的平台保障

开展丰富多彩的活动，是培养学生自我管理能力的重要渠道。班级管理中，可以从两方面入手。一是设置实践活动准入制。如：开展大扫除活动。在活动前，由劳动委员进行分组分工，明确每个组的打扫范围，并在每组中选出一个小组长。活动时，由小组长分工，明确组内每个成员的责任范围。如果哪里打扫不干净就可以直接找到责任人。因此，同学们打扫的时候都很积极。此次活动不仅能将教室内外打扫干净，还能促使孩子自主管理。二是实施班队会活动自主化。每周一次的班队会活动都由学生设计、安排，班主任充当顾问、助手的角色。让学生徜徉在实践和艺术的天地，使学生在体验中成长，活动的开展不仅能使教师发现学生的不同才能，而且经教师的“顺引巧牵”，还能挖掘学生的潜能，为学生提供自我设计、自我创意、自我证实的空间。有时班会课没有明确的主题，学生们还积极主动地为班会出谋划策。如开展学生大讲堂活动中，学生自己制作课件，然后在班会课上讲解。如小张同学的“恐龙的秘诀”，他为同学们介绍了恐龙的种类和灭绝的原因，并且展示了很多图片，让大家了解了恐龙的许多知识，在活动中增进了同学之间的关系。

（三）制定班规，规范学生自主管理的制度保障

学生自主管理指的是学生自我管理，是在班主任指导下依靠整个班级的力量进行自我教育和发展的一种管理方法。小学中年级的孩子已经不像一二年级

时那样，遇到事就找班主任，他们现在有了一定的独立意识，遇到事情有了自己的想法以及独立处理的欲望。此时班主任要充分信任学生，搭建好学生展示才华的“舞台”，让学生成为班级管理者。而这个“舞台”就是合理完善的班级管理制度。班主任在制定班规时，要以学校的规章制度为前提，根据班里的实际情况，让每个学生献计献策，初步罗列出班规。然后通过班会课，从学习、纪律、品德、体育、卫生、日常行为等方面与学生们展开讨论，制定出学生们都认可的班规。如学生自定的班规中有：上课铃响后，教室要立刻安静，吵闹者扣一分，擦黑板一天；课间不能在教室和走廊里追逐踢球，违者扣两分，当天打扫教室等。每条都非常具体明确。由于班规是通过学生的自定和认可的，所以学生更能自觉地遵守，同时也明白哪些该做，哪些不该做，使学生从“老师要管我”转变为“我要管我”，从而真正体现了学生是班级管理的主人。

（四）家校互动，实现学生自主管理的合力保障

自我管理不仅仅局限于在学校的行为，更大程度上会反映在日常生活中。因此，家长的配合就显得特别重要。家长的配合不仅可以使学生的行为在学校和在家庭保持一致，以巩固培养成果，而且日常生活的自我管理会反过来促进学生在学校的自我管理。因此，我常利用课外时间主动与家长联系，了解学生的状况，促使学生获得更多的培养独立性的机会，既保证了学校、家庭、社会影响的一致性，而且能够更好地落实班级的管理机制。一是建立家校联系制度。举行家长座谈会，会上请优秀的教师做讲座或是请家长谈教育经验，使家校双方及时了解孩子的情况，掌握行之有效的教育方法，对今后的教育做到有的放矢。建立公共信箱，有什么建议或意见，或不便当面交流的都可在公共信箱留言，让彼此都及时了解和掌握学生的发展动态。二是开展定期交流反馈。通过自我管理能力的培养，学生中间掀起了比学习、比纪律、比觉悟的热潮，极大调动了班干部的积极性，增强了其责任感，使得一部分学习比较懒惰的孩子也行动了起来。班级管理中，通过填写“周周反馈表”（此表由组长和家长一周填一次，内容一方面向组员家长汇报本周各学科所学内容及所达目标；另一方面反映孩子在校的表现；最下面一栏由家长填写），在一次次书面交流中，小组长的管理能力、自控能力、言语表达能力都得到了提升明显，同时也体会到家长的不易。

成年人的一个习惯 21 天就可以形成并获得巩固，但是由于小学中年级学生年龄尚小，可塑性较大，在这个过程中会出现比较大的反复。这就需要班主任常抓不懈，形成一套行之有效的长效机制，真正把学生自我管理能力的培养放在心上，落实在行动中，切实为培养合格的公民做好基础性工作。

（五）用发展的眼光看待学生，对学生充满“成长的期待”[①]

在实际教育工作中，一些教师会给学生贴上“好”和“差”的标签。这些标签有些是有意给学生贴上的，有些可能是不经意间流露出来的。如一个学生特别调皮，经常调皮捣蛋，在班主任的心中就会给他定位为差生。在处理事情的时候，就会戴上有色眼镜。其实即便是再调皮的孩子也一样有上进心，也会期待得到肯定，作为教师如果只是一味地否定，这对孩子的发展是很不利的。

学生的成长是有阶段性的。所谓的“差生”，只是暂时的，或者仅仅是某些特定方面的表现，他们的“差”其实正是教师应该帮助的重点。无数的事例证明，学生时代的“差”并不意味着将来的“差”。身为教师一定要用发展的眼光看待学生，对学生要怀有一种“成长的期待”。

“成长的期待”是一种教育智慧。智慧的教育需要班主任根据学生的个体差异进行教育，需要因材施教、因人而教、以智启智。对正在学习与成长的小学生来说，赏识是一种很好的教育方式。赏识、肯定、认可学生，时刻对他们充满了期待，并且相信他们会一点点地进步，这是种充满智慧的等待，在老师充满期待的引导下，学生会朝着教师期待的方向和目标迈进。

“成长的期待”需要坚持。对于正在学习与成长的孩子来说，重要的是习惯的养成以及学习思维的形成。这些需要班主任通过一次又一次的教育去发现、去感悟、去生成。班主任应坚持科学的方法，培养学生良好的习惯；坚持信任，相信孩子能做好每一件事，不能因为某些因素的变化就突然否定一切，尤其是否定孩子的信心；坚持提供平台，让学生无限地展示自我，使学生对自己充满着“期待”，然后会发现学生真的就变成教师期待的模样。

第三节　小学高年段学生的青春期教育

一、小学高年级青春期教育的必要性

（一）小学高年级学生生理变化的需求

小学高年级学生的生理机能迅速发展至成熟的阶段，也是人生各方面变化最大的阶段。

---

① 佘承智．师爱是一种等待[J]．中小学心理健康教育，2008(23)：37.

(1) 新陈代谢旺盛。新陈代谢包括同化作用和异化作用两个方面。人体从外界摄取营养物质,变为自己身体的一部分,并且贮存了能量,这种变化叫同化作用。与此同时,身体的一部分物质不断氧化分解,释放出能量,并将分解的产物排出体外,这种变化叫异化作用。小学年龄儿童正处在长身体的时候,同化作用大于异化作用,所以,他们需要从外界摄取更多的营养物质,以保证正常生长的需要。

(2) 体格发育在儿童期平稳发育的基础上,出现快速增长。小学年龄期中的6—9岁属于儿童期,10—12岁属于青春期早期。因此这个阶段的儿童生长发育既有儿童期的特点,又有青春期早期的特点。以身高、体重的生长为例,在儿童期,体格发育基本上是平稳的,身高平均每年增长4—5厘米,体重平均年增加2—3.5公斤。10岁以后,随着青春期的到来,体格发育进入快速增长阶段。这时男孩身高一般每年可增长7—9厘米,个别可增长10—12厘米;女孩一般每年可增长5—7厘米,个别可增长9—10厘米,体重每年可增加4—5公斤,有的可增加8—10公斤。女孩青春期身高突增开始得比男孩约早2年,所以在10岁左右,女孩身高由以前略低于男孩到开始超过男孩;12岁左右,男孩青春期身高突增开始,而此时女孩生长速度已开始减慢;到13—14岁左右男孩身高生长水平又超过女孩。由于男孩突增期间增长幅度较大,生长时间持续较长,所以到成年时绝大多数身体形态指标均比女孩高。

(二) 小学高年级学生心理发展需求

1. 自我意识发展迅速

小学高年级学生正处于由儿童期向青春期过渡的关键时期,处于心理发展的骤变期。由于生理上的变化和抽象思维能力的进一步发展,他们的自我意识、独立意识随之迅速发展起来,进入了个体自我意识发展的第二个上升时期。他们已经有了独立意识,不仅摆脱了对外部评价的依赖,逐步依靠内化了的行为准则来监督、调节和控制自己的行为,而且开始从对自己表面行为的认识、评价转向对自己内心世界更深入的评价,喜欢尝试着从个性品质、人际关系、自我价值等方面的特点来描述自我形象,这种自我评价的独立性和稳定性都随着年级的升高而逐步提高。由于理想自我的发展,部分学生开始追星。如果崇拜的偶像所代表或所提倡的是健康向上、积极进取的精神,其个性发展自然会受到明星积极的影响。但值得注意的是,其中一些宣扬颓废、消极、没落思想的人对正处在接受社会意识形态关键时期的小学生来说,负面影响可能会非常大。

小学高年级阶段,学生在思维、认识、兴趣爱好等方面的差异日渐显著,全面发展的学生显现出来,有特长的学生也比较突出,使得一部分发展相对落后的学生情绪低落,自信心不足。而此时他们正处于"勤奋与成功""失败与自卑"的心理发展阶段，发展顺利，就能获得求学、做事、待人的基本能力；如果发展出现障碍，学生就会缺乏生活的基本能力，充满失败感，从而产生自卑心理。

2. 情绪情感日益丰富

小学高年级学生情绪反应的强度和持久性迅速增长并出现高峰，行为很容易受情绪的影响或支配。他们具有强烈的情绪体验，对人对事都极为敏感。小学高年级学生与小学低中年级的学生相比，随着年级的升高，他们控制和调节自己情绪的能力也逐步加强，但仍缺乏自我分析、自我调节和自我宽慰的能力。因此，这个时期学生的性格发展处于一种非常矛盾、变化无常的状态。他们对他人各种情绪的感知能力迅速发展，进入了较为稳定的正确辨认阶段，已经能够正确辨认他人的情绪状态，并做出相应的反应。

3. 自制力有所增强

小学高年级学生的求知欲发展得很快，但他们的自制力没有同比增加，心理发展中独立性与幼稚性的矛盾日益突出，容易固执己见，盲目地拒绝他人的劝告和建议。随着年级的升高，他们抵制内外干扰的能力也进一步增强。

这个时期的学生学习欲望更强，兴趣更广泛，要求更高。他们不再唯老师之命是从，对老师的教育时"违"时"从"，对枯燥的说教和单一陈旧的训练方式不感兴趣，注意力也较难集中到学习上来。学生升到高年级后，语文、数学作业相对增多，对英语学习的要求也比以前高，要求听、说、写、背，学习负担比低年级更重。

4. 人际交往相对稳定，社会角色意识增强

小学高年级学生的同伴交往进入了一个亲密共享的新阶段。此时，他们已经大大提高了对朋友这一概念的认识，认为朋友之间可以倾诉秘密、相互帮助、相互分享，认为友谊是随着时间的推移而逐渐形成、发展并得到巩固的，朋友之间应该相互信任和忠诚，做到同甘共苦。这一时期，学生之间的友谊有了一定的稳定性，但也具有强烈的排他性、独占性，择友标准也相对严格起来。同时，学生的同伴团体也大大发展，团体意识增强了。在这一时期，两性交往发生了变化，学生对异性有些朦胧的感觉，与以前不一样，但是又不清晰，很多学生表现出来排斥异性和相互攻击等行为。在亲子交往方面，由于高年级学生的独立意识增强，他们对父母的要求不再一味顺从，对父母过多的"看管"常常表示抗拒。因此，亲子之间的代沟明显加大，相互理解和沟通明显减少。教师的威望在小学高年级阶段开始逐渐下降，学生对教师不再像过去那样崇拜，有时还会产生抵触情绪，跟教师疏远。

5. 亲子关系依赖感下降，对新事物强烈追求

小学高年级学生已有一定的生活经验，不像低年级时那样充满幻想，他们会有广泛的兴趣。他们的集体生活意识在和同学、老师的相处中逐渐形成与发展

起来。他们不再依靠父母的带领去娱乐，开始自己去安排各种休闲活动。有些学生还会自行购物，计划自己的周末活动等。

网络、手机对他们有着很大的吸引力，上网已成为他们课余时间的一大爱好，成为他们的一种生活休闲方式。网络是把双刃剑，它可以拓宽学生的视野，丰富他们的知识，但面对网络游戏的诱惑，有些学生不能控制好自己，容易着迷，进而影响到正常的学习和生活，甚至出现心理障碍。

二、小学高年级开展青春期教育的意义①

（一）有利于学生的健康成长

随着现代青少年进入青春期的年龄普遍提前，大部分学生在五六年级即小学高年级阶段就已进入了青春期（主要集中在10岁—12岁），在这个转型的时期，他们渴望与异性接触，希望了解异性。在这个懵懂的时期，他们分不清友情与爱情，往往视友情为爱情，出现早恋现象。青少年的早熟引发了他们对性知识的好奇，由于传统思想的影响，从不敢公开询问，而是私下里通过看黄色书刊、影碟，浏览黄色网站等偷偷地探索。这种通过不正确的方式得到的信息是百害而无一利的，它使青少年失去理智，做出荒谬的事，例如少女怀孕等，这些问题的发生不仅影响了学生的学习，也给他们的身体和心理造成极大的创伤。此外，青少年吸毒、犯罪等问题也非常严重，给家庭、社会带来了恶劣的影响。基于这些，我们不能对处于青春期的青少年所存在的问题有任何的大意，青少年事关社会安危，减少青少年犯错的可能性，就必须在他们小学高年级开始进入青春期时进行青春期教育，以满足他们对知识的需求心理，打破神秘感，在成长的道路上给予他们指导和帮助，让他们有一个快乐、健康的青春期。

（二）是学校改进教学模式的体现，顺应现代素质教育的需要

在我国，从小学到中学，一直都有主、副科之分，“语数外”被公认为是主科，而像“生理、卫生课”“劳动课”等则被认为是副科。学生们将“主科”放在首位，而往往轻视“副科”，这种对不同学科的区别对待，导致学生们的知识结构向畸形发展。学校也是如此，对待副科，无论是教学管理，还是师资队伍上都有明显差异。传统的教学模式确实能够使学生们在文化课上取得优异的成绩，但当学生们逐渐进入青春期时，像早恋、打架等问题屡屡发生，这与传统的教育模式有很大的关系。西方国家从小就注重对孩子的青春期教育，把青春期教育和文化知识的培养摆在同等的位置，孩子们懂得自己该做什么，不该做什么。同发达国家相

① 韩丽娟，卢逸桉. 关于在小学阶段开展青春期教育的探讨[J]. 中国集体经济，2010(4)：185－186.

比，我们的教育远远落后于他们，在经济高速发展的今天，教育模式并没有跟上时代的发展。改革旧的教育模式，开设关于青春期的课程，是顺应现代素质教育潮流的，是不可逆转的，对我国教育的完善、发展会起到强大的推动作用。

资料链接

旁听丹麦小学性教育课

应定居丹麦哥本哈根的堂弟邀请，最近前往这座古老又现代的城市去游览观光。除观光外，我还旁听了堂弟11岁的儿子就读学校的一堂性教育课。

9时整，一位年龄在30岁上下的女教师走进了教室。她先向大家微微点点头表示问候，接着把一本本图文并茂的人体生理书发给每一位学生。很多学生拿到书本后，立刻翻阅了起来。这位漂亮女教师的开场白是："亲爱的同学们，我们要懂得性知识，因为这对我们的身心健康很有好处。"说完，她按了一下投影仪，画面随着她的讲解不断地变幻着。

当银幕上出现了一个个宛如小蝌蚪的精子争先恐后地钻入卵子时，这位老师即时讲解道："如果哪一个精子抢先与卵子结合了，这时就可能怀孕，我们的生命就这样产生了……人类为了避免无限度地生育，有节制地繁衍后代，采取了很多办法不让精子与卵子结合……"待她一说完，有一个男孩子率先举手提问："亲爱的老师，怎样才能使精子不碰上卵子呢？"女教师听完后和蔼地回答："用安全套就能使精子卵子不相遇。还有，男女任何一方做了结扎手术，也可以达到这样的目的。"另一个男孩子站起来大声说："我爸爸就做了结扎手术，我妈妈不会再生了。"

这时，坐在他旁边的一个女孩子小声地问道："你怎么知道的？"男孩子回答得很直爽："是我妈妈告诉我的。"说完后，他还转过身向坐在后面的母亲发问："是不是，妈妈？"坐在我旁边的一位中年女性站了起来笑着回答："是我告诉他的，从此以后，你没有弟弟或者妹妹了。"待她说完，老师便示意大家鼓掌。

接下来是互动内容。老师把男女生殖器官的模型放到了讲台上面，要学生们走近，仔细观察生殖器官的布局和构造。然后老师亲自演示怎样使用男女安全套，还要男女学生按照她的演示动手实践。老师告诉学生，这样做可以预防各种性疾病的传播。家长们对这堂性教育课似乎感到很满意，纷纷"OK"不已。

（三）促进我国精神文明的发展

在与时俱进的今天，青春期教育也要与时俱进。青春期教育不应只是一个知识性的教育，而应是一个建立高尚道德观、价值观的教育。青少年是祖国的未来，对青少年教育的好与坏，直接关系祖国的前途和命运。青春期教育帮助孩子们了解自己，认清自己，把握自己，事事以德为先，是“以德治国”的一种体现。一个国家的文明程度与青少年的精神面貌有很大关系，通过青春期教育，让他们了解科学的知识，提高自身的素质，健全人格，成为一个有责任心的人，是有利于我国精神文明的发展的。

三、多渠道开展青春期教育①

随着青春期生理的变化，青少年的心理也同时发生了相应的变化。青春期教育是社会主义精神文明建设和对学生进行素质教育的重要组成部分。它是针对青春期青少年的性成熟和心理发展所要解决的问题，来规定它的教育目标，并通过相应的教育来达到这一目标，从而促使青少年把自己充沛的精力用于提高身体素质、提高科学文化素质和思想品德素质，迈好青春的第一步。这是保护青少年健康成长的需要，也是提高民族素质的重要措施。

（一）课堂教学

课堂教学是进行青春期教育的主要渠道。每学期应根据学生年龄特点安排一定的时间进行教学。刚开始以讲解生理知识为主：包括第一性征、第二性征、生殖器官的解剖特点、月经的产生及经期保健、痛经的处理、青春期皮肤的护理等。此后主要讲解性心理方面的知识：包括青春期的心理特点、如何培养健全的人格、如何提高融洽男女同学关系等。为了活跃课堂气氛，让学生克服紧张、害羞的心理，更好地参与其中，在教学中，我们可运用录像、现场演示、实验、调查问卷、学生提问等形式。青春期教育是一项长期教育，不能只局限于课堂，学校还可利用广播、黑板报等方式宣传青春期知识。运用热线电话、“悄悄话信箱”、互联网“成长聊天室”等形式了解和解决学生青春期的困惑。

（二）家庭教育

青春期是学生走向成熟的第一步，而小学青春期教育是整个青春期教育的第一步，因此显得尤为重要。青春期教育不仅需要校方的努力，还需要父母的配合。父母是学生最亲密的人，也应成为学生的第一任青春期教育老师。当学生在青春前期时，父母就应该向学生说明可能出现的情况及其应对措施。当学生青春期到来时，父母应及时发现，给予生理和心理上的帮助和指导。学校还应通过家长会，向家长们讲述孩子们在青春期可能出现的各种变化及相应的指导方法，并向家长推荐各种青春期方面的书籍，让家长陪伴学生度过一个美好的青春期。

---

① 段雪梅.青春期教育——小学中高年级不可忽视的德育内容[J].贵州教育，2005(16)：19-20.

(三) 班主任工作

班主任在学校中不仅扮演教师的角色，同时也扮演着家长的角色。她们与学生的接触时间最多，对学生的了解也最深。学生如有异常，可以及时地发现。所以，班主任在青春期教育方面有着很大的优势，而且还是联系学生与学校之间的纽带。为了使班主任在青春期教育方面发挥更大的作用，学校要为班主任创造交流学习的机会。在日常教学中，教师可以通过个别谈话、主题班会、家庭联系等形式开展青春期教育。良好的青春期教育可以融洽同学之间的关系，发挥学生的潜力，促进班集体的建设。

(四) 集体教育

学校是一个大集体，班级是一个小集体，所以，利用集体舆论和活动进行青春期教育是一种很好的形式。我们通过少先队活动、娱乐体育活动，各种素质教育活动等，增进学生之间的了解，净化他们的思想，使他们的行为符合社会规范。特别值得一提的是，体育老师在活动中发挥的作用也是很大的。因为随着生活水平的提高，学生进入青春期的年龄普遍前移，小学中有相当一部分女孩已经来了月经，因而，体育老师在传授体育卫生知识的同时，应适时加入一些青春期教育方面的知识；在上课时，可对正身处例假的同学给予关怀，安排一些运动量较小的项目；对那些比较羞怯的同学，可进行心理上的疏导。当然，照顾这部分女同学时一定要隐蔽，这样才能更好地保护学生。

(五) 个别教育

青春期发育中的学生遇到的很多问题，不可能也不允许全部在大庭广众之下予以讲解，教师要善于主动发现学生的问题，正确引导，不压制。学生中的早恋现象不容忽视，教师要善于以各种方式来触动学生，教育学生要学会用理智来驾驭感情，并要注意保护学生的自尊心。当学生提出问题时，教师应给予理解和鼓励，做学生的知心朋友帮其解决其成长中的困惑，不要轻易地把学生一时的想法与行为和品质问题联系在一起，以免给学生造成不必要的心理负担。

资料链接

国外性教育有“妙招”：八个国家教育方式集锦①

1. 英国：5 岁必须开始强制性性教育。

英国法律规定，必须对 5 岁的儿童开始进行强制性性教育。根据国家必

① 中和. 国外性教育有“妙招”：八个国家教育方式集锦[J]. 小学科学（教师论坛），2011(6)：39.

修课程的具体规定，英国所有公立中小学都将学生按不同年龄层次划分为4个阶段来进行不同内容的性教育。在英国还流行“同伴教育”，即利用朋辈间的影响力，通过发展青少年的自我教育和自助群体，抵御来自社会的消极影响。

2. 瑞典：通过电视实施性教育。

瑞典的性教育亦称“避孕教育”，是世界性教育的典范，其早期学校性教育是国际公认的青春期教育成功模式之一。瑞典从1942年开始对7岁以上的少年儿童进行性教育，内容是在小学传授妊娠与生育知识，中学讲授生理与身体机能知识，到大学则把重点放在恋爱、避孕与人际关系处理上。1966年，瑞典又尝试通过电视实施性教育，打破了家长难以谈“性”的局面。这样的教育模式取得了显著成效：性病的患病率极低，20岁以下女孩子怀孕生育的情况几乎没有，堕胎率极低，性病和性犯罪比例也在不断下降。

3. 芬兰：幼儿园就有性教育图书。

20世纪70年代初，性教育进入了芬兰中小学的教学大纲，连幼儿园也有正式的性教育图书，一面加强性道德教育，一面从性保健出发进行性知识教育。芬兰有本性教育书——《我们的身体》，家长可以像讲《一千零一夜》那样每天讲一节，性教育就自然而然地开始了。三十多年过去了，芬兰的性教育取得了举世瞩目的成效，被世界人口与发展会议树为典范。

4. 马来西亚：4岁小孩也要学性知识。

一份由妇女、家庭与社会发展部、教育部、非政府组织以及教育家等联合起草的关于全国性教育的建议书日前提交给了马来西亚内阁，并获得通过，性教育将在两年内成为学校的科目之一，可让小至4岁的孩童也学习性知识。学生将在性教育科目中学习到人文发展、两性关系、婚姻与家庭、沟通技巧以及安全的性行为。在马来西亚，父母会主动谈到一些性知识。初中的教科书里就有不少性知识，包括避孕、受孕等。对小学生，则用一些有图画的小册子向他们宣传如何保护自己身体之类的知识。

5. 新加坡：推出多媒体性教育教材。

新加坡计划生育协会为青少年制定了一系列性教育方案，其重心放在严格控制性行为、性年龄，到1999年，已经有9 000多名公民接受了性教育课程，产生了良好效果。2004年，新加坡教育部制定了一个系统的性教育方案，并为中学低年级学生设计了一套多媒体性教育教材《成长岁月系列》，随后又推出了3本《成长岁月系列》教材，分别适用于小学高年级、中学高年级和中学以上的学生。

6. 美国:1/3学校进行禁欲教育。

美国从小学一年级起就开始传授生育、两性差异、道德等知识,初中阶段讲授过程、性成熟、性约束等知识,高中阶段讲授婚姻、家庭、性魅力、同性恋、性病、卖淫现象、性变态等知识,并向学生发放避孕套。

最近10年里,全美有1/3的学校增加了禁欲教育,提倡将性行为推迟到婚后,并告诉学生如何实行安全性行为。有一些学校还提供在何处可获得控制生育器具或如何使用避孕套的资讯。现在全美14个城市的32所公立学校中都建有性咨询室,回答咨询的也是孩子,其内容对教师和父母都保密。

7. 荷兰:孩子和父母餐桌上讨论性话题。

荷兰人开放的性态度给全世界留下过深刻印象,然而,荷兰拥有欧洲国家最低的青少年怀孕比率。在荷兰,与学其他课程一样,孩子6岁进小学时就开始接受性教育,孩子们甚至会在餐桌上和父母讨论这方面的话题。

荷兰的教育专家认为,对青少年甚至儿童开展早期性教育,可以让青少年知如何保护自己,帮助青少年不至于因为一时的性冲动或对性的某种无知而做出令自己后悔终生的憾事。

8. 日本:性知识从小学教到高中。

日本文部科学省出版的小学第一册《卫生》教科书封面就有女性和男性的身体和性器官图。小学每年有1—2个小时的特别讲座,内容是男女之间身体的区别,女生月经和怀孕的原理等;初中每年也有1—2小时的特别讲座,呼吁学生不要进行危险的性行为,学生还可以学到避孕和性病知识;高中的体育保健课和家庭生活课里有性教育的课程,内容涉及避孕、流产、性病和伦理道德方面。日本每所初、高中都有专门由专家学者组成的“协助者协会”,负责向学生提供各种性咨询、性教育,并编写性教育指导手册。虽然家长也会向孩子讲一些相关知识,但日本学生的性知识主要从学校获得。

课后练习

1. 小学班级各年段分别有何特点,班主任应当怎样抓住管理要点?

2. 在网上收关于“三年级是一道坎”或“小学三年级现象”的资料,完成一篇关于小学班主任如何应对三年级现象的研究报告。

第九章　小学班级管理评价

微信扫一扫

获取本章拓展资源

学习目标

1. 了解小学班级管理评价的意义、类型、功能以及原则。
2. 理解对班级、学生的评价过程也是一个教育过程。
3. 掌握学生成长档案袋、操行评语等评价方式，并能创新评价方式。

第一节　班级管理评价概述

小学班级管理评价，是指小学班主任在班级管理过程中对小学生综合素质表现进行的评价。它是指小学班主任为了促进小学生全面、健康、和谐发展，在系统、全面、准确地搜集、整理、分析学生发展过程与发展状况信息的基础上，对小学生的品德、智力、体育、美育、劳动教育等各方面素质做出综合判断的过程。

对小学生的综合素质做出正确评价是小学班主任班级管理工作中的一项重要任务，它不仅影响着小学生身心发展，而且对班主任工作的顺利开展起着至关重要的作用。

一、小学班级管理评价的意义

（一）有利于学生全面、健康的成长

冰心说过："世界上没有一朵鲜花不美丽，也没有一个学生不可爱。"每个学生都是一本需仔细阅读的书，是一朵需要耐心浇灌的花，是一支需要点燃的火把。如果学生生活在批评中，他就学会了谴责；生活在鼓励中，他就学会了自信；生活在认可中，他就学会了自爱。班主任对学生的评价是依据一定的标准和最终要完成的目标进行的价值判断，通过评价，能引导学生的行为朝着正确的方向发展。

班主任对学生的评价，一方面可以使小学生根据标准和要求来评价自己和

他人，另一方面可以使小学生了解自己是否达到标准和目标，行为是否合乎规范等。这对小学生的行为起着良好的导向作用。童年时期来自教师、家长、同伴等他人积极、客观、公正的评价能使小学生正确地了解自己，它可以清晰、全面地记录个体的成长；同时配合恰当、积极的反馈方式，让评价主体对自身建立更为客观、全面的认识，促进其进一步发展。教师应个性化地关注学生的成长过程，让学生体验成功，并在这一过程中不断发现自己的长处和不足，及时改正，取长补短，完善自己。同时这种评价方式，还培养和锻炼了学生与人交往能力、自我管理能力、评价能力、合作意识、主题意识、创新意识、建立良好的反思与总结习惯，等等，有利于学生全面、个性化的可持续发展。

（二）有利于实施班级精准管理

班主任对小学生综合素质发展作出较为客观、准确地评价，对于师生双方都能够起到反馈与调节的作用。对班主任而言，作出班级管理评价的过程，在某种程度上就是一个全面了解学生的过程。通过对学生作出恰当的评价，班主任不仅可以更加全面地了解学生，而且能够在作出评价的过程中做到理解学生，因而更容易找到问题的症结所在，有针对性地提出相应的教育措施，为实现班级精准管理创造有利条件。对学生而言，班主任的评价能够帮助他们更加清晰地认知到自己的长处和不足，从而为其全面发展指明方向。因此，班级管理评价有助于实现师生双方的相互反馈和调节，能够为班主任准确把握班情从而在班级管理中做到精准施策打下坚实的基础。

（三）有利于师生关系的融洽

班主任对小学生综合素质发展作出评价，既是是一个指出学生综合素质发展的优缺点的过程，也是一个师生之间进行心灵沟通的过程。人们常说，班主任工作的核心就是要做好学生的思想道德教育工作，是走进学生心灵的艺术。事实上，班主任对学生综合素质的发展作出的各种评价，就是走进学生心灵的重要途径。实践经验表明，聪明的班主任总是善于利用各种途径和手段，巧妙实施对学生的评价，肯定和赞扬学生的优点，含蓄而巧妙地指出学生的特点，引发学生的共鸣，达到春风化雨的育人效果。基于班级管理评价所产生的情感共鸣，能够有效地促进班主任与学生之间的融洽关系，又能推动班主任形象的提升以及班级文化的发展。

二、小学班级管理评价的功能

小学班级管理评价是对学生综合素质进行评价，同时，也是对班级管理目标达成程度进行判断，在班级管理发展与改进中发挥着积极作用。主要表现在以下几个方面。

(一) 诊断功能

班级管理评价的诊断功能是指班级管理评价对班级管理的成效、矛盾和问题做出的判断。班级管理评价的过程是评价者利用观察、问卷、测验等手段，搜集被评价者的有关资料并进行系统的分析，根据评价标准做出价值判断，分析出或者诊断出班级教育活动中哪些部分或环节做得好，应加以保持和提高，哪些地方存在着问题，需寻找原因，再针对这些原因提出改进措施和建议。

(二) 导向功能

班级管理评价的导向功能是指班级管理评价本身所具有的引导评价对象朝着理想目标前进的能力，这是由评价标准的方向性决定的。因为在班级管理评价中，对任何被评对象所做的价值判断，都是根据一定的评价目标、评价标准进行的。这些评价的目标、标准、指标及其权重，对被评价对象来说，起着“指挥棒”的作用，为被评者指明努力的方向。被评价对象必须按目标努力才能达到合格的标准，否则就不能达到合格标准，得不到好的评价。

(三) 发展功能

发展功能是当代教育评价最为关注的问题。它是指评价的根本目的是班级发展(教师与学生发展)，其评价的目标、内容和方法以及评价结果的处理等都是为促进班级的有效发展服务的。而且，实施评价的过程就是班级管理主体不断地认识自我、发展自我和完善自我的过程，强调班级管理评价的形成性作用。

(四) 激励功能

班级管理评价的激励功能是指班级管理评价在激发和维持评价对象的内在动力，调动被评价者的内部潜力，提高其工作的积极性和创造性中起到的作用。评价通常要区分出水平高低、评定等级。由于评价结果往往直接影响到评价对象的形象、荣誉和利益等，评价常能激发被评者的成就动机，使他们追求好的评价结果，激励他们全力以赴做好班级管理工作。在评价中，要在肯定成绩和优点的同时，诚恳地、富有建设性地指出被评价对象存在的缺点与问题，这同样会激励他们进一步做好和完善有关工作。

三、小学班级管理评价的类型

班级管理评价可以按不同标准进行分类。从评价目的与进行的时间来看，可分为诊断性评价、形成性评价和终结性评价；从评价方法来看，可分为定性评价与定量评价；根据评价主体来看，可以分为内部评价和外部评价。

（一）诊断性评价、形成性评价和终结性评价

诊断性评价是指在班级管理活动开始之前，对班级管理的现状及存在的问题、产生的原因所进行的价值判断。主要目的是确定产生结果的原因，以便对症下药采取相应的改进措施。比如在新的学期开始之前，为了了解班级管理与班级学生的状况而进行评价，以便明确班级发展的起点，确定适当的班级发展目标；或者在班级管理中发现班级发展存在的问题，为了寻找产生问题的原因而进行的班级管理评价。

形成性评价是指在班级管理活动过程中所做出的价值判断，以反馈调控和改进完善为主要目的。形成性评价侧重于班级管理工作的改进和不断完善，可以及时探寻影响班级发展和目标达成的原因，以便立刻采取措施加以补救。

终结性评价是指在班级管理活动结束时，对班级管理工作状况所做出的价值判断，目的是确定班级管理目标的达成程度。终结性评价侧重于确定已完成的班级管理效果，可以获得总结性的结论，为甄别优劣、鉴定分等提供依据。

（二）定性评价与定量评价

根据评价方法的不同，可将评价分为定性评价和定量评价。定性评价是采用非数量化的方法，对班级管理状况及发展进行描述和分析，做出定性结论的价值判断。定性评价强调关注现场和专业判断，对评价对象的种种表现做出具有教育学、心理学意义的解释与推论。因此，定性评价主要依靠评价者的认识、经验和主观判断，没有确定的指标体系、实证的评价方法和可操作的评价方案，只能概括性地说明某个问题，在评价实践中常显示出主观随意性及某些片面性的缺点。同时，评价结论也易受评价者自身因素的影响，评价者水平越高，评价越公正，反之则越失实。但是，定性评价的特点是侧重于评价对象的质的方面。面对班级管理和教育过程中的许多复杂问题，只有进行定性评价才能抓住事物的本质，所以它对教育问题进行价值判断有其独到之处，能起到定量评价难以起到的作用。

定量评价是采用数量化的方法，收集和处理数据资料，对班级管理状况及其发展做出定量结果的价值判断。定量评价的特点是侧重于评价对象的量的方面，其资料客观、可靠，统计分析科学、精确，具有较高的客观性和可靠性，可操作性强，能使一些含糊概念精确化，减少主观随意性。但是，班级管理和教育过程中难以量化的因素很多，定量评价的运用具有一定的局限性。

定性评价与定量评价是两种重要的教育评价形式。定性评价侧重质的方面，概括性强，意义明确；定量评价侧重量的方面，用数字说话，精确、明了。任何事物都同时具有质和量两个方面。班级管理也不例外，两种评价单独使用都有不足之处，在班级管理评价实践中应把定性评价与定量评价结合起来。

（三）内部评价和外部评价

根据评价主体的不同，可将评价分为内部评价和外部评价。内部评价是由参与班级管理的人员实施的评价，它可分为由班级管理者（班主任）实施的自我评价和由学校相关人员实施的他人评价。班级管理者的自我评价就是依据班级目标对照一定的评价标准主动评价班级管理和发展状况。自我评价是班级管理者自我分析、自我提高的过程，有利于及时发现班级管理中的问题，不断提高班级管理水平。班级管理者对自己的工作情况比较熟悉，评价所需信息搜集较为全面，评价易于实施。不过，由于缺乏外部评价标准的参照，评价结果的客观性较差。

学校相关人员的他人评价相对比较客观，但由于班级管理中许多问题难以量化，评价者与被评价者存在关系亲疏与利益纠葛，评价结果的客观性就很大程度上取决于评价者自身的素质。

外部评价是由班级所在学校之外的人员实施的评价，包括教育行政和教育督导部门、社会有关机构以及学生家长等。教育行政和教育督导部门实施的评价是一种自上而下的评价，具有权威性，评价结果对学校和班级具有较强的约束力；学校聘请的校外专家实施的评价，具有较强的专业性，评价结果容易得到重视和采纳。

四、小学班级管理评价内容[①]

（一）道德品质与公民素养

培养学生的爱国主义感情、社会主义道德品质（爱祖国、爱人民、爱劳动、爱家乡、爱科学、爱社会主义，遵纪守法、诚实守信、维护公德、关心集体、保护环境等），引导学生积极参加社会公益活动。要求学生主动维护民族团结，具有一定的社会责任感，逐步形成积极的人生态度和正确的价值观，提高文化品位和审美情趣，养成自信、自尊、自强、自律、勤奋的行为习惯。

（二）学习愿望和能力

要求学生具有主动学习的愿望与兴趣，能够明确学习目的，端正学习态度，养成良好的学习习惯，能够结合所学的知识，运用已有的经验和技能，独立分析并解决问题，具有初步的研究与创新能力。

（三）交流与合作

要求学生能够主动与他人交流与合作，积极参加各项文体及社会实践活动，

① 张永明，宋彩琴．小学班级管理[M]．北京：北京大学出版社，2014：246－249．

勇于发表自己的意见。能认真听取他人的意见和建议，评价和约束自己的行为，并学会尊重和理解对方。

(四) 个性与情感

要求学生能够注重情感体验，逐步形成自己的精神世界，对生活、学习积极的情感体验，能积极乐观地对待困难，逐步养成勤奋、自律、宽容、自强的个性品质。

(五) 创新意识和实践能力

要求学生具有初步的创新能力（包括创新精神、创造性思维、实践能力三个方面）和一定的收集、处理信息的能力。能主动参与教学过程，养成学习的独立性和自主性，具有乐于动手、勤于实践的意识。学会质疑、调查和探究，在实践中学习，在实践中成长，使学习成为在教师指导下主动的、富有个性的过程。

(六) 运动与健康

要求学生热爱体育运动，积极参加体育锻炼，掌握一定的运动技能，拥有健康的体魄。具有一定的安全、自我保护意识。养成良好的心理品质，形成健康的生活方式。

(七) 审美与表现

要求学生拥有健康的审美世界，学会欣赏美、感受美、表现美。积极参与各项艺术活动，能用适当方式进行艺术表现或有一项艺术特长。

五、小学班级管理评价原则

(一) 发展性原则

小学班级管理评价的目的就是为了改革传统评价中的弊端——过多地强调甄别与选拔功能，而忽略改进与激励功能，从而更好地促进小学生的成长。因此，突出评价的发展性功能是班级管理评价改革的核心。

班主任对小学生评价的根本目的不是为了甄别，更不是为了选拔，而是为了激励学生。在评价过程中，我们追求的不是下一个精确的结论，更不是与他人比较，而是强调诊断与调节功能，让学生通过评价了解自己在发展过程中的进步和不足，从而及时调整自己的发展计划，以便更好地实现自己的发展目标。同时，发展性评价有利于学生发挥自己的优势，更好地认识自我，建立自信，在原有水平上不断提高，从而达到促进发展的目的。

(二) 全面性原则

班主任对小学生的日常评价，要坚持全面评价的原则。《教育部关于积极推进中小学评价与考试制度改革的通知》中指出：“中小学评价与考试制度改革，要全面贯彻党的教育方针,从德、智、体、美等方面综合评价学生的发展,培养学生热爱党、热爱社会主义、热爱祖国,诚实守信、助人为乐的高尚道德品质、终身学习的愿望和能力、健壮的体魄、良好的心理素质以及健康的审美情趣。"对学生的评价内容要强调多元,既要重视学业成绩,也要重视学生的思想品德以及多方面的潜能发展,特别要落实"你在这点行,我在那点行"的"我能行"的教育理念。在学业评价中,不仅包括基础知识和基本技能,还应力求包括情感态度与价值观、学习过程与学习方法,注重学生的创新能力、实践能力以及个性的需求与发展。

(三) 过程性原则

班级管理评价的重点是对学生发展过程的评价。在评价中,突出了学生在发展过程中付出的努力、获取的体验与取得的进步,而不是仅仅盯着最终的结果。在评价过程中,强调了学生对自己发展轨迹的记录,并及时帮助其认识优势和不足,使学生在调节和改进中获得发展。

评价的过程性还体现在对学生的评价不仅仅是学期末的终结性评价,而是从学期初确立发展目标开始,贯穿于日常的整个发展过程中,即时进行各种形式的评价。在评价过程中渗透了"今天若不行,明天争取行""能正视不行,也是我能行"等发展性理念,突出了发展中的体验与反思,从而真正使评价在学生的发展过程中发挥出应有的功能。

(四) 主体性原则

班主任和学生都是评价的主体,必须改变以往校长评价教师、教师评价学生的传统模式,要体现学生也是学生评价的主体。

在实施评价的过程中,要引导学生自己设置发展目标,自己记录发展过程,对照相关标准监控自己的行为,自己通过反思矫正自己的行为或调整发展目标,最终使学生在评价过程中感受到发展的愉悦,激起继续确定新目标、继续发展的愿望。

除了进行自我评价外,学生也应积极地参与对他人的评价,从而更好地进行学习和交流,有利于其更好地分析自我的优势与不足。在实施发展性评价的过程中要调动起学生的积极性,在一些具体的实施措施上也要尽量做到是在学生的主动参与中进行的,要始终力求体现学生在进行自我评价、自我教育、自我发展。外在力量只起到引导、帮助、督促的作用。只有这样,评价才能体现其"一切为了学生的发展"的理念。

(五) 实用性原则

对学生的评价工作常常由于过于烦琐、在实践层面不好操作而流于形式。因此,对学生的评价必须与班级日常管理工作相结合。

班主任在制定评价方案、采取评价措施时,要将班级平时的许多常规性工作列入其中，尽量不要“另起炉灶”，避免重复；对学生的评价，要坚持把学校的传统教育要求、其他传统的评价以及对学生常规的学习评价和体能评价综合在一起。这样既体现了教育的一贯性，也增强了评价工作的实效性，还减轻了师生不必要的“评价负担”。

在评价过程中，尽量少一些表格，次数尽量控制，如果天天评价，甚至节节课都评价，只能使本来有利于师生发展的评价变成师生望而生畏的“长卷经文”，最后变成毫无意义的走过场。

总之，“评价方案”应该把学校日常管理和教学工作中能“整合”在一起的内容全部加以梳理，使评价尽量简化，便于使用，真正具有实效性。

第二节　小学班级管理评价的重要实务

班级管理评价就是对班级管理目标的达成度、计划与实施的有效性进行判断，旨在改进班级管理的具体方向，从而推进班级管理的科学化和规范化，更好地为实现教育目标服务。班级管理是学校管理的重要组成部分，其好坏是衡量学校管理水平的一个重要标志。而班级管理，离不开评价，因此班级管理评价亦是学校管理工作的必要环节。

良好的班集体一定要有有效的评价机制和民主、平等的管理理念，才能激励学生积极主动、健康地成长，使学生心情愉快地学习，亲历童年点点滴滴的快乐。班主任需要根据实际情况，不断调整自己的评价策略，而学生对同一评价方式，长时间之后也会兴趣缺失，需要不断地改进评价策略，以此来激励学生，让学生逐渐拥有良好的学习、生活习惯。

一、当前小学班级管理评价中存在的问题

普遍认为，有效的班级管理评价，能激励学生，把学生管好，又不会管得太死，以达到使班级管理有章可循、井井有条的目的。然而随着学校管理科学化的发展，需要对班级管理评价提出更高的要求。在实践中，班级管理评价尚存在着很多不完善甚至是有失偏颇的地方。目前班级管理评价存在的问题主要有以下表现：

（一）重终结性评价，轻过程性评价

目前，受传统评价方式的影响，班级管理评价更多重视终结性评价，往往以考试分数评价学生学到什么，忽视过程性评价；只重视学生在学校不出事、不闹事，不顾班级管理方式、激励效果如何。这种重结果、轻过程的评价促使教师专

制管理、注重死板的灌输,不关心对学生的激励效果,结果引发“片面追求升学率”的应试教育现象。除此之外,由于受传统思想的影响,多数人认为终结性评价简便易行,能做出准确判断,而过程性评价较麻烦,不易操作,不能准确评定班级管理和学生成长的结果,这就造成班级管理只重视结果而忽视过程评价的局面。

(二)重学习成绩,轻品德发展

应该承认,升学率高低是评价班级管理水平优劣的一个重要方面,是办学水平不可缺少的标志,也是衡量班级学生质量的有效尺度。但片面追求升学率,把升学率高低当作班级管理评价工作的唯一标准,使评价标准带有浓浓的功利色彩,就本末倒置了。结合现实,如学生的升学、就业的录取选拔就是以分定论,上线就录用,上不了线,综合素质再高也只能“望学兴叹”,擦肩而过,这种片面的评价标准还比较严重地存在着。它直接导致错误的班级管理价值取向,即注重考试分数,弱化学生的思想品德、身体素质、个人特长;过于强化学生学习的目的,即班级管理的目标就是提高考试分数,录取好学校、获得好工作。从教师的角度来说,管理好一个班级的标准就是提高班级升学率,升学率的高低与教师的评奖、晋级、评优紧密挂钩。

(三)重甄别选拔,轻激励改进

传统的班级管理评价的目的非常明确,就是班主任按各科考试成绩排名,并以此作为学生评优、写操行评语的依据。这种评价把学生分成三六九等,许多学生由于考试成绩较差,就永远处于“差生”地位,在集体中抬不起头来,自尊心受到很大伤害,有的失去了自信心。这样的评价又怎能促进小学生全面成长与健康发展呢?每个学生都渴望成功,渴望享受成功的喜悦。因此,依据管理评价规则,在学生获得进步时及时地奖励,让每一个学生都在每一次小进步中享受到成功的喜悦,是培养学生成就感最好的方式。但是,现在的教育和班级管理评价,更多的是根据评价结果“金字塔”来激励,这样鼓励了顶尖少数的“英雄”,但却挫伤了绝大部分中间层次学生的积极性,放任差生不管,评价激励机制缺乏层次性,“阳光”只属于少部分优秀学生,造成学生的发展两极分化严重。

(四)重行政评价,轻主体评价

班级管理评价实践过程中,隐性地存在“重视学校管理部门、管理行政人员对班主任班级管理效果的考核和评价”的现象。然而教师是最直接的班级管理者,学生是班级管理的直接对象,是管理效果的最终体现者。从这个角度上说,教师和学生对自己班级管理的评价应该占主要地位,但是学校更重视行政人员通过对教师的管理来间接管理班集体,忽视教师和学生自己对班级管理的评价。行政人员势必对班级的情况不够了解,这就造成了管理与评价的分离,评价不能准确反映管理的效果。因此，扩大班级管理评价的主体，把学校、教师和学生对班级的管理评价结合起来，能更有效地反映班级管理的状况和效果。

二、当前小学班级管理评价的主要方式

在班级管理评价中，学生的主体地位应该得到尊重，主体性应该得到发挥。在评价中，他们可以参与给自己写评语，参与同学之间相互评价，评价可以包括学习态度、学习能力以及知识的掌握情况等。在发展过程中教师要引导学生自己收集成长的相关资料，使学生从小养成反思的习惯，并且给每个孩子提供充分展示自己的机会，以体验自己的成功。特别是学生成长手册、学生成长档案袋等发展性评价方式的推出，进一步使学生在评价中成为积极主动的评价主体。

（一）学生成长档案袋

1. 学生成长档案袋的简介①

学生成长档案袋主要是收集、记录学生自己、同伴、家长、教师做出的相关评价，学生的作品，以及其他相关的材料等，以此来评价学生学习和进步的状况，展示学生的成长足迹，是为班主任评价学生提供丰富证据的一种重要形式。学生成长档案袋记录了学生在某一时期一系列的成长“故事”，是评价学生进步过程、努力程度、反省能力及其最终发展水平的理想方式。学生成长档案袋可以全面反映学生道德品质、公民素养、学业成绩、学习能力、交流与合作能力、运动与健康、审美与表现的综合素质水平，有利于学生的自我教育、自我警醒、自我鞭策。

学生成长档案袋主要有三种类型：纪录型、展示型和评价型。纪录型档案袋详尽、真实地装载学生学习和其他各项活动中的各方面材料，可以从中获得关于学生发展过程的完整信息。它可以由学生、教师、家长及其他相关人员共同完成。展示型档案袋主要收集由学生自己选择出来的最好的或者最喜欢的作品和成长经历，以期向家长或其他人员展示。评价型档案袋根据预定的评价标准存放学生的相关材料，用以展示学生某一段时间内的发展。

2. 学生成长档案袋的意义

第一，学生通过自己的全程参与，学会了反思和判断自己的进步与否。因为学生有权决定成长档案袋的内容，在作品展示或过程记录中，由学生自己负责判断提交作品或资料的质量，而且在一定的条件下允许学生更换自己的最满意作品，从而使学生有了判新自己学习质量、进步、努力情况的机会，在学生中真正起到了激励的作用。

---

① 邓艳红. 小学班级管理[M]. 上海：华东师范大学出版社，2016：195－196.

第二，成长档案袋最大限度地为教师提供了有关学生学习与发展的重要信息，既有利于教师形成对学生的准确预期，方便教师检查学生学习的过程和结果，又有利于将评价与教育教学融合在一起，与课程和学生的发展保持一致，提高评价的效度。因此，学生成长档案袋评价具有反馈调节的功能、展示激励的功能、反思总结的功能、记录成长的功能、积极导向的功能。

3. 学生成长档案袋的内容①

在确定学生成长档案袋评价的内容的过程中，要力求体现评价目标、评价标准与评价项目的一致性，使用方法的科学性、可行性和不同年级的层次性。学生成长档案袋内容包括：

(1) 这就是我(具体的、个性化的自我介绍)——自我认识；

(2) 我的奋斗目标(根据自我实际个别化的每学年目标)——自我目标；

(3) 我的学习(学习的状况、成绩的自我诊断与矫正课外学习值得记录的内容)——自我评价；

(4) 我的社会实践及参加各种活动(参加各种社会及其他活动的记录)——自我评价；

(5) 我长大了(促进成长的知识、技能、兴趣，如读一本书，经历一件难忘的事等)——自我评价；

(6) 我真行(展示各种成绩、作品、奖状等)——自我赏识；

(7) 同学眼中的我(同伴的观察与评价)——他人评价；

(8) 家长眼中的我(家长信息)——他人评价；

(9) 老师眼中的我(教师与学生的交流)(贯穿学习活动之中)——他人评价；

(10) 我想说的话(对学校、班级、老师)———自我创新；

在这个总的框架下，各个班级、每位学生都可以设计有个性、有童趣的、有创意的栏目。

4. 学生成长档案袋与班主任工作的展开②

班主任的职责在于对全班学生进行全方位的教育和管理，因此，能够动态地反映学生发展过程与状况的档案袋有助于班主任全面、详尽地了解学生，客观、准确地评价学生，有针对性、发展性地教育学生。班主任还可以利用档案袋发展学生的收集和整理信息能力、批判性思考能力、反思能力等，增强学生的自信。

班主任可以引导班委会建立班级发展档案袋，也可以引导学生建立个人成

---

① 陈丕君. 小学生成长档案袋评价的应用与思考[J]. 上海教育科研，2007(03)：57-58.

② 邓艳红. 小学班级管理[M]. 上海：华东师范大学出版社，2016：195-196.

长档案袋。班主任在进行学生评价时，可采用以下措施充分发挥档案袋的作用。

(1) 引导学生设计封面或首页。这项活动可以培养学生的想象力、创造力、审美能力和动手操作能力，还有助于学生思考和表达对自我和集体的期望。

(2) 注重材料的备注。在收入材料时，应注意对材料的完成背景、过程、时间、地点或收录原因等相关情况加以说明，以便当利用材料进行学生评价时能充分考虑情境的因素。同时，班主任撰写备注或引导学生撰写的过程，也是促进班主任自身发展或促进学生反思的过程。

(3) 真实收录与定期整理。尽量把记录学生每一步成长的材料都保存下来，避免过早的筛选影响材料的真实性和完整性；但一个学期要收录的材料肯定是繁杂的。因此，需要事先确定分类或定期进行分类和整理，以利于材料的条理化，激发反思，增强成就感。可以定期引导学生对分类收集的材料进行回顾与再整理；也可以在平时全面收集材料的基础上，引导学生定期整理出不同类型，如“最佳(最满意、最喜爱)档案集”“最不满意档案集”，或“个人资料集”“成长足迹集”“心灵独白集”，或“班集体活动档案集”“个人活动档案集”，或“教师评价材料集”“家长评价材料集”“自我评价材料集”，等等。

(4) 发挥家长的作用。家长更了解自己孩子的个性和校外活动情况，他们自身就是重要的教育者和评价者，同时，他们的评价也有利于提高班主任评价学生的准确性。因此，档案袋的完成需要家长的参与。而对于小学低年级学生而言，有些档案的收纳、整理以及档案袋的保管还需要家长的大力协助。

教育部《关于积极推进中小学评价与考试制度改革的通知》强调：“学生是成长记录的主要记录者，成长记录要始终体现诚信的原则，要有教师、同学、家长开放性的参与，使记录的情况典型、客观、真实。”班主任要充分认识学生成长档案袋的作用，正确使用学生成长档案袋这种评价形式，防止形式主义倾向。

资料链接

实例1：一位学生自己选择收集的档案袋里的内容目录①

一、语文类

1. 有好有坏的课堂作业本
2. 从一般到优秀的预习本
3. 一次在全班中成绩最好的作业
4. 值得回忆的听写成绩

① 钟惊雷，边玉芳. 小学生档案袋评价的实践探索[J]. 当代教育科学 2005(1)：42 - 44.

5. 值得骄傲的一张考试卷

二、写字类

1. 由一般到优秀的钢笔字作业

2. 由一般到优秀的毛笔字作业

三、生活类

1. 摄影作品

2. 一篇不同寻常的读后感

3. 自制工艺品(老虎头香袋)

4. 一把让人吸取教训的梳子

5. 一只在梦想中能载着我飞出去的纸飞机

实例2:一位学生自己设计的展示型档案袋

学习类			课外类		
语文	1	五六年级优秀考卷6张	美工	1	“六一”小报1张
	2	优秀摘抄1本		2	优秀会话作品1张
	3	优秀作文、日记8篇		3	卡通人物画1本,优秀图画本1本
数学	1	优秀作业本1本	手工	1	沙画2张
	2	满意试卷2张		2	小人衣1件
	3	获奖卡若干	照片		全家福、班级同学和老师的照片等
英语	1	优秀听写本1本	奖状	1	稿件录用通知书1张
	2	优秀作业本1本		2	英语考级证书、考核优秀奖等
	3	获奖卡若干、自我介绍1份		3	奥数优秀奖或阅读优秀奖
			资料搜集		文言1本
					名言收集1本

实例3:北京某学校的学生成长档案袋①

在记录中要体现每学期要完成的“十全十美”任务,其中“十全”是指一份开学初的学习计划、一次读书分享、一次动人的志愿助人经历、一次有效的班

① 牟成梅.成长档案袋:学生综合素质评价的载体[J].中国考试,2018(1):53-58.

级服务、一个兴趣社团、一次活动组织策划、一项标兵表彰的竞选、一个班级(年级或学校)的管理岗位、一项社会实践的成果、一个体科艺的特长;"十美"是指一幅最美的艺术作品、一次完美的实验、一首优美的歌曲演绎、一系列有记录意义的远足照片、一次成功的竞赛挑战、一次自我比较的成绩进步、一个自我总结的学习技巧、一次对父母的感恩、一套健康自护的方法、一封不断调整到期末的信。

二、操行评语①

操行评语是班主任对学生一学期或一学年表现的综合性的评价,也是班级工作的一项重要内容。操行评语的内容与评定的标准,应以《小学德育纲要》的教育目标、要求为依据,书写评语应结合《小学生守则》《小学生日常行为规范》,以及学生本人在校具体表现,实事求是地评价学生在校情况,反映学生的整体情况的学生操行评语是帮助学生正确认识自我、发扬优点、改正缺点的重要手段,也是方便学生家长了解其子女在校各方面表现情况的重要依据,同时还有对学生进行思想品德教育的功能。一份好的评语,应该能反映学生的个性特点,肯定学生,鼓励学生,又能适当指出缺点,既使学生能正确认识自己,明确方向,体会到班主任评语的用意,又能使家长了解子女的情况,有效地配合,所以班主任在书写评语时应力求做到以下几个方面。

(一) 平时要注意积累、收集学生成长素材

"巧妇难为无米之炊",积累、收集学生的个人素材,掌握学生的第一手资料是写好评语的重要前提。一要注意细心观察,积累学生的闪光点,为日后的书写准备素材。二要兼听各方面意见,尽量使素材充实丰富,全面中肯。班主任直语,较为省事,但主观性强。为此可以向任课教师了解学生情况,也可以让学生先自我评价,再让班委评价,充实评语素材。有时候,也不妨学生写 2—3 个他最熟悉的同学的评语,学生的兴趣浓,积极性高,反馈过来又可以充实素材。这样全员参与,有利于发挥教育集体的教育力量。而班主任听取各方面意见,书写的评语也将趋于准确和中肯。

(二) 对学生要抱有"成长的期待"

皮格马利翁效应实验表明,如果教师对学生报以良好的期待,那么被期待的学生必然会产生喜悦,发奋图强,增强信心,也必然增强学习的激情。因此,对每

---

① 张永明,宋彩琴. 小学班级管理[M]. 北京:北京大学出版社,2014:260 - 262.

个学生均应抱以美好的期待与愿景，给每个学生以勇气和信心，让他们知道教师在等待，当教师这份等待的心愿化为学生本人的自我激励、自我期待时，教师的期待才可能转化为成功的喜悦。以激励的语言书写评语将会在学生心中留下不可磨灭的印象。

(三) 评语要体现学生个性特点

从心理学角度上看，学生期待班主任对自己有独到、新颖的评价。而传统评语均有通病，空泛而雷同，千篇一律，没有个性，如“该生热爱祖国，尊敬师长，热爱集体，团结同学，礼貌待人……但上课听讲尚欠专心……希望今后改正缺点，更上一层楼”。评语一般化，往往不符合学生实际，不同学生的评语之间差别很小，千人一面，放之四海而皆准。评语要点出学生的闪光点，同时，又能指出该生自身存在的缺点，不会伤害学生的自尊心，且具有一定的教育效果。家长看了，无疑也会很好地配合教师帮助孩子克服缺点。

(四) 采用赠送格言、警句等新型形式

格言，是人类智慧库中的瑰宝。评语中赠送警句、格言，或融进对人生哲理的思考，追求了评语的美育功能，含蓄隽永，耐人寻味。警句、格言针对性强，对学生会产生较大的影响力。

同时，当前有些老师在给学生写评语或批改作业时会附上一些可爱、搞笑的卡通画或者生动形象的简笔画，让学生每天都期待着老师布置作业，进而期待老师给自己的评价，这让很多学生和家长发出“那是别人的老师”的感叹。

总之，写评语是一件十分繁重、复杂但又很有意义的工作。评语不仅仅评价学生，也反映出一个班主任的学识、素质和师德。所以班主任应不断更新教育思想、管理理念，力争让评语产生最佳和最优化的教育效果。

资料链接

别人家的老师，竟然用表情包批改作业……

一位小学老师的表情包评语走红网络，这位老师的评语很有个性，而且生动有趣，激发了学生们对学习的兴趣。据了解，某中心小学教育集团实施个性化作业批改方式，打破原来优、良、中等的单一方式，走向个性化和多元化，激发孩子们对于学习的兴趣。在试卷中，老师们用一幅幅充满创意和个性的简笔画和几句暖心的话语，来激励学生们。如果学生们的作业写得不是很好，老师们就用委婉、搞笑的方式来提醒学生。

人性化的教育，能够关注学生的成长需求，并随着学生的成长不断改进教

育方法。看似简单的批改作业，也蕴含着深厚的教育智慧。对学生们来说，能够得到老师的认可和关注，便是一件值得炫耀的事情。作业本上简简单单的一幅卡通画或一张表情包，都彰显着老师对学生们的关注和爱护。

三、“三好学生”评选

（一）“三好学生”评选的由来[①]

1953年，中国新民主主义青年团第二次全国代表大会期间，毛泽东主席发表了《青年团的工作要照顾青年特点》的重要讲话，其中提出把“三好”作为青年团工作的方向，要求青年们做到“身体好、学习好、工作好”。从此，争当“三好”的活动在全国迅速开展起来，大大激发了青少年积极向上的热情。当时，“三好”并非专门面向学校，工厂里有“三好青年”，社区里还有“三好少年”等。1981年，教育部公布的《小学生守则》和《中学生守则》的第一条都提到“努力做个好学生，做到身体好、功课好、品行好”，“三好学生”的评选活动在全国教育系统普遍推行开来。

1982年5月，教育部、共青团中央联合公布《关于在中学生中评选三好学生的试行办法》，倡导在学校里评选“三好学生”，规定“三好学生”的标准是：思想品德好、学习好、身体好；评选学生比例约占学生总数的5%—10%；其中还着重提高了“三好学生”的相关待遇，譬如对于连续几年被评为“三好学生”的学生，在升学和分配上都给予优先选择的机会。“三好学生”评选由此制度化。

（二）关于“三好学生”评选的争议

早在2008年，中国教育学会会长顾明远，就曾经发出过倡议，建议废除“三好学生”的评选制度，因为这一制度人为地将学生分成了三六九等，这与我们的教育方针是相违背的，南开小学有一句话值得我们借鉴：让每一个孩子都成为最好的自己。

基础教育课程改革，自2001年开始已经实施了18年，早已提出要“建立促进学生全面发展的评价体系，评价不仅要关注学业成绩，而且要发现和发展学生多方面的潜能，帮助学生认识自我，建立自信”。很明显，“三好学生”已不能完全适应这样的要求，在某种程度上已经阻碍了学生的发展。“三好学生”评选过程中存在以下问题。

第一点，每一个学生都是一个独立的个体，学生在学习和成长过程当中，在

---

① 邓艳红．小学班级管理[M]．上海：华东师范大学出版社，2016：201．

不断地发生变化，而这样一个发展和变化的过程，不能简单地用好与不好来进行区别，在教育这个大的生态系统当中，学生个体的多样性是非常宝贵的财富。作为教育工作者，我们需要完成的任务就是在学生成长的过程当中，及时发现和纠正某一方面的不足，鼓励引导他们朝着全面发展的方向前进，而不应该人为的给学生贴上“三好”的标签。

第二点，一个“三好学生”的荣誉不能够对学生进行全面评价。评价三好学生的初衷，是强调德、智、体全面发展，促进学生的各方面均衡发展。同时，知识经济、信息时代的到来使社会竞争日趋激烈，良好的社会活动和交往素质、创新精神和实践能力对人的发展起着越来越重要的作用，而这些方面是“三好学生”标准所不能涵盖的。

四、优秀评选的创新尝试

针对“三好学生”评选的不足，很多地区和学校对学生的评选从评选条件、评选模式、评选过程等方面进行了改革尝试。

例如江苏省南京市鼓楼区。经过调研、讨论，教师们达成了共识——认为“三好生”的评选制度应该改，但评价机制不能缺，应该建立一种多元的评价体制，应打破传统的名额限制，让更多的孩子享受表彰之乐。2006 年，鼓楼区除了在六年级继续保留评比“三好学生”之外，其他年级改为“鼓楼之星”的评选。新型的“鼓楼之星”评选制度是在广泛征集学生、教师等各方面意见的基础上形成的，分别从思想品德素质、科学文化素质、个性心理素质、审美素质等方面设置了十种星：合作之星、学习之星、体育之星、艺术之星、自理之星、希望之星、自强之星、创造之星、读书之星、环保之星。受奖励的学生数也比原先的“三好学生”评选扩大了五倍。

新的评价制度还推动了一些学校的评价创新，如察哈尔路小学设立了月奖励制度——各班每月都评出“写字之星”“劳动之星”“进步之星”“纪律之星”“读书之星”“学习之星”“文明之星”；学校还专门开辟了“星星”专栏，把被评为各种“星”的学生的照片贴在专栏上，及时表彰先进，树立典型；全校 80％的学生都能得到奖，激励更多的学生追求进步。

从 2000 年开始，四川省成都市高新三小（现名芳草小学）就尝试实行“争章夺星”评价制度。评价内容沿德育、教学两翼展开。考虑到学生发展的不均衡性，评价奖项分为基础奖、发展奖、特长奖和综合奖四类。其中，以“章”为载体的奖项分为三类：“基本章”包括“基础章”和“学科章”，涵盖了德、智、体、美等方面的基本要求；“发展章”即在达到“基本章”要求的基础上，鼓励学生在自主学习、自我管理、人际交往等方面加快发展；“特长章”激励学生择其一方面或几方面优势充分发展。其中还注重过程性评价，当学生所获得的“基础奖章”“发展奖章”“特长奖章”达到一定数量时，可评以“星”为载体的综合奖，包括金星、银星、铜星三个级别。“单项奖”鼓励学生发展特长、发展个性；“综合星”激励学生在较高层次上全面发展。

学校在实施“争章夺星”评价时既要求统一性，又要求灵活性。如，各年级、各班可自主设计符合本年级、本班实际的“发展章”，如“预习章”“合章”“质疑章”“创意章”“表演章”“金话筒章”等。学生可以自主选择“发展章”和“特长章”。有些学校还把“争章夺星”游戏化、趣味化，比如，根据语文课程标准的目标要求，用儿童化的语言将“阅积累章”达标要求表述为：“我爱书，爱读书，读书真快乐；我学普通话，好好把书读，我有好办法解好词句；学会默读不出声，认识标点真有趣；儿童读物真丰富，我与朋友共分享。”这样，评价不是强制性的、令人生畏的一种评判，而变成了更加贴近学生、吸引学生、激励学生的生动的活动。

还有许多学校都做了有益尝试，但这些新的尝试是否也存在弊端呢？是否在实施时也现了形式主义倾向呢？新的评价机制不但要准确、全面地评价学生，而且可操作性要强，能充分地发挥出评价的发展性功能。这是一个需要在理论上和实践中继续研究与探索课题。

课后练习

1. 教育评价在小学班级管理中具有何种重要意义？
2. 小学班级管理评价常见的问题有哪些？应当如何应对？

第十章　小学班主任的专业化成长

微信扫一扫

获取本章拓展资源

学习目标

1. 理解班主任专业化成长的意义、内涵和路径。
2. 掌握班主任科研管理、时间管理和情绪管理等专业化成长的技能。

案例呈现

他们为什么不愿意当班主任？

2015年，中国教育科学研究院、全国教育调研联盟发布《全国基础教育满意度调查报告》称，从全国总体来看，城区、镇区和乡村教师的满意度指数依次降低。有研究表明，乡村教师的职业倦怠中，班主任成为重灾区，一半以上的班主任主观上不愿意继续从事班主任工作，且乡镇班主任的职业倦怠水平显著高于县城和市区班主任。①

从我一天的工作说起：学生上午8：10到校，而我7：50就要到校，组织早读，并督促值日生打扫卫生。8：20组织上早操，8：40亲自给每个孩子打好早点，并督促其在9：00上课前吃完。第二节课课前的眼保健操，课后的大课间活动，我都必须到岗。11：30组织学生排队，按规定路线送其过马路。下午2：30上班，但我要在2：05至2：10到岗，组织学生上好午自习。当然，还得继续重复早晨的一系列工作。

这只是我的“一日”工作，还不包括为请假的科任教师代课，处理班级小矛盾，迎接各种检查验收，填报各种表格，收费，安排校园大扫除，准备每月手抄报的评比、张贴，设计教室内外黑板报，更换墙报，安排各种大型比赛的训练、演练，检查疫情时期学生的状况等。如此琐碎、繁杂的劳动，谁情愿当班主任呢？②

---

① 戚务念.乡村教师为什么不愿当班主任：一所中部乡村中学的样本分析[N].中国青年报，2018-07-09(10).

② 杨丽玲.我为什么不愿当班主任[N].中国教师报，2014-06-04(16).

第一节　班主任专业化成长概述

有一句教育名言:“校长是学校的灵魂,班主任是班集体的灵魂。”班主任工作的质量,在很大程度上决定着一个班的精神面貌和发展方向,深刻影响学生德、智、体等方面的全面发展。

一、班主任专业化成长的意义

(一)班主任专业化是提升班主任队伍质量的需要

长期以来受班主任工作“人人能为”思想观念的影响,认为只要是教师就能当班主任,只要是教师就得当班主任,把当班主任的年限作为职称晋升的条件之一,因此有相当一部分教师是为了晋升职称,而不是真正从培养人的教育初心出发,去考虑当班主任的,导致有些班主任对工作缺乏事业心、责任心,只求平安无事,不去开拓创新;有些教师虽然愿当班主任,但只有做好班级工作的朴素感情和美好愿望,而缺乏当好班主任所应具备的理论、技能和艺术,不会管理班级、组织活动,班级缺少应有的生机和活力,给学生的健康成长和全面发展带来了一定的消极影响。事实表明,班主任工作不是人人都能担任的,更不是人人都能胜任的。班主任工作专业化是现实的迫切需要。

(二)班主任专业化是促进学生全面发展的需要

“全面发展基础上的个性发展”是素质教育追求的目标,也准确地体现了素质教育的要求,即以德育为核心,培养学生的创新精神和实践能力。班主任工作是一项复杂的专业劳动,班主任是专业工作者,这种认识已经被越来越多的人接受,党和政府也把推动班主任专业化发展作为实施素质教育、不断提高教育教学质量的战略措施。班主任的专业素质越高,学生素质提高的速度就会越快。班主任不仅要通过自己的教学工作体现教书育人,通过自己对班级的组织管理体现管理育人,而且要在为学生发展服务中体现服务育人。

(三)班主任专业化是教育发展的内在要求

在实行班级授课制的今天,教师之间存在着学科分工,学科教师主要通过学科教学影响学生某一方面的知识、能力的发展。但班主任不是这样,班主任对学生的全面发展负责,他对学生的影响也是全面的。所以,一个不合格的教师影响的只是学生的某一学科,但一个不合格的班主任却全面影响学生。班主任对学生影响的全面性和复杂性，要求班主任必须成为专业化的教育工作者。班主任的专业素质越高，越有利于学生素质的全面提升。

二、班主任专业化成长的内涵

专业是由职业发展而来的，是一种专门性职业，它要求从业者需要经过专门的教育或训练，具有较高深的和独特的专门知识和技术，按照一定的专业规范从事某一专门的活动。专业与非专业的区别在于，专业必须达到其专业的标准。关于专业标准，尽管有所差异，但一般都强调这样几个方面：有专门的知识体系；有较长时期的专业训练；有专门的职业道德；有专业上的自主权；有专业资格的限制和认定专业的组织；需要持续的在职成长和终身学习；有较高的社会声望和经济地位。上述关于专业的判断标准实际上蕴涵着两种对"专业化"的理解：一种是对职业群体而言的专业化；另一种是对个体而言的专业化成长。

本书所讲的班主任专业化成长是从个体角度而言的，它是指班主任个体的、内在的专业品质的不断提升、发展、完善的过程。内在的专业品质包括专业理念、专业知识、专业能力、专业人格和专业发展的意识等。简而言之，班主任专业化成长就是班主任由经验型班主任向专业型班主任发展和转型的过程。经验型的班主任，其班级管理主要依托上级领导的指令、有经验班主任的示范和自己在实践中的经验积累。因为缺乏班级管理的系统的理论知识，他们大多不能理解班级管理的性质、特点和规律，其对班级的管理主要依靠班主任这一职位所蕴含的职业权力。尽管经验型班主任中不乏爱岗敬业和经验丰富的人，但由于缺乏必要的专业理论的指引，他们的工作经验难以得到有效的总结和提升，因此，尽管他们带班很有办法，也很有工作能力，但这往往是一种低水平的工作能力强。然而，经验型班主任一旦通过系统的理论学习，并且将其与自己丰富的班级管理经验结合起来，就能较好地实现专业化发展。

三、班主任专业成长的路径

（一）凝练班主任个人发展定位

正如苏霍姆林斯基指出的那样，这个世界上没有也永远不可能有抽象的学生，每一个学生都是一个充满个性的存在。同样的道理，班主任也是充满个性的存在，不同的班主任个体，在知识结构、价值取向、思维方式和行为习惯等方面会存在一定的差异性。在此基础上，不同的班主任会拥有各自不同的智能优势，并会因此形成各自不同的带班风格。就像高考状元的经验，无法简单地复制给其他高考考生一样，知名班主任的成功管理经验也不可能轻易迁移到其他班主任的班级管理中去，因为不同的班主任有着各自不同的优势和风格。

作为班级文化建设的"指挥员",不同班主任的管理风格理应有所不同,要有各自心中的"运用之妙"。华南师范大学刘良华教授曾指出,魏书生、李镇西和万玮三位著名班主任代表了班级管理领域三种最有影响力的"管理路线":魏书生的代表作《班主任工作漫谈》,其管理特色是"自我管理"与"制度管理",其核心理念是"民主和科学",其风格近似于中国古代的法家路线;李镇西的代表作《爱心与教育》,其关键词是"爱心",很有儒家风采;万玮的代表作《班主任兵法》,侧重阐述"与学生斗智斗勇"的战略战术,兵家色彩浓厚。三位老师在班级管理路线上的差异,源于他们所秉持的不同发展定位。[①] 班主任要获得较好的专业化成长,首先应当对自己的专业成长状况进行摸底,通过对自身专业素养的综合分析,找准自己的发展定位。其次,才是依据这个发展定位,进行努力,最后,班主任在通过长期发展,形成自己的优势和特色之后,要以此为依据整合相关资料,为自己打造良好的班主任形象。

(二) 形成自己独特的工作信念

专业信念是一项事业、一个专业岗位要求从业者信奉或坚守的理念,起着为专业指导方向、提升层次和提供动力的作用。班主任的专业信念是指班主任自己认可并确信的,指导自己班级管理和教育实践的理念。班主任信奉和坚守的理念,是班主任自觉行动的指南,是克服职业倦怠、进行专业发展自我修炼的动力。班主任选定自己的信念,长期坚守信念的过程,就是专业发展的过程。从一般意义上讲,班主任应当确立以下五种工作信念:"管理育人"理念、"学生为本"理念、"民主管理"理念、"自主管理"理念、"精神关怀"理念。[②] 这是对于所有班主任共同的信念要求,优秀的班主任还需在此基础上培养和形成自己独特的工作信念。班主任形成自己独特工作信念的过程,实际上就是在工作实践中践行上述班主任信念的过程,其独特之处在于班主任从自己的实践出发,将上述信念整合、概括成为一句具有个性的总的信念。比如:美国著名小学教师罗恩·克拉克,就将其工作信念概括为八个字,"勇于挑战,敢于超越"。又如:魏书生老师将自己的班级管理信念概括为"班级管理一要民主,二要科学""以法治班"等。

(三) 重视班主任专业理论学习

理论是行动的先导,专业型班主任离不开专业的班级管理理论的支撑。纵观国内著名的中小学班主任,他们都有一个共同的特点,即坚持教育理论学习。

魏书生老师不仅学习了苏联的教育理论,而且学习了以美国为代表的西方

---

① 胡冬群.从四对关系看班主任的"管理路线"[J].教学与管理,2014(4):29-30.

② 李江.小学班级管理[M].杭州:浙江大学出版社,2014:218.

教育理论。此外，曾经在厂矿担任领导职务的魏书生，还在一定程度上借鉴东北国有企业管理的经验。魏书生班级管理中著名的"人人有事做，事事有人做"，就是20世纪60年代初黑龙江庆华机械厂总结的企业管理经验之一，该经验曾经通过人民日报在全国推广。李镇西老师不仅坚持教育理论学习，而且还不断提升自身学历，在苏州大学获得了教育学博士学位。

《把班级还给学生》和《教师必须掌握的教育惩戒艺术》两本专著的作者郑立平老师，在创立国内著名的"弹性惩戒"制度的过程中，不仅认真学习了国内关于教育惩戒的相关理论，还研究了美国、韩国、澳大利亚等国的教育惩戒立法和相关理论。曾经创造教育惩戒的"温馨班规"模式的郑州二七实验小学的张卫东校长，不仅自己订阅了《教育研究》这样的权威学术刊物，还多次聆听傅维利、孙云晓等教育专家的报告，也曾多次现场聆听魏书生的讲座。

《班级主流文化的魅力》一书的作者是曾连续两届荣获河南省"最具智慧班主任"称号的张胜利老师，他不仅坚持自己购买相关教育理论的书籍进行学习，而且经常参加各种教育讲座。作为全国知名的班主任，张老师的班主任专业化成长完成了从听上百场报告到为全国各地教师做上百场报告的历程，实现了从班主任专业理论的接受者到传授者的转变。

（四）养成常态化的工作反思习惯

班主任专业化成长简单地讲就是让班主任拥有更高的理论素养和更丰富的实践经验，并在此基础上使二者有机结合起来，从而使班主任能够更加精准地处理班级管理中的各种问题。当班主任通过各种形式加强专业理论学习，具备了必备的理论素养以后，就能够对自己的班级管理实践进行指导了。班主任的专业化成长过程中理论与实践的结合，不仅一般性地体现在班主任用某一理论指导自己班级管理的举措，更加体现在班主任事后对自己的管理实践进行的反思。专业化的班主任工作反思的一个重要特点就是常态化，因为常态化的反思需要专业态度和专业知识作为支撑。班主任要做到常态化的反思，最常见的方法就是定期撰写工作笔记，记载班级管理的相关举措，肯定其中的可取之处，发现其中的不足并提出相关疑问。经过长期的记录与思考，班主任不仅能够对某些问题形成比较系统、比较成熟的认识，而且会在写工作笔记的过程中形成很多的"灵感"，对于今后的工作产生一些有创意、有高度的想法。

专业化的班主任工作反思，不能仅仅停留在记录和思考的层面，高层次的专业化反思就是做专题研究，也就是通常所说的教育科研。与班主任工作笔记的记录式、零散的教育反思不同，开展班主任工作教育科研是一种系统的反思。班主任在拥有一定反思成果的基础上，针对自己班级管理中的重点问题或者教育领域的热点问题做专题研究，虽然不能穷尽班级管理的所有问题，但它的好处是能够快速地提升班主任分析问题和解决问题的能力，使班主任拥有通过研究解决问题的习惯和能力。

资料链接

万玮谈班主任怎样面对挫折[①]

做任何事情都是需要激情的。激情燃烧的时候，一切困难都可以克服，浑身有使不完的劲。没有激情的时候，一切都是无趣的。丧失激情是一件很可怕的事，因为它不仅仅带来工作上的障碍，更会成为人生道路上的巨大陷阱，我们的整个人生都会变得灰暗。

就我的感觉而言，教师这个职业应当是不容易产生倦怠和厌倦的，因为我们是在和年轻纯真的灵魂打交道。教育是师生双向激发的生命运动，在与学生的相互影响中，学生不断发现自我，教师也不断发现自我。当我们将学生心灵深处最美好的东西激发出来的时候，我们自己心灵深处最美好的东西也会被激发出来。此时，如果让我们远离教育，远离学生，反而会生出一种失落感。

爱身边的人，爱我们的学生，爱教师这门职业，爱生活。有一颗感恩的心，即便遇到不如意，也安慰自己：感谢上苍，我并没有失去什么，事情也还没有变得很糟。我们不快乐，并不是因为我们遇到了不快乐的事，而是因为我们看待事物的方式不快乐。我刚刚参加工作时，就接手一个乱班，最终班级一盘散沙，我这个班主任也被中途撤职。这件事当时对我的打击很大，但是十年之后，我回想起那段经历却非常庆幸，我正确地面对挫折，把它看作对自己的磨炼，并由此产生强大的反思动力，那段经历最终成为我成长过程中最宝贵的精神财富。

第二节　班主任专业成长的重要实务

一、班主任的教育科研

班主任专业化，既是一个奋斗目标，又是一种精神追求；既需要外在支持和

① 万玮. 构筑班主任的精神世界——由《中小学班主任工作规定》引发的思考[J]. 河南教育(基教版)，2009(11)：13－14.

外力推进，又需要内在自觉和自主发展。教育科研是促进班主任专业发展的重要路径，分析班主任教育科研的现状，探究其意蕴及发展策略具有重要意义。

（一）教育科研对于班主任专业成长的意义

1. 开展教育科研是班主任工作的现实需要

《教育部关于进一步加强中小学班主任工作的意见(2006)》指出："中小学班主任工作是学校教育中极其重要的育人工作，既是一门科学，也是一门艺术。"一方面，作为一个职业化较强的角色，如果班主任不能够掌握相关的专业知识和专业技能，就不能胜任其工作，这是其科学性的体现。另一方面，班主任做好班级管理工作的基本前提，就是充分了解学生。作为班主任工作的重要对象，学生是一个个充满鲜明个性的个体存在，因而班主任在工作中运用相关专业知识时需要做到"运用一妙，存乎一心"，这是班主任工作艺术性的体现。无论从班主任工作的科学性还是艺术性的要求出发，都需要班主任以较高的水准去研究学生身心健康成长的规律。不仅如此，在班主任工作中，学生的各种各样的问题层出不穷，很多时候班主任根本不知道下一刻学生会做什么，班级会发生什么。在这种情况下，班主任只有具备较强的发现问题和分析问题的能力，才能有效应对。班主任要具备较强的发现问题和分析问题的能力，除了经验的积累之外，教学科研是一条更加便捷的路径。因此，新时期的班主任必须是一个研究者，是一个具有强烈问题意识和独立开展教育研究能力的研究型教师。

2. 开展教育科研是班主任专业化成长的重要路径

班主任工作是一项需要大量投入，并且时不时让人感到烦心的工作，因此在很多老师看来，当班主任是一项"累活"。应对班级管理的繁杂事务，需要班主任拥有高超的管理技能，这需要通过良好的专业成长来实现，而教育科研是实现专业成长的重要路径。在这个问题上，苏霍姆林斯基主张"教师在日常工作中做一些科学研究"，指出"教师的劳动就是一种真正的创造性劳动，它是很接近于科学研究的……凡是认为自己是一个研究者的教师，则最有可能变成教育工作的能手"[①]。班主任进行教育科研，在推动班级管理工作的同时，也在促进自身的专业成长。

教育科研，尤其是与班级管理实践相关联的科研工作的开展，可以对班主任的工作经验进行完善和提升，使其从经验型班主任逐步升级为专业型班主任。不仅如此，教育科研还能够提升班主任的专业人格和专业理想。[②] 教育科研是

---

① [苏联]苏霍姆林斯基.给教师的建议[M].杜殿坤，编译.北京：教育科学出版社，1984:506-507.

② 黄正平.班主任教育科研现状与发展策略[J].人民教育，2008(23):24-26.

一种科学研究活动，本质是求真与创新。这就要求班主任具有求真务实的科学精神，认真学习，努力做好与研究相关的每一项工作，久而久之，就会习惯成自然，培养出严谨务实、一丝不苟、追求卓越的工作态度。教育科研为班主任不断进步提供了平台。班主任从中得到自身发展的喜悦和幸福，加深对职业意义的理解，实现自我超越。

（二）班主任教育科研常见的问题

近年来，我国的班主任工作得到前所未有的重视和加强，班主任的专业培训得到有效开展，但从总体上讲，班主任的专业化水平仍不够高，班主任教育科研的意识和能力还不够强。目前，关于中小学教师教育科研的研究相对较多，而关于班主任教育科研的文章相对较少，尤其是在班主任教育科研现状及存在的问题方面。在为数不多的关于班主任教育科研的研究论文中，仅有江苏省教育科学研究院黄正平研究员的文章对班主任开展教育科研的现状进行调研，并进行了专题论述。① 他的调研表明，班主任不愿搞教育科研、不会搞教育科研的情况相当普遍。尽管班主任不愿从事教育科研的原因众多，但从班主任自身而言，关键在于对教育科研方面存在认识误区和实践上的差距。这主要表现在以下三方面。

1. 因为工作忙而“不想科研”

当被问及教育科研问题时，一些班主任总是认为工作繁忙，没有时间搞科研。班主任工作忙是事实，“上面千条线，下面一根针”，学校中学生有关的大小事情都要找班主任。但是，教育科研与平时工作并不对立，而是相互促进、相得益彰的。有的班主任虽然辛苦工作一辈子，但有“经历”不等于有“经验”，有“经验”不等于有“体验”，有“体验”不等于掌握了教育科学。班级管理是一项极其复杂、专业性很强的工作，不仅需要先进教育理念的引领和人格力量的支撑，而且需要班主任的教育智慧和专业能力。班主任应该用科研的态度对待每一项工作，把班级当作自己的教育科研基地，思考怎样从烦琐的事务中解放出来，让自己有更充裕的时间找学生谈心，深入学生心灵，探索教育改革，进行教育实验，实现自我解放。因此，班主任只有开展教育科研，才能从体力型的勤杂工真正提升为“人类灵魂的工程师”，以智慧的心态面对工作，每天都有新发现、新领悟、新收获和新欢乐。

2. 误认为教育科研神秘而“害怕科研”

一些班主任认为教育科研很神秘，害怕搞科研。他们认为，科研是专业理论

---

① 黄正平. 班主任教育科研现状与发展策略[J]. 人民教育，2008(23)：24－26.

工作者的事，班主任只要带好班级管好学生就行了。其实教育科研有三种形态：理论研究、应用研究和行动研究。班主任教育科研主要是行动研究，它以解决教育的实际问题为导向，着眼于改善教育过程的"质"。它包含反思与实践两方面，并且反思与工作改进同步进行。班主任的行动研究，是指研究学生在班级和学校生活中的各种情况，由反思进而提高专业的理解力及技巧，从而改善班级工作实际和学生生活处境的全过程。在行动研究方面，班主任有绝对优势：一是有一定的理论基础，二是有丰富的实践经验，三是有优越的实验环境。因此，班主任要提高自己的专业地位，就要树立教育科研意识，确立"问题即课题，教育即研究，成果即成长"的理念，在实际工作中加强行动研究，将研究和实践效果有机结合起来，让班主任在班级管理中边学习边提高，真正使班级成为其专业发展的载体。

3. 缺乏必要的知识技能而"不会科研"

在制约班主任教育科研中有一个重要的客观原因，那就是班主任缺乏科研基础和能力，不会搞科研。一般而言，教育科研需要进行专门的训练。在高等教育的实践中，本科生与研究生的最大区别，就是会不会做科研。本科生当中不乏学识水平高、文章写得好的，但研究生经历了三年关于科研的专业训练，因而科研能力的整体水平比本科生高，在科研的规范和细节等方面明显好于本科生。在我国的高等师范教育中，班主任教育目前还处于比较边缘化的地位，"班级管理"课程开设的时间相对较短，班主任的职后培训机会也相对较少，因此，很多班主任的班级管理工作都是在实践中摸索的，开展关于班主任工作的教育科研就更加困难了。一线的班主任缺少开展教育科研的必备知识和技能，是客观存在的事实。可见，班主任要有效开展教育科研，通过学习和培训获得一定的科研能力是重要的前提。

（三）班主任怎样有效开展教育科研

1. 端正认识，消除顾虑

教育科研是运用相关专业知识对教育现象开展的科学研究，既有类别的不同，也有层次的不同。一般而言，教学科学研究可以分为基础理论研究、应用研究和综合型研究。小学班主任的教育科研基本上属于应用研究，其目的是通过对自己的班级管理实践进行适当的理论总结，提高班主任工作的效率和班级育人质量。班主任要树立正确的教育科研意识，明白班主任的教育科研就是为自己的班级管理工作服务的，是为自己"充电"和排忧解难的。因此，班主任要深刻认识到开展教育科研不是一件高不可及的事，要避免陷入"科研耽误时间"的认识误区，从而建立开展班主任工作教育科研的信心。

2. 加强学习，把握前沿

“研而不学则惘，善学才能善研。”研究总是先从学习开始，并伴随研究的全过程。优秀的班主任应争做教育家。班级的管理和学生的教育是很深的学问，需要广博的知识、丰富的经验，需要教育才能和管理艺术。短绠难汲深井之水，浅水难负载重之舟。因此，增强班主任科研能力，最重要的是要加强理论学习，坚持工作学习化、学习工作化，做到学以立德，提高境界；学以增智，开阔眼界；学以致用，改造世界。班主任掌握科学的世界观和方法论，熟悉有关的方针、政策，懂得管理学、教育学、心理学等基础知识，运用有关理论知识对教育中的现实问题做出科学解释，对自己多年积累的丰富经验加以整理，使之条理化、科学化，从而得出具有普遍意义的科学结论。对班主任而言，学习不仅是对外在变化的一种适应，更应成为专业发展的一种需要，内在生命的一种自觉。

3. 立足实践，常态反思

著名教育家李镇西曾指出：“有些青年教师不愿当班主任，觉得做班主任那些婆婆妈妈的事，没多大意思。这实在是一种偏颇的认识。人们常说‘一名优秀的班主任就是一位教育专家’，这绝不是溢美之词。因为班主任工作之‘杂’，正说明需要班主任思考、研究、解决的教育问题之多，这恰恰是班主任从事教育科研极为丰富的宝藏，这也为每一名青年班主任成长为教育专家提供了可能。”①

正如跋山涉水可以得到行走平川所得不到的收获一样，中途接班尤其是接乱班，常常可以得到接正常班所无法得到的收获。安徽阜阳第十中学的贺华义老师说得好，“珍惜挑战机会。其实接乱班能锻炼一个人的能力，如果能珍惜这个难得的机会，用心、用脑、用多种方式将其治理好，那么积累的经验可能比做十年好班的班主任还要多”。只有能带好各种类型班级的班主任，才是全能型的班主任。笔者所接触到的全国优秀班主任中的大多数都有中途接班，特别是接乱班的实践经验，他们大都认为这是班主任成长的“加油站”。至今尚未体验过中途接班，特别是接乱班的班主任，应鼓起勇气向校长“请战”，从而锻炼自己，促使自己尽快成长。

从学生成长发展的角度来看，中途接班有利有弊。新班主任将接乱班问题解决好，肯定利大于弊。因为班级换过班主任后能够克服过去的不足，更重要的是学生可以从不同风格、不同育人方法的班主任身上汲取不同的营养。同时也可以避免原班主任自身可能会有的某些缺陷对学生的长期影响。许多有经验的校长正是从这个角度有计划地安排中途接班的。

---

① 李镇西. 青年班主任怎样提高科研修养[J]. 天津教育，2006(3)：17.

4. 乐于请教，重视交流

向有经验的老师请教，无论教学工作，还是班主任工作，这似乎是老生常谈，但一些青年教师往往不以为然。① 向中老年班主任以及其他优秀班主任请教，并不是礼节性的谦虚，而是诚心"拜师"。特别要强调的是，这种"拜师"不应只是几次交谈或听课，而是长期观察，跟班见习；学习的重点不在于其具体的做法，而是悉心领会其教育思想和带班艺术。乐于请教，还包括以书信或其他形式向一些有影响的教育专家请教，从而开阔自己的视野，使自己能从教育的宏观角度审视自己的工作，而且还能从专家的指点中受到鼓励。向学生请教，也是很重要的。这主要是指多在学生中进行调查研究，及时了解他们对班主任工作的评价，听取他们的建议与批评。

5. 勤于写作，厚积薄发

中小学班主任的教育科研不同于高校的教育科研，中小学班主任的教育科研不需要"高大上"甚至"假大空"的教育理论的堆砌或重新组合，它需要的是用教育理论中的某一观点去阐释或者指导某一学生教育问题的解决。甚至有时都不太需要用教育理论去解读或阐释，只要把班主任的教育实践描述出来就可以，当然有教育理论做指导的教育案例描述会更加生动和深刻。目前，出身中小学教育一线、著作等身的知名班主任中，多数是语文老师。之所以如此，不是因为语文老师多么懂得教育理论，而是因为语文老师爱写、会写，久而久之，熟能生巧，生手就变成了老手，外行就变成了内行。

教育科研要求的写作能力，主要是内容实在、条理清楚、语言通顺，这些要求对于经常练笔的青年班主任来说，是不难达到的。"勤于写作"是指写什么。一是记录自己平时在教育教学方面的思想火花：一次联想、一些顿悟、一个念头、一缕思绪……都可以以随感、格言的形式记下来。二是教育笔记：在班级教育与管理中成功或失败的案例，对"特殊学生"的跟踪教育等。三是教改实验报告、学生心理调查报告、班主任工作总结等材料。四是根据自己的工作经验或体会写成的有一定理论高度的教育论文。在这四类文字中，前两类一般是写给自己看，而不是为交流、发表而写的，其主要目的既为练笔，也为积累；后两类文字则可以在校内外交流或试投报刊，这是使自己的科研成果被社会承认的一种方式。②

---

① 李镇西. 青年班主任怎样提高科研修养[J]. 天津教育，2006(3)：17.

② 李镇西. 青年班主任怎样提高科研修养[J]. 天津教育，2006(3)：17.

二、班主任的时间管理

案例呈现

班主任工作的忙和累[①]

暑假之后，老师和学生都回到了学校，一连串的工作也随之而来：收费、交费、搞卫生、开大大小小的会……整整一个星期，我忙得脚不沾地，到晚上回家时已经筋疲力尽，要不是需要吃饭，我连嘴都不想动。幸亏我早就预料到会出现这种情况，趁假期备出了整个学期的课，现在只需要根据学生情况对教案进行必要的调整即可，要不然，恐怕连正常的教学质量都很难保证了。

……

学生说得没错，我确实每天都在忙，我们这些班主任都是这么忙。如果说全校的工作是一个错综复杂的链，我们这些班主任就是联结各个链条的关键环节。除了自己的教学任务和日常的班级管理，我们要随时准备接受各式各样的临时工作。来自方方面面的任务最终都会落到我们头上，学生的任何问题都会反映到我们这里。常常是刚处理完这个任务，又来了那个麻烦，有时候真的是应接不暇。

有人评价德育，说"德育是个筐，什么都往里装"，我觉得班主任工作也是一个筐，是一个小筐。筐小，要装的东西却很多，所以我们的负担很重，我们很忙，很累。更令我们烦恼的是，我们每天忙于装东西，却没有机会扩大容量，所以我们永远是一个小筐，唯一可能的变化是被磨损，或者被撑破，变成一只破筐，比原来的筐更让人看不到价值。

（一）班主任做好时间管理的意义

1. 良好的时间管理有助于班主任摆脱问题的泥潭

时间对待每个人都是公平的，不一样的时间意识和时间管理决定了不一样的教育人生。为此，班主任应善于做时间的主人，将班级管理作为一门科学，认真研究教育管理规律，努力成为班级管理的行家里手。

班主任面对学生考试成绩的压力，面对学校考核的指标，面对学生家长的过高期望，他们的工作任务相当繁重。绝大多数中学教师的每日工作时间超过 8 小时，如果加上晨读和晚自习，许多中学教师的在校时间甚至超过 12 个小时。

① 王春英.我也是一个"筐"——有感于班主任工作的忙和累[J].北京教育(普教版)，2008(4)：51.

教师每天要查资料、写教案、登台讲课、批改作业、收各种费用、找学生谈话、接待家长的来访、检查卫生、写论文等,有常规的教育教学工作,有日常事务性工作,还有各种临时性、突发性工作,各种繁杂事务一大堆,班主任总是忙忙碌碌,疲于奔命。许多班主任在抱怨工作时间长的同时,又深感时间不够用,有很强的时间紧迫感,似乎永远没有足够的时间来完成必做和想做的事情。这种情况让中小学教师的每一天都充满压力和混乱,工作和生活也因此备受困扰。

2. 良好的时间管理有助于班主任把握工作重心

学校生活本应是一种慢生活,读书是让生活变得不再浮躁的一种方式,教师原本可以慢慢地品味每一段时光的流逝,慢慢地欣赏每一朵花儿的绽放,慢慢地享受与天真烂漫的孩子一起度过的美好时光。然而,这种田园牧歌式的学校生活却被现代生活节奏下对效率及其背后的分数的追逐打破了。学校变得越来越像工厂,教学越来越像大工业的生产流水线,学校教育不再关注每一个生命的生长,不再关注教育展现的过程,而是关注一个个可以量化的指标和结果。一切同效率和结果无关的行为都被视为浪费时间或无效行为。

对于学生而言,得到有效落实的班级制度可以建立良好的班级秩序和氛围,可以使班主任从烦琐的日常事务管理中解放出来,从而使班主任有时间思考班级发展的核心问题,即如何有效地开展班集体建设。对于班主任自身而言,同样需要从烦琐的事务性工作中解脱出来,因此班主任要做好时间管理,有效地对自己的时间及相关资源进行科学有效的管理。

3. 良好的时间管理有助于提升班主任的获得感

一方面,教师较大的工作量、烦琐的工作事项与教师有限的时间和精力相矛盾,另一方面,大量时间与精力的花费与其相对较小的工作成效不相称,导致教师的"价值失落"。大多数中学教师表示"累不要紧,只要有所值,有所回报就好",但繁忙且低效的工作使得教师难以获得成就感与满足感。要解决上述两个问题,不仅需要教师考虑如何在有限的时间里完成更多的工作任务,提高教师的工作效率,还需要教师思考如何在有限的时间内取得最大的工作价值,实现最大的工作效益,即寻找有效的管理时间的方法。

(二) 班主任做好时间管理的原则

1. 树立时间管理的事业取向

班主任就是学校教育和管理工作这张大网的连接点,班级管理工作的方方面面都需要班主任去处理。班主任工作较忙是一个不争的事实,其工作任务可以分为两类,一类是为了学生发展必须承担的任务,另一类是与班级育人目标相关度不高或者没有相关性的工作任务,属于附加给班主任的工作。对于前者,无论事情让人感觉有多烦，都应该努力完成，因为那是班主任的职责所在。面对应接不暇的班级管理工作，班主任需要转变时间管理的思维方式，变班主任工作的事务取向为事业取向。① 班主任应树立强烈的专业自主意识和职业生涯意识，认真过好生命里的每一天，而不是敷衍了事，以完成每天的任务为唯一目标；从班主任专业化的角度，按照专业化的要求，对班主任的常规工作进行分类，如学生行为习惯养成教育、班级常规管理、班级文化建设、班级集体教育与个别教育等。用研究的态度对待班主任工作，处理好班主任工作的计划性与突发性的关系，将每一个突发事件或问题作为一次提升班主任实践智慧和能力的机会，认真加以研究与应对。在积累班主任工作实践经验的基础上，善于总结反思，努力成为一名专业型或专家型的班主任。

2. 建立时间管理的合理格局

班主任的时间管理问题不仅涉及班主任本人，也涉及学生，会影响到班级管理效率和班级个性。因此，班主任要把时间管理作为班级教育工作的一个方面来进行考虑，这也是班主任时间管理有事业意识的一种表现。为了提高时间管理的效率，班主任不仅需要建立价值观层面的事业取向，也需要建立时间管理的合理格局。班主任时间管理的格局主要解决班主任与学生在时间管理方面的角色分配问题，为了解决好这个问题，班主任应转变角色意识，从班级管理的运动员转变为班级教育教学活动的指挥员。② 一些努力履责的班主任往往大事小事亲力亲为，并且认为做得越多越好，却往往因此陷入事务性工作的“泥潭”，虽然很多时候“累也不说累”，但毕竟影响工作效率，也影响个人健康。班主任应发挥自己在班级教育教学活动中的组织者和协调者的作用，善于放手，给学生、其他科任老师更多地参与班级教育教学活动的机会，调动学生、科任教师以及学生家长的积极性，争取一切可以争取的教育力量，将班级建设成为一个学习、生活的共同体。树立班级工作中学生的自治意识和主体地位，发挥学生参与班级教育与管理的主体性。从落实学生作为班级管理主体的角度，将班级工作进行分类，而不是班主任一人包办所有班级工作。如此一来，班主任就可以将自己从大量的班级事务性工作中解放出来，不仅提高工作效率，还给学生提供大量锻炼的机会，取得事半功倍的效果。

3. 训练时间管理的专业技能

时间管理是一项专业性比较强的管理工作，有没有学习专业的时间管理技

---

① 齐学红. 班主任的时间管理与教育人生[J]. 班主任，2014(9)：51－52.

② 齐学红. 班主任的时间管理与教育人生[J]. 班主任，2014(9)：51－52.

能，在班主任管理效率上可以形成很明显的差别。在教育实践中，班主任对时间管理的理论和实践的认知还有所欠缺。其具体表现是“班主任没有认识到时间管理对专业发展的重要性，不清楚应该运用哪些技能来管理时间，不能很好地处理重要且紧急的工作，缺乏工作中的授权技能与整合技能意识等”。① 要解决这些问题，除了班主任自身加强学习，学校也应加强关于时间管理理论与实践的校本研修。通过专题讲座、经验交流、理论书籍学习等形式的校本研修，帮助班主任了解时间管理的理念、思想和内涵，培养班主任时间管理技能。

（三）班主任做好时间管理的策略

1. 合理制定每一天的时间规划

班主任时间管理可分解为时间规划、时间控制和时间评估三个方面。时间规划是班主任明确自己专业成长的方向，制订合适的远景目标和具体工作计划。时间控制是指为了实现远景目标和工作计划而采取的时间分配、应对干扰和任务授权等措施。时间评估是对班主任工作过程和结果的自我评估、检验和总结，通过评估发现问题，从而进一步改善自身的时间管理，促进专业发展。制定合理的时间规划，尤其是每一天的时间规划，是班主任做好时间管理从而提高工作效率的重要前提。班主任认真安排派好每天的时间管理，就能够达到像海尔文化所主张的那样“日清日毕”和“日清日高”，从而提高时间管理的整体效率。实践经验表明，在班主任制订每日时间规划的问题上，停留在心底盘算或者打腹稿层面的规划，其执行效果远不如写在纸面的规划。停留在腹稿层面的每日时间规划，容易被遗忘或疏忽，只有把每天的时间规划写在纸上，才能避免遗漏。

2. 善于把握事情的先后顺序

“轻重缓急”一词源自明末清初著名思想家顾炎武在其著作《日知录》第七卷中提出的观点。在很多时候，人们只是把“轻重缓急”当作一个成语来看待，殊不知它却是进行时间管理的基本策略之一。管理大师彼得·德鲁克认为，“做正确的事（效果）要比把事情做正确（效率）重要”。要选择做正确的事情而不是盲目地把事情做正确，基本的前提就是分清事情的轻、重、缓、急，从事情的重要性和紧迫性两个维度进行综合衡量以后再确定处理事情的先后顺序。所谓紧急性是由“最后期限”决定的；重要性是由“价值”决定的。著名的第四代时间管理理论提出者史蒂芬·柯维，通过大量的调查发现，日常的事务可以分为四大类：第一类是“重要且紧急”的事务，第二类是“紧急但不重要”的事务，第三类是“重要但不紧急”的事务，第四类是“不重要且不紧急”的事务（详见下图 9－1）。许多班

① 朱小荣.时间管理：打通班主任专业发展的另一个“关隘”[J].中小学德育，2017(5)：13－15.

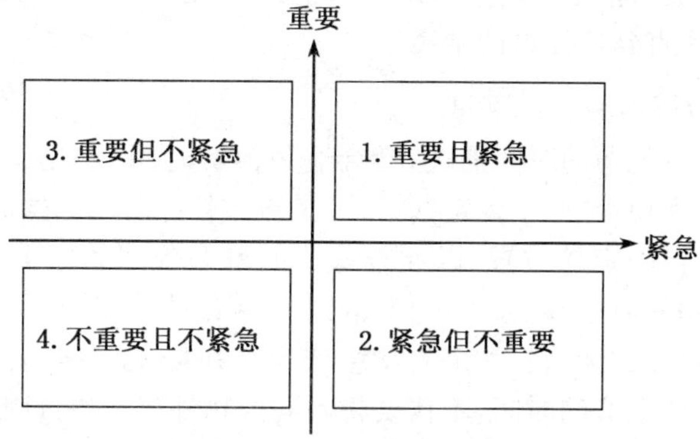

图 10－1　日常事务的分类

主任之所以陷入班级管理事务的“泥潭”，忙忙碌碌，付出了不少时间和精力，但不一定取得很好的效果，其原因就是没有把最重要和最有价值的事做好。为了把握好诸多班级管理事务的轻重缓急，班主任可以参照图 9－1，先将每件工作依重要性和紧迫性进行排序和分类，把事情分为 1—4 个等级，然后再按顺序和类别办事。总之，班主任要养成权衡事情的轻重缓急再做事的习惯，不要让不重要的事占用过多时间，更不能捡了芝麻丢了西瓜。

有些教师先做喜欢做的事情，再做不喜欢做的事情；先做熟悉的事情；再做不熟悉的事情；先做有趣的事情，再做枯燥的事情；先做容易做的事情，再做难做的事情，这些行为偏好有时是不利于提高做事效率的，教师应要经常问自己“现在最重要的是做什么”，而非问“我现在最愿意做什么”，要保证自己“在正确的时间内做正确的事”。

3. 专注于当前的事务

一次把事情做对，是时间管理的基本原则。如果做事不够专注，就容易出现纰漏，这就需要对所做的事情进行二次、三次甚至更多的修正或者返工，因此就要耗费更多的时间和其他成本。时间管理有一个著名的公式，“时间成本＝第一次完成任务的成本＋第 N 次完成任务的成本”。因此，班主任想要节省时间，就必须专注于当前的事情，以保证尽量一次把事情做对。为此，班主任应尽量做到在一段时间内专心处理当前的一件事情。在工作的时候，培养专心与专注的状态，做好自我管理。这是因为当我们不专注的时候，就会将有限的时间和精力大量地消耗在与我们的根本目标不相关的事物上，比如抱怨天气的恶劣、抱怨学校的管理与教师的待遇、发呆做白日梦、沉湎于对过去之事的悔恨中，最终不断远离预定的目标。面对繁杂的班级管理事务，为了专注于当前的事务以免浪费时间，班主任需要本着高度的责任意识，以“既来之则安之”的心态，把注意力集中在当前最有价值的事情上，关注完成事情的任务，完成事情的方法，提高做事情的效率等细节，一直到这件事的结束。

4. 养成节约时间的良好习惯

班主任应减少无谓的时间消耗，学会避免浪费时间的方法。养成节约时间的良好习惯主要表现为"两个固定"。第一是班主任办公用品摆放坚持将不同类别的物件放在各自固定的位置，以便查找。如果办公用品随手摆放，无一定规则，那么需要使用的时候，就会手忙脚乱，四处翻箱倒柜，这样不仅增加了时间成本，更影响了班主任的情绪。如果有学生或家长在场，还会影响班主任的形象。要在办公用品摆放上节约时间，不仅要将不同的物件放在各自固定的位置，还应注意将重要的或者经常使用的物件放在显眼或方便取放的位置。第二是班主任要安排固定的时间处理行政工作。每天于一固定时段到教务处、学生处、总务处等集中处理事务，这样可以避免因没有计划而来回奔跑，避免浪费时间。

5. 克服惰性，避免拖延时间

人性都具有两面性，既有积极进取的一面，也有消极懒惰的一面，因此，任何一个人要做好时间管理，就需要经常跟自己人性的弱点做斗争。一般认为，在这个过程中思想松懈、意志薄弱，会使人在拖延中让时间白白流失，所谓的"意志薄弱"其实就是时间管理没有做好，养成了拖延的习惯。心理学研究表明，拖延主要是出于恐惧——害怕工作过程的辛苦与困难，害怕做完之后的结果不理想，害怕他人讥讽。① 在现实中，人们总是找出各种借口把今天应该做的事情留到明天，把现在该做的事推到以后。在我国社会主义工业企业管理中，曾经流传这样一句话，"一紧、二松、三落空"，讲的就是这种情况。班主任要进行积极的时间管理，就必须避免在工作中出现拖延的现象。在班级管理事务中逐渐养成今日事今日毕的习惯，避免当很多事情累积到一起时所带来的时间上的紧迫以及心理上的焦虑与烦躁，避免由此导致拖延的恶性循环。班主任可使用"切分"的技巧，把工作任务分成更易管理的几小块，规定每个部分的开始时间和完成时间，然后开始行动。因为开始一小步会让你感觉良好，这样，你会发现不知不觉中，工作就完成了一半。需要特别注意的是，完成了工作不要忘记奖励自己，奖励自己会让工作变得更加有趣，有助养成高效的时间管理习惯。

① 韩宏莉. 中学教师时间管理的八条策略[J]. 教育理论与时间，2009(7)：19－20.

资料链接

田丽霞老师论抓紧时间[①]

一次班会，我给学生们列出了三个算式，请他们计算并说出结果。

1×1×1×1×1×1×1×1×1×1×1×1×1×1……=？

1.1×1.1×1.1×1.1×1.1×1.1×1.1×1.1×1.1……=？

0.9×0.9×0.9×0.9×0.9×0.9×0.9×0.9×0.9……=？

学生们很快算出了结果。最后，我告诉学生"1""1.1""0.9"三个数之间仅仅相差0.1，但相乘后结果却大相径庭。如果让你做什么你就做什么，应付了事，那你就是"1"，永远没有改变。如果每件事你都努力多做一点儿，那你就是"1.1"，不断积累，你就会越来越优秀，越来越强大。如果每件事你都少做一点儿，那你就是"0.9"，你的人生将不断地打折、缩水，最后趋近于零。

6. 适当授权，调动学生积极性

班主任无论能力多强，都不可能完全单枪匹马处理好班级事务。洛塔尔·赛韦特认为，"懂得委托的人能够为自己创造出更多的空余时间和自由空间"[②]。班主任的任务授权就是指有意识地将部分工作交付给学生、家长或同事完成，自己承担监视的职责，同时减轻自身的工作负担，这无疑是节约时间的有效途径。第一，根据学生的学段特点，将一些适合分配给学生的任务，在班主任指导下交由班委负责，由班委带领学生团队一起完成。比如，班级文化建设、运动会组织、元旦晚会活动等。第二，充分挖掘家长资源，把从事特色职业同时爱分享、善表达的家长请来进行班级课程共建，把有热情、有时间的家长请来协助班级管理，把拥有特殊经验的家长请来协助项目学习，如此就既丰富了班级管理特色，也节省了班主任的大量时间。第三，适合同事协作的事情联手做，如在班级的学习经验交流会中请不同学科的教师来指导，在班级科技节活动中请各学科老师做项目指导。第四，重复的事整合做。班主任对于重复性的工作可以同类合并，减轻工作负担。例如，班主任在召开家长会时，可以将具有相同或类似问题的家长预约于同一时间，这样既可以实现因"生"制宜，也可以实现班主任对时间的科学使用。[③]

① 田丽霞.善于学习，做眼界高远的有识人[J].班主任，2012(11)：68－70.

② 洛塔尔·赛韦特.把时间留给最重要的事[M].北京：中信出版社.2007：113，93－94.

③ 朱小荣.时间管理：打通班主任专业发展的另一个"关隘"[J].中小学德育，2017(5)：13－15.

三、班主任的情绪管理

案例呈现

班主任的日常"咆哮"①

"我说的话你听到没有?"

"为什么这么简单的事情都做不好呢?"

"你们知不知道自己错在哪里了?"

……

日常教学中,我们经常听到上面的话,充斥着火药味和无奈。作为一名班主任,在与学生的相处过程中总会有这样的困扰:有些问题,已经指正和批评无数次了,可学生还会再错。你已经被气得火冒三丈,无力"吐槽"了,可是孩子们仍然屡教不改,甚至与你的想法背道而驰。

在教育学生的过程中,我们为此上火、生气,在怒吼之下,你会发现你只是用你的威慑力镇压了他们,或许他们暂时能做好,但没过多久又会"死灰复燃"。

(一)班主任情绪管理的意义

情绪管理最初由《情商》一书的作者、"情商之父"丹尼尔·戈尔曼提出,它是指通过对自身情绪和他人情绪的认识、协调、引导、互动和控制,充分挖掘和培植个体和群体的情绪智商、培养驾驭情绪的能力,确保个体和群体保持良好的情绪状态,并由此产生良好管理效果的一种管理手段。② 通过情绪管理,人们可以更好地掌握自我,排解生活中的矛盾,能以乐观的态度及时缓解紧张的心理状态,更好地影响他人。美国社会心理学家费斯汀格有一个很出名的研究结论,被称为"费斯汀格法则",即生活的10%是由发生在你身上的事情所决定的,而另外的90%则是由你对所发生的事情如何反应所决定的。这一法则很好地说明了情绪管理的重要性,当前面10%不可避免的事情发生后,后面的事情朝着哪个方向发展,就取决于当事人的情绪管理了。③

善于控制支配自己的情感,抑制无益的情绪,是班主任最基本的职业修养。

---

① 鲁钰.从权威型教师向合作型教师转变——班主任情绪控制的有效方法[J].新班主任,2019(7):8-9.

② 迟毓凯.心理学视角看班主任在班级管理中的自我情绪管理[J].福建教育,2017(7):12-14.

③ 李竹平.班主任的情绪管理[J].江西教育(管理版),2017(8):59-62.

积极的情绪管理带来积极的结果，负面的情绪管理带来负面的结果。如果带来负面效果，那就比洪水猛兽更可怕了。

班主任作为一个真实的人，在班级管理及所任课程教学中，有满足自己需求、实现既定教育目标的权利，他们希望学生学有所成，养成良好的学习习惯，营造良好的班风。然而，这有时会与学生在学习、成长过程中的自身需求产生冲突。这些冲突往往会使班主任情绪爆发，有些班主任试图通过吼骂、激烈的指责和批评来发泄自己的情绪，告诫学生改变当前的行为。班主任这种情绪上的激烈表现实际上就是运用权威让学生屈服，迫使学生改变当前的行为，按照自己的意愿行事。班主任使用权威影响孩子，会给孩子带来负面影响。一方面，学生可能因遭受权威压制而反抗或报复；另一方面，学生迫于权威，从而屈服、顺从，害怕尝试新鲜事物，遇事没有主见，喜欢逃避。

因此，如何控制自己的情绪，如何与学生有效沟通，如何合理运用权威，已经成为众多班主任面临的问题。

（二）班主任情绪管理的方法

1. 强化自己的合理教育信念

信念是行动的先导，合理的教育信念是教育工作者有效开展教育工作的前提。情绪 ABC 理论（A 代指事情的前因，B 代指信念和我们对情境的评价，C 代指事情的后果）认为，要想缓解不良情绪，首先要有意识地分辨头脑中的非理性观念，积极建立合理观念。绝对化、灾难化、以偏概全，是非理性信念的三大特征。[①] 班主任在处理学生问题时常常会出现以下非理性的信念，比如："学生一定不能撒谎""如果学生不承认错误，我的教育就彻底失败""这件事情如果不处理好，这个学生未来就全完了"。绝对化的"一定"，灾难化的"彻底失败"，以偏概全的"这件事"导致"全完了"，在面对学生问题时，不少班主任因为不自觉地受到这些不合理信念控制，往往会出现过激情绪。

班主任要善于发觉和丢掉不合理教育信念，变"怒火中烧"为"理解接纳"，变"应该"为"也可"，给孩子自我成长的空间，也给自己实施教育的空间。具体而言，班主任要适当降低对学生的期望值，要发展地看问题，不要在学生成长过程中的某些细节上纠缠不清。学生只是孩子，行为习惯尚在形成中。班主任是成年人，不要用成年人的眼光和要求来衡量学生的言行举止，要会适当地宽仁，适当降低对学生的期望值。学校本来就是一个让学生在不断试错中认识自己、接纳自己、完善自己的地方，班主任的责任是帮助学生完成这一过程。由于个体的

---

① 王皓.班主任情绪管理三步走[J].班主任之友，2018(1)：61.

差异性，有的学生完成任务很顺利，有的很艰难，还有的悄无声息。古人讲，仁者无敌。对别人的错误采取适当的宽仁态度，是一种高明的办法。班主任面对犯错误的学生，尤其应当如此。

2. 平时善于“保养”积极情绪

褪去职业的外衣，班主任也是一个普通人，而且每天都要面对和处理各种事情，因而总会产生各种各样的情绪。行为主义心理学将上述这类事件称之为刺激源，认知心理学称之为应激性事件。每个人对刺激都有一种原始预期，刺激强度和预期相符时，通常不会引起人们情绪的变化；刺激强度与预期不相符时，则会产生一定的情绪变化。如果刺激行为超出了自己的预期，个体会产生积极、高昂的情绪；如果刺激行为低于预期或与预期相反，则会产生消极、不良的情绪。我们将这种消极、不良的情绪界定为“负性情绪”。虽然负性情绪对个体的某些方面会产生积极影响，但在学校教育工作和日常生活中，大多数人主要还是被其负面影响所困扰，其中以班主任群体最为突出。如果班主任的负性情绪持续或频繁发生，会导致他们身体衰弱、食欲减退、睡眠不良、过度疲劳、恐惧、紧张、注意力涣散、记忆力减退、灰心丧气等相关不良躯体反应，这些不良反应从某种程度上又会加深负性情绪的恶化，形成恶性循环。①

然而，班主任毕竟是班级管理事务的主要承担者，担负着几十名学生全面发展的重任，因而班主任必须善于在平时“保养”自己的情绪，使自己的喜怒哀乐和谐统一。正像戏剧大师斯坦尼斯拉夫斯基在谈到演员的修养问题时所比喻的那样：“当一个人回到家里的时候，他得把套鞋脱下，留在室外的过道里；当演员来到剧场的时候，他也应当把自己个人的一切不快和痛苦留在剧院之外；在这里，在剧院里，他整个人是属于艺术的。”②班主任作为一种职业化的存在，也应该如此，当他来到学校里，在学生面前，他应该忘掉自己的一切负性情绪，积极乐观地处理好班级日常事务的管理和学生的思想道德教育工作。

3. 遇事善于临场控制过激情绪

情绪管理包括体察他人情绪、表达自我情绪、疏解自我情绪等，最重要的是什么？不生气——它是班主任情绪管理的第一步职业修炼。③ 因此，班主任情绪管理的一个重要内容，就是在遇到学生问题的时候，不管学生的行为“多么的可恨”，都应首先控制好自己的过激情绪，然后客观冷静地处理问题。一般而言，班主任在下述心境下容易产生过激情绪。① 班集体荣誉突然受到损害；② 班

① 苏明亮. 班主任负性情绪的不良影响与自我调适[J]. 河北教育(德育版)，2013(3)：26－27.

② 陈杰飞. 班主任，驾驭自己的情绪[J]. 班主任之友，2002(7)：48.

③ 迟毓凯. 心理学视角看班主任在班级管理中的自我情绪管理[J]. 福建教育，2017(7)：12－14.

主任受到了严重侮辱；③ 班级成绩普遍下降；④ 听到领导公开批评自己班级；⑤ 学生屡屡犯错；⑥ 听到同事讲本班的负面消息。在上述这些情况下，班主任尤其要善于控制情绪，避免过激情绪的产生。

在班级管理的实践中，班主任铭记一句可以让自己冷静的话，帮助自己遇事冷静，被证明是一种有效的办法。班主任可以把一些名人名言作为临场控制过激情绪的“制动器”，比如达尔文的名言：“脾气暴躁是人类较为卑劣的天性之一，人要是发脾气等于在人类前进的阶梯上倒退了一步。”古希腊哲学家毕达哥拉斯的一句至理名言：“愤怒以愚蠢开始，以后悔告终。”①需要指出的是，忍让绝不是软弱的表现，而是班主任豁达大度、心胸开阔的表现，是一种职业素养的体现。

4. 建立班主任情绪管控机制

班主任是从科任老师中选聘的，没有文件或制度规定，不发脾气或者性格好的老师才能当班主任。事实上，班主任当中有不少是比较容易情绪化的。假如班主任很难控制自己的情绪，哪怕冷静之后也无济于事，那就应当考虑从制度层面建立班主任的情绪管控机制。班主任可以向魏书生那样，专门安排一个学生负责“制怒”，负责提醒班主任控制情绪。班主任也可以私下跟班长或全体班干部面谈这个问题，告诉他们，当班主任即将爆发的时候，班长或其他班委及时把问题学生带离现场，同时口头提醒班主任“你的情绪即将失控”等。至于何时再跟学生谈问题，需要班委会跟班主任商量之后再定。显然，班委会在班主任和问题学生之间起到了情绪缓冲的桥梁作用，而且，从某种程度上来说，也能很好地平衡双方的力量。毕竟，在很多人眼里，犯错的学生处于弱势一方，这也是班主任在干预、解决学生问题的时候，可以肆无忌惮发泄情绪的一个主要原因，而班委会也许可以适当弥补这个缺陷。除此之外，班主任还可以在班规中加入问题处理需要“冷静期”的规定。班主任之所以会产生不良情绪，往往是因为考虑不周，加上意气用事。说到底，就是冷静思考的时间不够。该规定可以为班主任创造一个理性思考的缓冲区间，为学生创造一个自我反省的保护区间。比如：让学生把整个事件写下来，最好可以结合事件谈谈自己的看法和感触等，力求详尽具体；选一个安静的环境，泡上一杯茶，让学生和自己先静静地喝杯茶；让自己和学生听一首旋律优美的轻音乐，等等。②

5. 善于理解学生过激情绪的缘由

班主任的情绪管理不仅仅是对自我情绪的管理，还包含对学生情绪的体察

① 王超. 谈班主任过激情绪的回避[J]. 教学与管理，2001(10)：21.

② 朱静江. 班主任这样管控情绪[J]. 新班主任，2019(7).

和管控。成长中的孩子,心理与行为具有极大的不稳定性,情绪的起伏与变化难以预测,喜怒哀乐来得快也去得快。友好时胜似亲人,愤恨时如遇仇敌。在社会群体生活中,人与人的情绪都是互相影响的。学生情绪的大起大落有时候很容易引起班主任情绪的冲动,引发班主任情绪失控,进而导致非理性的教育行为,其结果很有可能引发学生对老师一系列非理性的对抗。因此,面对学生的情绪,班主任需要去理解一些孩子看似过激的情绪和行为表现背后的真实需要和感受。了解了这些深层次原因,有利于班主任及时调节自己的情绪,同时改善师生沟通的效果,找到有利于学生身心成长的教育行为。

6. 把问题的解决权还给学生

实践证明,创造性地开展班主任工作能保持工作的激情,并且能够进一步促进工作创造性开展,形成良性循环。压力也会被激情和自我满足感所缓解、消融。所以,一旦面临学生问题,班主任应当把这样的压力看作是挑战,是完善自我、锤炼自我的宝贵机会。心态上接受了,班主任还要进一步仔细分析造成这种压力的原因,找出让自己最不舒服的地方在哪里,然后以此突破口开展细致的思想教育,问题的解决最终会水到渠成。

班主任要在情绪管理的视域下创造性地开展班级管理工作,最基本的原则就是把问题的解决权还给学生。把问题的解决权还给学生,首先需要尊重学生。在戈登博士的《PET 父母效能训练手册》一书中,戈登提到,解决亲子冲突并非非输即赢,还存在"没有输家"的第三种解决方法。第三种方法是不凌驾在权威之上,父母不会用权威威胁孩子,孩子也不会因反抗权威而变得肆无忌惮。在第三种方法中,孩子是一个独立的人,他被当作成人对待,参与冲突解决方案的制定。[①] 学生和老师如何改变这种"非输即赢"的局面呢?按照戈登博士提出的"没有输家"的第三法,教师要控制自己的情绪,向学生表达自己的感受、想法和需求,并且积极倾听学生的想法和需求,在双方情绪相对平缓的时候找出备选方法,并进行评估,最后确定最可行的方案,并进行追踪反馈。在这个过程中,学生作为独立平等的个人参与到问题的解决之中,他们有着更强的执行意愿和主人翁意识。

---

① 鲁钰. 从权威型教师向合作型教师转变——班主任情绪控制的有效方法[J]. 新班主任,2019(7):8-9.

案例呈现

将问题的解决权还给学生[①]

一天中午，轮到我看饭，我早早进班等候大家抬桶上来。可是左等右等，几个桶一直没有抬齐，眼看10分钟过去了，这个时候我发现一个奇怪的现象：应该去抬饭的同学居然已经整齐地在桌前排队等待吃饭了，而剩下的那一桶菜没有人抬。这个现象并非第一次出现，已经有老师向我反映了几次。

看到这一幕，我早已火冒三丈，试图把班里的孩子训斥一顿，让他们长长记性。但这一次我压住了心里的气愤，表达了自己的需求："同学们，今天的饭菜又没有抬齐，是吗？这让我感到很困惑，也很郁闷，为什么我们到五年级了，在抬饭这件事上还问题频现呢？我只是希望大家能在午饭前做好吃饭的准备。"抬饭的同学纷纷表示自己都抬了饭，还很详细地告诉我他们分别抬了什么，大家都表示自己已经完成了任务。

我把问题抛给学生："当初在决定抬饭的时候，大家都同意采取小组轮流抬的方式，可是一个组每个人都抬了饭，为什么饭还没有抬齐呢？""一个组只有6个人，两人抬一桶，怎样才能把4桶饭菜抬上来呢？老师很困惑，需要你们的我们一起想想该怎么解决这个问题。"话音刚落，同学们议论纷纷，并很快找到了问题的根源：正是因为大家没有责任意识和团队合作的意识，只做自己分内的事，所以才会导致这样的结果。针对这个结论，不少同学提出了解决方案，并最终决定由小组长起领头作用，根据本组男女生情况提前做好分配工作。我召集各组的小组长，根据同学们共同确定的方案，说明了抬饭人员的安排。在各小组长的安排、分配下，抬饭问题彻底解决了。在共同确立的方案规则的约束下，同学们积极参与的意识也在逐步加强。

其间，我不断强化这种合作意识，让合作成为一种习惯，渗透到他们生活、学习的方方面面。

课后练习

1. 结合材料所讲之班主任专业成长实务，分析一下自己在时间管理、情绪管理方面的特点。

2. 班主任应当怎样做好教育科研？

---

① 鲁钰.从权威型教师向合作型教师转变——班主任情绪控制的有效方法[J].新班主任，2019(7)：8-9.

参考文献

专著

[1] 武衡，谈天民，戴永增．徐特立文存（第 4 卷）[M]．广州：广东教育出版社，1995．

[2] [苏联]苏霍姆林斯基．怎样培养真正的人[M]．蔡汀，译．北京：教育科学出版社，1992．

[3] 法律出版社法规中心．中华人民共和国教育法典[M]．北京：法律出版社，2015．

[4] 马建富．班级管理[M]．南京：南京大学出版社，2019．

[5] 秦启轩．小学班队管理实务与案例分析[M]．南京：南京大学出版社，2018．

[6] 张艳芬，王颖．小学班主任工作原理与实践[M]．北京：北京师范大学出版社，2016．

[7] 魏书生．班主任工作漫谈[M]．桂林：漓江出版社，2014．

[8] 张永明．小学班级管理[M]．北京：北京大学出版社，2014．

[9] 邓艳红．小学班级管理[M]．上海：华东师范大学出版社，2010．

[10] 周勇．我是怎样建设班级文化的——一位博士的班主任生涯回顾与反思[M]．成都：四川教育出版社，2010．

[11] 李镇西．做最好的班主任[M]，桂林：漓江出版社，2008．

[12] 小阿瑟・A. 托马森，A. J. 斯特里克兰三世．战略管理学：概念与案例[M]．北京：机械工业出版社，2002．

论文

[13] 林崇德．构建中国化的学生发展核心素养[J]．北京师范大学学报（社会科学版），2017(1)．

[14] 齐学红．规矩与方圆——重新解读“班规”[J]．班主任，2015(3)．

[15] 齐学红．班主任的时间管理与教育人生[J]．班主任，2014(9)．

[16] 李镇西．青年班主任怎样提高科研修养[J]．天津教育，2006(3)．

[17] 李镇西. 班歌的诞生——我的从教之路(六)[J]. 语文教学通讯,2003(7).
[18] 迟毓凯. 心理学视角看班主任在班级管理中的自我情绪管理[J]. 福建教育,2017(7).
[19] 田丽霞. 善于学习,做眼界高远的有识人[J]. 班主任,2012(11).
[20] 万玮. 构筑班主任的精神世界——由《中小学班主任工作规定》引发的思考[J]. 河南教育(基教版),2009(11).
[21] 李迪. 别把班干部当“眼线”[J]. 班主任之友,2018(12).
[22] 周勇,袁盼等. 2011—2015 中小学生遭遇教师体罚的网络舆情事件分析[J]. 当代教育科学,2017(10).
[23] 周勇,文娟. 从《爸爸去哪儿》看小学班主任的师生沟通艺术[J]. 教学与管理,2014(7).
[24] 周勇. 魏书生管理模式中的班级文化[J]. 教育理论与实践,2008(3).
[25] 柴如瑾. 为破解义务教育难题开出哪些“药方”——解读中央首个义务教育改革纲领文件[N]. 光明日报,2019-07-10(8).
[26] 王斐,李健宁. 初中班主任形象与管理绩效实证研究[J]. 上海教育评估研究,2019(2).
[27] 郑光启. 当违纪行为遭遇“法律空白”时[J]. 班主任之友,2018(1).
[28] 王春霞. 没有惩戒的教育是不完整的教育——山东省寿光世纪教育集团弹性惩戒制度的探索[J]. 中国德育,2016(18).
[29] 张松祥. 老中师综合培养模式对乡村全科小学教师培养的启示[J]. 教育发展研究,2016(10).
[30] 李宏. 警惕小学班干部滥用权力[J]. 广西教育,2015(7).
[31] 尤靖希. 学校里的人际“密码”——谈谈“个人空间”与“人际距离”对教育教学的影响[J]. 人民教育,2014(24).
[32] 喻琼. 徐特立德育方法探微[J]. 六盘水师范学院学报,2014(1).
[33] 张红. 班主任的权利与权利[J]. 班主任,2012(5).
[34] 蒋文贵. 由四颗糖的故事想到的[J]. 学校管理,2011(4)
[35] 刘令军. 工作计划为什么不能落实——对话班主任工作计划的执行[J]. 四川教育,2011(9).
[36] 敖顺发. 班主任应以人格的力量赢得学生[J]. 职业技能培训教学,2010(10).
[37] 韩宏莉. 中学教师时间管理的八条策略[J]. 教育理论与实践,2009(7).
[38] 李伟胜,辨析班级管理的境界,追求学生的发展[J]. 班主任之友,2008(7).
[39] 卢毓清. 心理效应与完美班主任形象塑造[J]. 教育艺术,2008(2).

[40] 王春英.我也是一个“筐”——有感于班主任工作的忙和累[J].北京教育(普教版),2008(4).
[41] 佘承智.师爱是一种等待[J].中小学心理健康教育,2008(23).
[42] 贺亮.从班规看当前班级制度文化的发展与不足[J].教学与管理,2006(3).
[43] 钟惊雷,边玉芳.小学生档案袋评价的实践探索[J].当代教育科学,2005(1).
[44] 杨诚.班主任的形象艺术[J]. 常州信息职业技术学院学报,2004(A1).
[45] 陈杰飞.班主任,驾驭自己的情绪[J].班主任之友,2002(7).
[46] 邵雪梅,张霞.让晨会课“说话”[J].黑龙江教育,2001(11).
[47] 邓大保.班主任应具备的心理素质[J].中小学教师培训(小学版),1994(6).
[48] 胡恒衡,顾根中.闪光的童怀松中队徽[J].江苏教育,1988(7).
[49] 周中之.论为人师表[J].新疆师范大学学报,1984(1).